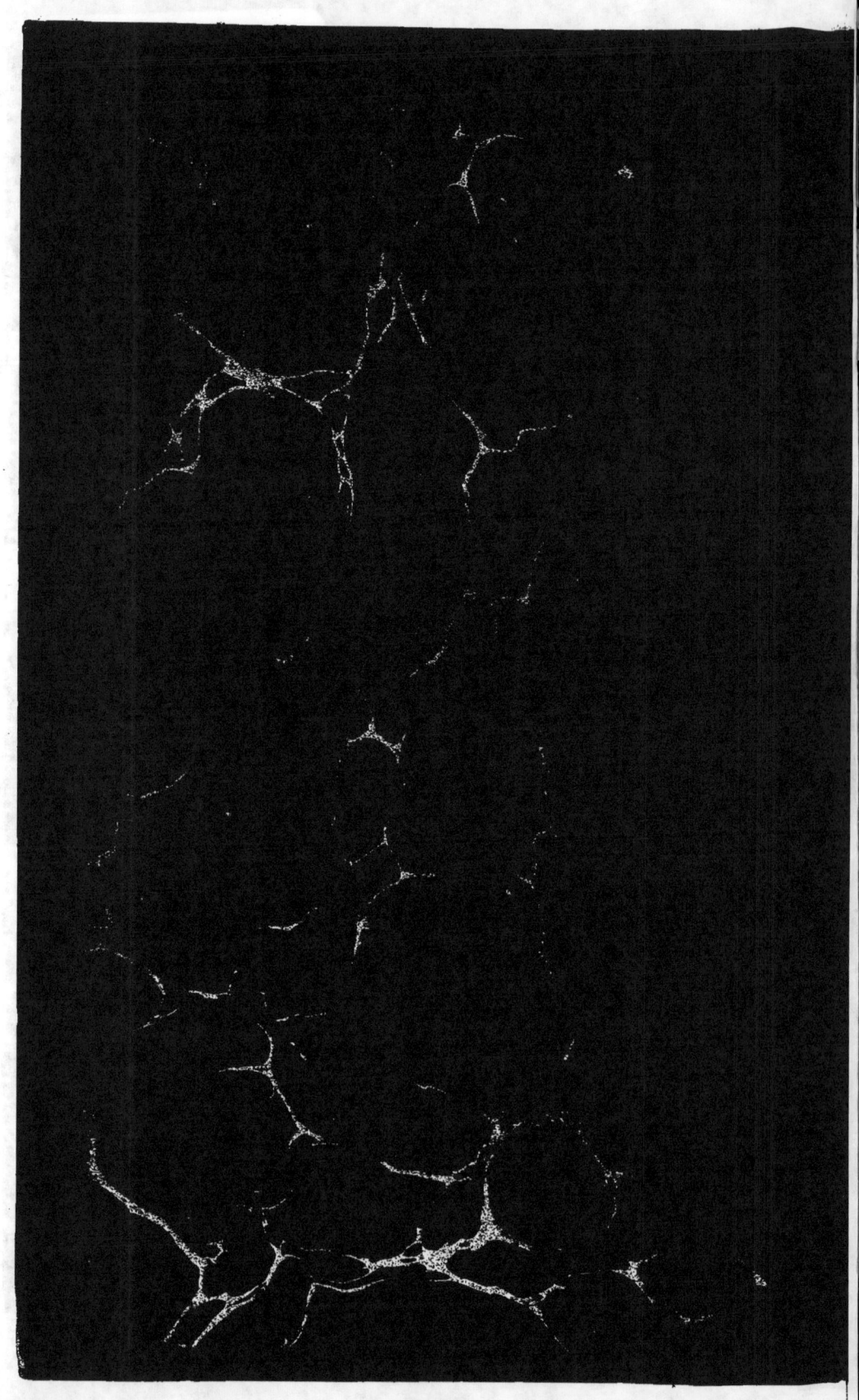

TRAITÉ

DE

FORTIFICATION POLYGONALE.

Droits de reproduction et de traduction réservés.

Bruxelles, E Guyot, imprimeur.

TRAITÉ

DE

FORTIFICATION POLYGONALE,

PAR

 A. BRIALMONT,
Colonel d'état-major.

―――⋄⋄⋄⋄―――

« L'artillerie est tout dans les siéges et presque tout dans la guerre de campagne. »
Montalembert.

« L'art de l'ingénieur se trouve en liaison intime et indissoluble avec la science de l'artilleur et du tacticien. »
Général Todleben.

« Ce sont les procédés de l'attaque qui font la loi de la défense. »
Général De Blois.

« C'est dans les polygones qu'on apprend à construire les places. »

TOME PREMIER.

BRUXELLES,
C. MUQUARDT,
HENRY MERZBACH, SUCCESSEUR,
ÉDITEUR,
MÊME MAISON A GAND ET A LEIPZIG.

ST-PÉTERSBOURG,	BERLIN,
JACQUES ISSAKOFF.	LIBRAIRIE MITTLER.

1869

ERRATA.

TOME PREMIER.

Page	18,	ligne 5,	*au lieu de* :	applique, *lisez :* appliqua.
—	20,	— 6,	—	130, *lisez :* 113.
—	48,	— 17,	—	ravelin, *lisez :* demi-lune.
—	52,	— 23,	—	C'est, *lisez :* C est.
—	53,	— 10,	—	saillant D, *lisez :* rentrant D.
—	55,	— dernière,	—	de l'*Introduction, lisez :* du tome Ier.
—	68,	— 23,	—	C D F, *lisez :* C D E.
—	104,	— 1,	—	ouvertes, *lisez :* fortifiées.
—	110,	— 13,	—	La Rochelle, *lisez :* Rochefort.
—	200,	— 25,	—	l'épreuve, *lisez :* l'abri.
—	216,	— 13,	—	doivent, *lisez :* doivent battre.
—	326,	— 15,	—	R S, *lisez :* R S (voir pl. XIX).
—	344,	— 11,	—	Entre ces redoutes et sur la rive droite de la Petite-Nèthe, en P, on élèvera en temps de guerre, *lisez :* Indépendamment de ces redoutes, on élèvera, en temps de guerre, sur la rive droite de la Petite-Nèthe, en P.
—	351,	— 6,	—	hachures, *lisez :* hachures (voir pl. VI)
—	357,	— 15,	—	front 1-5, *lisez :* front 3-4.
—	360,	— 7,	—	commandant, *lisez :* commandant en.
—	366,	— 11,	—	*gh, lisez :* G H.
—	386,	— 24,	—	corps, *lisez :* coups
—	397,	— 1,	—	position, *lisez :* disposition.
—	400,	— 16,	—	de revers, *lisez :* des revers.

ERRATA.

TOME DEUXIÈME.

Page 4, ligne 24, *au lieu de* : profil L' K', *lisez* : profil I' K'.
— 21, — 13, — établir, *lisez* : établir à peu de frais (1).
  N. B. Mettez au bas de la page la note suivante:
  « (1) La planche XI montre que cette coupure peut être établie également, mais à un prix plus élevé, quand les passages contournent les ailes de la caponnière.
— 31, — 3, — distancés, *lisez* : distantes.
— 67, — 20, — l'intérieur du, *lisez* : le.
— 96, — 18, — On y arrive par la voûte e de la galerie d'escarpe (*supprimez cette phrase*).
— 98, — 16, — plan par, *lisez* : plan déterminé par.
— 108, — 9, — d'un chef, *lisez* : d'une clef.
— 144, — 23, — arrivées sur, *lisez* : au moment ou elles atteignent.
— 157, — 25, — travers, *lisez* : flanc.
— 159, — 15, — La Rochelle, *lisez* : Rochefort.
— 173, — 22, — analogue, *lisez* : semblable.
— 197, — 21, — de ces parapets (*supprimez ces mots*).
— 220, — 18, — planche XVIII, *lisez* : planche XIX.
— 230, — 5, — l'extérieur, *lisez* : l'intérieur.

INTRODUCTION.

SOMMAIRE :

Vieilles idées et fausses maximes qui ont nui aux progrès de la fortification. — Défauts inhérents au tracé bastionné ; propriétés essentielles du tracé polygonal. — Raisons qui ont engagé l'auteur à publier ses *Études sur la défense des États*. — Obstacles que rencontrent les nouvelles idées sur la fortification en France et dans les pays qui ont adopté les principes de l'école de Metz. — Premières hostilités contre les nouveaux tracés appliqués en Allemagne après 1815. — Côté faible de ces critiques. — Les résultats obtenus dans l'attaque des places bastionnées ne peuvent pas servir à évaluer la durée de la résistance des places polygonales. — Il n'y a pas d'argument décisif à tirer de cette circonstance qu'aucune place polygonale n'a subi jusqu'ici l'épreuve de la guerre. — Réponse aux objections du capitaine Ratheau contre le tracé polygonal. — Effet produit par le dernier ouvrage du général De Blois. — Réfutation de la critique qu'en a faite le major Cosseron de Villenoisy. — Défauts que présentent les fronts polygonaux de Montalembert. — Réponse aux critiques de M. X..., du *Spectateur militaire*. — A toutes les distances, l'artillerie d'une place polygonale a plus d'action sur le terrain des attaques que celle d'une place bastionnée : démonstration graphique. — Examen du tracé tenaillé, à ce même point de vue. — Objections faites contre le tracé polygonal par le général Mengin-Lecreulx et réfutation de ces objections. — Analyse critique de la *Fortification déduite de son histoire*, par le général Tripier. — Raisons qui empêchent d'admettre la *Théorie des saillants et des rentrants*, à l'aide de laquelle cet ingénieur prétend démontrer la supériorité du tracé bastionné. — Ses réflexions sur le tracé polygonal de Montalembert ne sont pas fondées. — Il n'est pas vrai que ce tracé se compose d'un double tracé bastionné. — Réfutation des *Études historiques sur la fortification*, par le commandant Prévost. — Les conclusions de ce livre en faveur de la fortification bastionnée ne sont pas admissibles. — Opinion du général Todleben sur la fortification polygonale. — Avenir de cette fortification. — *Appendice* : Réfutation du Mémoire du capitaine Mangin.

I

Nos *Études sur la défense des États,* publiées en 1863, avaient pour objet de faire ressortir, au point de vue de la fortification, les conséquences de trois faits récents : le siége de Sébastopol, l'introduction des canons rayés et l'application du fer au cuirassement des vaisseaux et des batteries.

L'examen de ces faits et la discussion des principes de l'art défensif nous ont conduit à des résultats importants que nous exposerons en peu de mots,

1° Le tracé bastionné, imaginé pour assurer un flanquement complet à l'escarpe du corps de place, a cessé de remplir ce but le jour où l'on a reconnu la nécessité de construire une tenaille devant la courtine.

2° Ce tracé, établissant une relation obligée entre la longueur du front, la profondeur des fossés et le commandement du corps de place, a donné naissance à la fortification rasante (1) dont les ingénieurs français eux-mêmes ont signalé les inconvénients (2).

---

(1) Autrefois on appelait fortification *fichante,* celle dont les faces de bastions (très-aigus) étaient flanquées par la courtine, et *rasante,* celle dont les faces tiraient leur défense des flancs des bastions contigus. Nous appellerons *rasante* toute fortification ayant un faible commandement sur la campagne.

(2) Parmi ces ingénieurs, nous citerons Vauban, Cormontaingne, Bousmard, de

3° Pour corriger les défauts de la fortification rasante, on a employé fréquemment des *cavaliers;* mais ces ouvrages n'étaient qu'un palliatif insuffisant, leurs batteries pouvant être détruites de loin par les feux directs et par les feux verticaux (très-redoutables pour des pièces occupant un terre-plein resserré).

4° Ayant reconnu que les pièces des faces étaient promptement démontées par les feux d'enfilade et que celles des courtines n'avaient aucune action sur la campagne, Cormontaingne et les ingénieurs de son école proclamèrent que l'artillerie ne doit pas chercher à combattre les premiers travaux de l'attaque et que son rôle véritablement utile ne commence qu'à la fin du siége.

« L'expérience de la guerre nous apprend, dit Cormon-
» taingne, que le canon serait infailliblement démonté en
» peu de temps, et mis hors de service pour tout le reste
» du siége, » s'il entrait en action au début de la défense.

Cet aveu du chef de l'école renferme l'énoncé du vice capital de la fortification bastionnée : *son impuissance à combattre les travaux éloignés de l'attaque.*

Saint-Paul, Choumara, Paixhans, etc. Vauban, pour satisfaire aux nécessités du tracé bastionné, a dû réduire le commandement du corps de place de Neuf-Brisach et de Landau à 21 pieds (6^m,50); Cormontaingne est descendu jusqu'à 18 pieds (5^m,80); Bousmard a adopté un commandement de 6^m,20, Noizet de 6 mètres, Haxo de 7^m,20. — Dans le tracé modifié de Noizet, appliqué au front d'étude actuel de l'école de Metz (1866), le commandement des saillants de l'enceinte a été porté au maximum de 7^m,50. On ne pourrait pas aller au delà, à moins de donner au front plus de 380 mètres de côté extérieur ou de renoncer à la hauteur d'escarpe que les ingénieurs français jugent nécessaire pour mettre la place à l'abri de l'escalade (10 mètres).

Ce vice a jeté un discrédit immérité sur l'art de l'ingénieur.

Il a produit en même temps les fausses maximes qui ont été pendant cent cinquante ans et qui sont encore aujourd'hui un obstacle aux progrès de la fortification. Ces maximes sont les suivantes :

Le canon ne joue qu'un rôle secondaire dans la défense des places.

Les deux premières parallèles s'exécutent promptement et sans pertes, quelle que soit la puissance de l'artillerie des remparts (1).

Vauban lui-même, malgré tout son génie, n'avait pas une idée juste du rôle que l'artillerie peut jouer dans la défense des positions, lorsqu'elle est bien employée. Pour en donner la preuve, il suffit de rappeler que, dans les tableaux de sa *Défense des places,* il évalue l'armement d'une place de cinq fronts à 50 canons et 24 mortiers; celui d'une place de dix fronts, à 100 canons et 54 mortiers, et celui d'une place de quinze fronts, à 144 canons et 60 mortiers (2).

5° Un défaut capital du tracé bastionné est d'exposer les

---

(1) « Une défense toute de mousqueterie est toujours préférable à celle du canon. »
CORMONTAINGNE.

« Le feu du canon nuit moins aux progrès des tranchées que le feu de la mousqueterie. » FOURCROY.

« Le canon ne joue plus, dans la défense, qu'un rôle purement accessoire. »
D'ARÇON.

(2) Les munitions étaient calculées dans la supposition que chaque canon tirerait au plus 400 coups et chaque mortier, 300. L'approvisionnement de poudre pour une place de quinze fronts ne s'élevait qu'à 700,000 livres.

flancs aux feux des batteries éloignées de l'attaque. Ce défaut fut signalé dans les discussions auxquelles donnèrent lieu, en 1833, les projets de fortification de Paris (1). « Il y a plusieurs exemples, dit le général Bertrand, de
» brèches pratiquées au flanc opposé au bastion d'attaque
» par des batteries éloignées qui n'avaient eu cependant
» d'autre objet que de ricocher les faces de ce bastion (2). »

Ce même défaut avait suggéré au général Paixhans l'idée d'abréger considérablement l'attaque des places en démontant l'artillerie des flancs et en faisant brèche de loin à leur revêtement. Nous avons sous les yeux une note manuscrite de ce général, datée du 6 septembre 1832, dans laquelle il propose l'emploi de ce mode d'attaque contre la citadelle d'Anvers. (Voir l'annexe n° I.)

On peut, à la vérité, prévenir la mise en brèche des flancs au moyen de la tenaille, mais il est à remarquer :

A. Que la tenaille ne s'applique pas à des fronts de peu d'étendue (témoin les forts de Paris);

B. Que cet ouvrage n'empêche pas la destruction du parapet des flancs ni de l'artillerie qui se trouve derrière.

6° Ne pouvant compter sur l'artillerie des flancs, contre-battue, ricochée et prise à revers par l'assiégeant, les ingénieurs français ont réglé la longueur de la ligne de défense sur la portée de la mousqueterie. Ils se sont ainsi privés de l'avantage de construire des fronts de plus de

---

(1) *Le général Bertrand et les fortifications de Paris.* Paris, 1833.
(2 Nous citerons, notamment, la brèche praticable qui fut ouverte à Berg-op-Zoom, en 1747, par une batterie à ricochet dirigée contre la demi-lune du front d'attaque.

400 mètres, avantage d'autant plus précieux qu'il leur eût permis d'augmenter le commandement du corps de place ou la profondeur du fossé capital.

La situation précaire des flancs des bastions a tellement affaibli la confiance de quelques ingénieurs dans l'efficacité du flanquement, qu'ils ont été amenés à soutenir, avec Carnot (1), que le flanquement n'est pas une condition essentielle de la fortification. Le célèbre ingénieur citait, à l'appui de son opinion, le passage suivant de Bousmard :
« A peine s'aperçoit-on du feu de flanc pendant le passage
» du fossé ; on est bien plus occupé des grenades qu'on
» reçoit du haut de la brèche et des parties de la face
» encore debout de part et d'autre. » Montalembert était arrivé à la même conclusion. « Les parapets des flancs,
» dit-il, sont bientôt presque entièrement détruits par les
» batteries de l'assiégeant ; la défense qu'ils donnent ne
» peut être qu'une défense de mousqueterie qui n'est nulle-
» ment en état d'arrêter les progrès des travaux du siége.
» Quant au passage du fossé, l'expérience prouve que les
» feux dont les flancs sont capables ne produisent nul
» effet. »

7° Le tracé polygonal, n'exigeant aucune corrélation entre le commandement du corps de place, la longueur du front et la profondeur du fossé, et offrant moins de prise au ricochet que les tracés angulaires (bastionnés ou tenaillés), satisfait mieux aux conditions qui résultent de l'emploi de

---

(1) *La fortification primitive*, 1823.

l'artillerie comme arme principale dans la défense de front et dans la défense de flanc.

Le tracé et le profil de la fortification permanente doivent être modifiés en raison de la puissance et de la justesse de tir des armes nouvelles. C'est pourquoi le front bastionné a perdu de son importance à mesure que l'artillerie a progressé et qu'il est aujourd'hui relégué au second plan avec les canons lisses et les fusils se chargeant par la bouche.

Les bastions ne sont que des ouvrages resserrés, construits, au détriment de la défense, devant les saillants du polygone extérieur (1).

8° L'ingénieur allemand Rimpler écrivait en 1673 : « N'étant pas d'accord sur les principes et les maximes, les » ingénieurs se sont disputé beaucoup sur des choses insi- » gnifiantes, mais ils ont négligé les deux conditions les » plus importantes, à savoir : de garantir la garnison du » feu de l'assiégeant et d'opposer à celui-ci partout une puis- » sance supérieure... Il fallait employer les maçonneries » voûtées... et porter ses soins *à une défense de front plus* » *forte.* »

Cette vérité servit de point de départ aux études que publia Montalembert à la fin du siècle dernier. Le 20 mars 1791, il écrivait, dans une lettre reproduite par les journaux du temps : « *La puissance des places dépend*

---

(1) L'angle saillant de ces ouvrages est généralement inférieur de 37 degrés à l'angle du polygone. Il est donc aigu dans la plupart des cas.

principalement des effets de l'artillerie. » Mais, à l'exception de Carnot, aucun ingénieur français ne prit cet axiome au sérieux; tous le considéraient comme une exagération de théoricien, et ils en avaient encore la même idée en 1854, quand le général Todleben leur prouva, par sa mémorable défense de Sébastopol, qu'un puissant armement et des batteries soustraites au ricochet peuvent donner une force extraordinaire aux remparts les plus faibles.

9° Selon nous, l'école française, en donnant au tracé bastionné une préférence exclusive, a été dominée par l'idée fausse ou trop absolue que le flanquement rigoureux de l'escarpe est la principale condition à laquelle la fortification doive satisfaire, — que la ligne de défense doit être réglée sur la portée du fusil — et que l'artillerie ne peut intervenir utilement dans la lutte qu'à la fin du siége. Si les chefs de cette école s'étaient mieux rendu compte des nécessités de la défense, ils auraient adopté depuis longtemps le tracé polygonal qui assure à l'artillerie une action plus directe et plus efficace sur le terrain des attaques, parce qu'il permet d'augmenter à volonté le commandement du corps de place et de soustraire les bouches à feu au tir d'enfilade mieux qu'aucun autre tracé.

Ces vérités auxquelles l'étude nous avait conduit étaient contraires à nos convictions d'autrefois et aux principes que l'on enseignait à l'école militaire de Bruxelles. Il n'en fallut pas davantage pour nous engager à les défendre publiquement. La fortification est un *art* fondé sur l'observation, et non, comme le prétendait Fourcroy, une *science* établie sur des principes absolus. Des faits nouveaux et des progrès importants réalisés dans l'armement, doivent nécessairement avoir pour résultat de modifier quelques-uns de ses préceptes.

Pénétré de cette idée, nous résolûmes d'exposer à nos camarades les faits et les raisonnements qui avaient peu à peu modifié nos convictions, afin de les conduire ainsi, par les mêmes étapes, au but que nous avions atteint.

Nous mîmes, en conséquence, un peu d'ordre dans les notes que nous avions recueillies en visitant les principales forteresses de l'Europe et en discutant les travaux des ingénieurs qui s'étaient fait connaître par des idées nouvelles sur l'art défensif. Ces notes formèrent trois volumes. Nous y joignîmes un atlas de 38 planches, composées et gravées au fur et à mesure de l'avancement de nos travaux.

En procédant de la sorte, nous savions d'avance que notre œuvre serait incomplète, mal coordonnée, et qu'elle offrirait à l'esprit une profusion d'idées et de types parmi lesquels il serait difficile de faire un choix judicieux. Mais la publication de ces idées et de ces types devait avoir pour résultat de provoquer les ingénieurs français à une discussion approfondie sur les points contestés de la fortification et, principalement, sur les deux tracés qui se disputent la préférence : le tracé bastionné et le tracé polygonal.

Cette tentative, nous le déclarons hautement, n'était inspirée par aucun sentiment d'hostilité envers un corps d'officiers qui, par ses travaux et ses services éminents, a droit à toutes nos sympathies.

Une autre pensée nous dirigeait.

L'enseignement de l'école militaire de Bruxelles a été calqué sur celui de l'école de Metz. Nos officiers avaient donc sur la fortification les mêmes idées que ceux du corps du génie français, lorsqu'un ministre, ami du progrès (1), décida que le tracé polygonal serait appliqué aux nouvelles fortifications d'Anvers. Une résolution aussi importante ne pouvait pas être acceptée sans regrets ni même sans opposition par ceux qui, de bonne foi, la jugeaient contraire aux saines doctrines de leur art.

Ayant contribué à faire prendre cette résolution, nous crûmes qu'il était de notre devoir de la justifier en produisant les raisons qui nous avaient déterminé à rejeter le tracé bastionné ; mais on nous répondit par un argument qui ne laissa pas de faire une vive impression sur le public et dont l'opposition se prévalut habilement. « La fortification
» polygonale, disait-on, est une création allemande qui n'a
» pas encore fait ses preuves. Les ingénieurs français, qui
» sont aussi instruits que les autres et qui ont une plus
» grande expérience de la guerre des siéges, n'en veulent à
» aucun prix. On a donc eu tort de renoncer au tracé bas-
» tionné, qui sert de base à l'enseignement de la fortification
» dans la plupart des écoles militaires et pour lequel les
» officiers du génie belge ont une prédilection marquée. »

Ainsi condamnées au nom de l'expérience et de la tradi-

---

(1) Le lieutenant général baron Chazal.

tion, personnifiées par l'école française, les nouvelles fortifications d'Anvers ne pouvaient être réhabilitées que par une critique fondée des doctrines de cette école.

Nos *Études sur la défense des États* furent écrites à ce point de vue. Œuvre de polémique et de circonstance, leur but était de préparer le terrain à un travail plus complet et mieux coordonné dans toutes ses parties.

Ont-elles atteint ce but? C'est ce que nous examinerons.

A ne considérer que les faits, on peut soutenir que les ingénieurs français n'ont renoncé à aucune de leurs idées. La nouvelle enceinte de Lille (1), exécutée depuis le siége de Sébastopol, et les forts en voie d'exécution à Metz, appartiennent au tracé bastionné.

A l'école d'application on enseigne toujours le front de Noizet avec d'insignifiantes modifications (2); le comité du génie continue de censurer les professeurs et les livres, et l'administration défend, comme autrefois, aux officiers en activité de service d'émettre des idées critiques sur les travaux du génie (3) et de publier des études sur les forteresses ou sur le système défensif de la France. C'est ce qui fait dire à un général français : « Jusqu'à présent, dans le

---

(1) Le général De Blois s'est demandé en voyant l'enceinte de Lille, exécutée depuis le siége de Sébastopol, « *si ce siége n'a rien appris aux ingénieurs français.* »

(2) Le profil seul a été amélioré. Il aurait dû l'être depuis 1823, car, dès cette époque, on avait acquis la preuve (grâce aux expériences de Woolwich) qu'un revêtement défilé à la vue peut être battu en brèche par un tir plongeant.

Sous le rapport du tracé, nous ne signalerons, dans le nouveau front de Metz, que la suppression des coupures des demi-lunes.

(3) Une circulaire de 1850 interdit aux militaires en activité de publier aucun ouvrage sans en avoir obtenu l'autorisation. Il leur est également défendu d'insérer dans le *Mémorial de l'officier du génie* (qui meurt d'inanition) des études relatives à la fortification.

» génie, les morts seuls ont parlé et les vivants gardent le
» silence. »

Lorsqu'un esprit moins discipliné ou plus hardi se lance dans les voies nouvelles, il est invariablement accusé « de » rompre avec les traditions du corps et avec l'opinion de » ses camarades. » Tout récemment le général De Blois nous a révélé ce fait curieux, qu'ayant envoyé au *Moniteur de l'Armée* un article en réponse aux observations critiques d'un officier qui s'était constitué le défenseur officieux du tracé bastionné, l'insertion de cet article lui fut refusée « *par ordre supérieur*. » (1)

En vain le général fit observer que le tracé bastionné perd du terrain tous les jours et que les ingénieurs les plus distingués des autres pays l'ont définitivement abandonné. On lui répondit : La lumière ne vient pas du Nord, et le témoignage des étrangers n'a pas de valeur. C'est le général du génie Mengin-Lecreux qui se chargea de le lui notifier : « Quant au témoignage des ingénieurs étrangers, dit-il, on » nous permettra de le récuser *absolument*; car, malgré » leur mérite, *ils ne font certainement* pas autorité en cette » matière (2). »

C'est le langage dédaigneux de Fourcroy, traitant Montalembert d'ignorant et d'intrus !

On a toujours mal accueilli en France ceux qui voulaient marcher en avant sans la permission des autorités.

Il en sera longtemps encore de même. Les comités « gardiens des bonnes traditions » sont les défenseurs

---

(1) Voir sa *Défense de la fortification polygonale*, p. 16. Paris, 1867.
(2) *Réplique à M. le général De Blois*. Paris, 1868.

naturels des vieilles idées, et ce n'est jamais qu'après une longue résistance et de fâcheux retards qu'ils acceptent ou subissent le progrès. Vingt exemples le prouvent! (1) Leur influence est surtout pernicieuse quand ils ont, comme en France, le droit de régler l'enseignement et d'imposer leurs idées aux professeurs.

« L'enseignement officiel, dit le général Prévost de Ver-
» nois, a la prétention d'empêcher le débordement des
» innovations les plus dangereuses; mais il a l'inconvénient
» de consacrer l'erreur et de la transmettre intacte à la
» postérité la plus reculée... Il modèle tous les esprits
» dans le même moule, inculque à chaque génération
» les mêmes doctrines... et lui offre des types dont on ne
» doit pas s'écarter. »

Rien de plus vrai que ces réflexions. La jeunesse est l'âge de la confiance; on lui inculque toutes les idées avec une égale facilité. Le professeur fait l'enseignement et l'enseignement fait l'homme. C'est ainsi que nous sommes chrétiens ou musulmans, partisans de telle ou de telle philosophie, défenseurs de telle ou de telle doctrine scientifique, de telle ou de telle forme de gouvernement. Les élèves accueillent les idées de leurs maîtres comme des vérités indiscutables, et, devenus hommes, ils conservent religieusement les impressions du jeune âge.

On peut donc affirmer que le corps du génie français repoussera la fortification polygonale aussi longtemps que

---

(1) Les partisans des comités eux-mêmes sont obligés d'en convenir. Aussi le général De Blois nous apprend que « le général Valée dut forcer la main aux comités pour leur » faire accepter son nouveau système de matériel, bien supérieur au système de Gri- » beauval. » *Réplique au général Mengin-Lecreux*, p. 14.

les « gardiens des bonnes traditions » occuperont les emplois supérieurs de l'arme, siégeront dans le comité et feront la loi aux professeurs. La volonté ferme et intelligente du chef de l'État pourrait seule modifier cette situation, comme elle l'a fait pour l'artillerie et la marine (1).

On reproche au général De Blois d'avoir dit que le corps du génie français est en arrière d'un *demi-siècle*. Il a eu tort, en effet! C'est *un siècle et demi* qu'il aurait dû dire, car, de l'aveu de ses contradicteurs, on revient aujourd'hui en France au troisième tracé de Vauban, qui date de 1698 et qui avait été abandonné, dit le général Tripier, « sans qu'il soit possible d'en donner la raison (2). » Le commandant Prévost voudrait même rétrograder jusqu'aux ingénieurs italiens du xvie siècle (3), puisqu'il propose de construire derrière l'enceinte bastionnée (destinée à la défense rapprochée) une enceinte à grand commandement, chargée d'assurer la défense éloignée.

En résumé, dans l'ordre des faits, les partisans des idées nouvelles n'ont rien gagné en France.

Il semble donc que notre tentative de provoquer une réaction en faveur de ces idées ait complétement échoué.

Mais on arrive à une conclusion toute différente lorsqu'on passe des faits à la discussion et, du terrain où s'exécutent les travaux, aux livres où ces travaux sont appréciés.

D'abord les ingénieurs français ne firent aucune attention

---

(1) Si la France a eu la première des canons rayés et des navires cuirassés et si les gros calibres ont été admis enfin dans sa marine, ce n'est point aux comités qu'elle en est redevable, mais bien à l'initiative de l'Empereur.
(2) *Spectateur militaire*. Juin 1868.
(3) *Études historiques sur la fortification*, p. 371.

aux idées qui s'étaient fait jour en Allemagne après les guerres de l'Empire. C'est seulement quand ils virent s'élever aux portes de la France des forteresses construites d'après un nouveau système, qu'ils comprirent la nécessité d'étudier ces forteresses dont ils pouvaient être appelés à faire le siége.

Maurice de Sellon et le capitaine Mangin se chargèrent de ce soin.; malheureusement, ils le firent avec des préventions qui les empêchèrent de reconnaître que le nouveau tracé adopté par les ingénieurs allemands était le résultat d'une discussion approfondie des principes de la fortification et des faits que l'expérience des dernières guerres avait mis en évidence. La supposition à laquelle ils s'arrêtèrent tout d'abord fut qu'en rompant avec les traditions de l'école de Cormontaingne, les ingénieurs allemands avaient cédé à la réaction qui, après 1815, se manifesta dans toute l'Europe contre les idées françaises (1).

Pour démontrer l'absurdité de cette supposition de *gallophobie*, il suffisait de faire observer que les auteurs de la nouvelle fortification allemande sont deux Français : le marquis de Montalembert et Carnot, tandis que le père de la fortification bastionnée est, de l'aveu même des officiers du génie français, le moine siennois Martini (2). Personne

---

(1) Cette même appréciation se retrouve dans les *Études historiques sur la fortification* que vient de publier le commandant Prévost.

(2) *Études historiques sur la fortification*, par le commandant Prévost. Paris, 1868, p. 81. — Les premiers bastions (qu'il ne faut pas confondre avec le premier front bastionné) furent construits à la Corogne, de 1496 à 1497. En 1525, San Micheli en fit à Vérone. La vieille enceinte d'Anvers, construite en 1540 et démolie en 1866, offre le premier exemple de bastions *se flanquant mutuellement* ; elle marque donc l'origine du *front bastionné*, dont l'idée première se trouve dans les œuvres de Mar-

n'ignore, du reste, que les plus illustres interprètes de la fortification bastionnée avaient été les Allemands Daniel Speckle (1589) et Rimpler (1673), deux ingénieurs qui, sous le rapport de l'originalité et de la profondeur des idées, peuvent être comparés à Vauban et doivent être placés bien au-dessus de Cormontaingne.

L'examen des mémoires de Maurice de Sellon et de Mangin prouve que les critiques de ces auteurs s'adressent bien moins au principe du tracé polygonal qu'aux applications qui en ont été faites dans les places du Rhin et du Danube.

En supposant donc qu'ils eussent démontré que ces places sont inférieures aux forteresses construites par Vauban et par Cormontaingne, il n'en résulterait point que le tracé bastionné est préférable au tracé polygonal.

Mais il s'en faut bien que cette démonstration ait été faite !

Les critiques de Mangin et de Maurice de Sellon reposent sur une erreur capitale.

En faisant les plans d'attaque des forteresses allemandes, ils ont négligé de tenir compte de l'influence qu'exerce l'artillerie de la défense sur la marche des travaux d'approche. Or s'il est une propriété qu'on ne peut pas contester sans injustice à la fortification allemande, c'est d'admettre un armement supérieur à celui de la fortification française, non-seulement par le nombre des pièces, mais encore par

---

tini. La citadelle de Turin, bâtie en 1538, avait quatre bastions aigus qui tiraient leur flanquement de la courtine. Ce n'était pas encore une application du front bastionné proprement dit.

la bonne installation de l'artillerie sur les remparts. « Une des gloires de l'école allemande, dit le général Tripier, est d'avoir plaidé constamment la cause des feux d'artillerie dans la défense des places (1). »

Eh bien, ce grand avantage, les critiques français le nient, bien qu'il soit évident *a priori* qu'un front puissamment armé et dont l'artillerie ne peut pas être ricochée, opposera plus de difficultés à l'avancement des sapes et à l'établissement des batteries qu'un front faiblement armé et dont les principales lignes sont ricochables. Il n'était pas nécessaire que le siége de Sébastopol vînt confirmer cette vérité pour qu'elle s'imposât à l'esprit de tout juge impartial. En la méconnaissant, Maurice de Sellon et Mangin ont abouti à des conclusions inadmissibles.

On sait que Vauban avait adopté certaines bases pour supputer la durée des siéges et calculer, d'après cette durée, les approvisionnements et les garnisons des places. Attribuant à ces données une importance qu'elles n'avaient pas (2) et les complétant par les résultats obtenus dans plusieurs siéges dont il avait compulsé les journaux, Cormontaingne posa des chiffres absolus qui permettent, selon lui, de calculer le temps nécessaire à l'exécution des travaux de siége, dans toutes les circonstances possibles.

---

(1) *La fortification déduite de son histoire.* 1 vol. in-8°. Paris, 1866.

(2) Vauban déclare formellement qu'il donne ces chiffres « plutôt pour servir d'instruction que pour en proposer une règle bien certaine, parce que les places étant toutes différentes les unes des autres, *il faut s'y conduire par rapport au plus ou moins de pièces qu'elles peuvent opposer à l'ennemi,* etc. » *Défense des places,* édit. de 1829, p. 40.

C'est la condamnation de l'usage que Cormontaingne et Fourcroy ont fait des évaluations de Vauban, pour écarter les systèmes qui n'avaient pas leur approbation.

Ces chiffres ont servi, depuis lors, à la composition des plans d'attaque et des journaux de siége fictifs, au moyen desquels on détermine en quelque sorte mathématiquement la valeur relative des systèmes de fortification. Aussi longtemps qu'on applique cette méthode à des systèmes bastionnés se trouvant dans les mêmes conditions de tracé et d'armement que les places assiégées qui avaient fourni des éléments à Vauban et à Cormontaingne, on put accepter les conclusions des journaux d'attaque fictifs ; mais lorsque Maurice de Sellon et Mangin voulurent, à l'aide du même procédé, évaluer le temps nécessaire pour assiéger des places polygonales, pourvues d'un armement bien supérieur à celui des places bastionnées et offrant beaucoup plus de garanties contre le tir d'enfilade, les Allemands soutinrent avec raison que ces ingénieurs avaient fait fausse route et que, logiquement, on ne peut appliquer aux fronts polygonaux que les résultats d'expériences obtenus dans l'attaque des places de même nature. Or, jusqu'ici, la seule place assiégée qui offre quelque analogie avec les forteresses polygonales est Sébastopol, et cette place a si peu justifié les conclusions des journaux fictifs, que les adversaires de la fortification polygonale n'ont eu garde de s'en prévaloir.

Par une contradiction singulière, les mêmes ingénieurs qui condamnent la fortification polygonale en invoquant les résultats obtenus dans l'attaque des places bastionnées, soutiennent qu'il serait dangereux d'adopter cette fortification, parce qu'elle n'a pas encore subi l'épreuve de la guerre. Cela revient à dire que l'expérience acquise dans l'attaque des places bastionnées est la condamnation des places polygonales, lesquelles n'ont jamais été assiégées !

Réduite à ces termes, la critique aboutit à une absurdité.

La condamnation au nom de l'expérience est donc inadmissible, et celle qui s'appuie sur le manque d'expérience l'est au même degré. Si l'on ne devait admettre que ce que la guerre a consacré, il serait impossible de réaliser aucun progrès en matière d'armement, de fortification, de tactique ou d'organisation d'armée. Avec cet argument on aurait pu écarter l'idée de remplacer la lance par le mousquet, les tours par des bastions, les canons lisses par les canons rayés, les navires en bois par les navires cuirassés, etc., etc. Heureusement, personne ne s'en est avisé et le progrès s'est fait nonobstant le père Daniel, qui déplorait la suppression des catapultes (1), le chevalier Follard, qui voulait le maintien de la pique, surnommée la *reine des armes*, les partisans des vieilles doctrines, qui prédisaient, en 1859, qu'avant dix ans on serait obligé de « réinventer les canons lisses et les vaisseaux en bois », et le major Prévost, qui annonce aujourd'hui même « que bientôt on réinventera de nouveau en Allemagne le tracé bastionné. »

Neuf fois sur dix, l'épreuve de la guerre n'apprend rien dont on ne soit certain d'avance. Il n'est pas nécessaire, en effet, de livrer une bataille pour savoir qu'un mousquet est plus redoutable qu'une pique, un canon rayé plus redoutable qu'un canon lisse, un vaisseau cuirassé plus redoutable qu'un vaisseau en bois. De même il n'est pas nécessaire d'assiéger une place pour constater que, sous le rapport du flanquement, un bastion l'emporte sur une tour et qu'une

---

(1) Il n'admettait la supériorité du canon que pour la guerre de siége.

batterie non ricochable est plus difficile à réduire au silence qu'une batterie dont l'ennemi peut prendre le prolongement.

Nous ferons remarquer, au surplus, que la guerre, loin d'avoir été favorable au tracé bastionné, a prouvé, au contraire, l'insuffisance de ce tracé.

Dans la période de 130 années qui s'est écoulée depuis 1697 jusqu'en 1810, Carnot découvre à peine deux défenses remarquables.

C'est précisément à cause de ce résultat que Masse (1), d'Herbelot, Cugnot, le maréchal de Saxe, Montalembert, Trincano, La Chiche, Carnot et d'autres Français ont proposé de renoncer au tracé bastionné ou de le modifier profondément.

Le commandant Prévost, qui nous reproche si vivement (2) d'avoir soutenu que le raisonnement fondé sur l'expérience du polygone peut et doit, dans certains cas, suppléer à l'expérience de la guerre, et qui s'écrie : « Nous avouons être très-inquiet de l'avenir d'une science qui est loin d'être positive et exacte, si les *raisonneurs* doivent y remplacer les *hommes d'expérience*. » M. Prévost ne trouve rien d'extraordinaire à ce que, vers la fin du xve siècle, un *raisonneur* sans aucune expérience de la guerre, un moine de Sienne, Martini, critiquât le tracé adopté par tous les ingénieurs de son temps, pour y substituer ses propres

---

(1) L'ingénieur Masse a laissé des mémoires manuscrits, datés de 1713. Voici ce qu'en dit Augoyat : « Frappé du peu de résistance des places qui étaient attaquées avec
» une nombreuse artillerie, Masse pensa qu'il était de toute nécessité, pour remédier à
» l'infériorité de la défense, de multiplier dans la fortification les souterrains, les case-
» mates, etc. » *Aperçu historique sur les fortifications*, t. 1, p. 439.

La Chiche émit à peu près les mêmes idées en 1767.

(2) *Études historiques sur la fortification*, p. 342.

idées. Il est vrai que ce moine proposa le tracé bastionné et qu'il devint le chef de la nouvelle école.

Ce qui était bien alors ne saurait être mauvais aujourd'hui, et nous croyons que si l'école bastionnée accepte pour père un moine italien, l'école polygonale peut avouer sans scrupule qu'elle descend du colonel allemand Scheiter(1) et du général français Montalembert.

M. Prévost se charge, du reste, de nous prouver que la caponnière n'est pas sortie tout armée du cerveau d'un novateur sans expérience. Il lui fait une généalogie qui remonte aussi haut que celle du bastion. « La défense par le milieu, dit-il, très en vogue au xve et au xvie siècle avec les *moineaux* et le bastionnet central des longues courtines italiennes, se rencontre dans Fabre, Rimpler, Suttinger, Scheiter, etc. Filley l'avait aussi proposée. La caponnière casematée est une extension des *capannati* de Georgio Martini. »

S'il faut absolument que l'expérience de la guerre justifie un tracé dont la supériorité soit établie par le raisonnement et par les faits constatés dans les polygones, nous invoquerons le siége de Sébastopol, qui a confirmé les idées fondamentales de Montalembert. La vieille école ne pourrait certainement pas se prévaloir des rares bastions qui se trouvaient sur le pourtour de l'enceinte (2), le général Todleben ayant signalé tous les défauts de ces ouvrages.

---

(1) Cet ingénieur a publié, en 1672, un tracé où l'on trouve l'idée de la caponnière centrale de Montalembert.

(2) C'est cependant ce qu'a essayé de faire, mais sans succès, le commandant Prévost. Voir son livre, p. 299.

II

Au commencement de 1864, M. le capitaine du génie Ratheau publia, dans le *Spectateur militaire,* une critique de nos *Études,* modérée dans la forme, bienveillante au fond, mais très-accentuée dans le sens des idées françaises.

Ce travail ayant été examiné et approuvé par le comité du génie, on peut dire qu'il reproduit fidèlement les idées et les impressions des chefs de l'arme.

Nous le réfutâmes dans les termes suivants :

M. Ratheau veut bien reconnaître que j'ai fait « res-
» sortir avec beaucoup de force les défauts du système
» bastionné, et que la plupart de mes reproches appliqués
» à la fortification de Cormontaingne lui semblent justes. »
C'est un aveu qui ne me surprend pas, venant d'un officier aussi instruit et aussi impartial que l'est mon honorable contradicteur. M. Ratheau pense cependant « qu'on ne peut
» pas en conclure que, dans tous les cas, et absolument
» parlant, le tracé bastionné soit à rejeter ; cet axiome,
» dit-il, formerait le pendant de celui que proclamait le
» général d'Arçon, que le tracé bastionné procure la seule
» solution possible du problème de la fortification. La vérité
» doit être entre les deux.

» En effet, sauf le recroisement des feux et la facilité
» un peu plus grande de ricocher les faces, les défauts
» signalés ne sont pas inhérents au tracé et ils peuvent
» être corrigés d'une manière plus ou moins heureuse. »

Sur ce point nous ne sommes plus d'accord. J'ai indiqué, t. Ier, p. 259, six défauts du tracé bastionné, qu'il n'est au pouvoir de personne de faire disparaître, parce qu'ils sont, pour ainsi dire, l'essence du tracé (1). A ceux qui contesteraient cette vérité je dirai : Produisez un type de front bastionné qui soit exempt de ces défauts, et je ferai amende honorable. Je dirai de même à ceux qui prétendent que, dans certaines circonstances, le tracé bastionné l'emporte sur le tracé polygonal : Indiquez ces circonstances, et nous verrons si le tracé polygonal, employé dans les mêmes conditions, n'offre pas plus d'avantages.

J'ai appliqué ce dernier tracé dans une foule de cas et je l'ai reconnu supérieur *dans tous*. C'est ce qui fait, pour me servir de l'expression pittoresque de M. Ratheau, que j'ai « passé à l'ennemi avec armes et bagages, » désertion honorable, selon moi, parce que j'ai la conviction d'avoir abandonné le camp de l'erreur pour me consacrer à la défense de ce que je crois être la vérité.

M. Ratheau a fait preuve de discernement et d'impartialité en ne reproduisant pas, pour combattre la fortifica-

---

(1) Ces défauts sont les suivants :
1° Le recroisement des lignes de défense, qui fait perdre le tiers de la portée efficace des armes et empêche qu'on ne donne au côté extérieur des fronts plus de 730 mètres de longueur ; 2° la possibilité de battre les flancs de loin et d'éteindre leur feu avant le moment où ils doivent entrer en jeu ; 3° l'impossibilité de donner à la fortification un relief considérable sans créer un angle mort devant la courtine et dans le fossé aux extrémités des branches de la demi-lune, ou sans construire des flancs bas casematés qui ont le défaut de tirer l'un sur l'autre et d'exiger la suppression de la tenaille ; 4° la multiplicité des flancs qui complique la défense, rend la garde et la surveillance plus difficiles, exige plus de matériel, plus de canonniers, plus de casemates, et, par conséquent, entraîne l'État à des frais de construction et d'armement plus considérables ; 5° des bastions encombrés où les mouvements de troupes sont difficiles, où les projectiles font de grands ravages et où l'ennemi peut se retrancher facilement ; 6° l'impossibilité d'appliquer avantageusement le tracé bastionné aux polygones d'un petit nombre de côtés et aux côtés de moins de 250 mètres de longueur.

tion polygonale, les arguments qui ont servi à plusieurs de ses camarades, et dont la critique a fait justice depuis longtemps. Les seules objections qu'il croie encore sérieuses sont les suivantes :

Première objection. « Pour prendre à revers les sail-
» lants du chemin couvert du corps de place, et pour inter-
» cepter les prolongements des faces, il faut, avec des
» côtés extérieurs aussi longs, donner une énorme saillie au
» couvre-face de la caponnière, c'est-à-dire occuper une
» grande surface de terrain. »

Réponse. J'ai prouvé, t. Ier, p. 210, — et il suffit de jeter les yeux sur la planche IV, figures 4 et 6 de mon atlas, pour être convaincu de cette vérité, — qu'en donnant aux couvre-faces des fronts polygonaux un angle flanqué de 60 degrés et une saillie sur le côté extérieur égale à celle des demi-lunes des fronts bastionnés, les lignes de feu du corps de place seront interceptées par ces couvre-faces à partir du dodécagone, tandis que les demi-lunes des fronts bastionnés n'interceptent les prolongements des faces des bastions que dans les polygones d'au moins vingt-quatre côtés. D'où je conclus que, *dans le tracé polygonal, il est plus facile que dans tout autre tracé de faire intercepter les prolongements des lignes d'un front par les dehors des fronts collatéraux.*

Pour ce qui regarde la surface du terrain occupé par la fortification polygonale, elle est non pas *supérieure*, mais *inférieure* à celle occupée par la fortification bastionnée. Je ne m'explique pas comment M. le capitaine Ratheau est arrivé à une conclusion diamétralement opposée. S'il s'était donné la peine de construire sur un même côté extérieur un front polygonal et un front bastionné, en donnant au couvre-face de la caponnière la même saillie sur le côté extérieur qu'à la demi-lune, et en plaçant les deux fronts dans les mêmes conditions, sous le rapport du nombre et de l'importance des dehors, la comparaison entre les deux fronts lui eût prouvé que le front polygonal occupe *moins* de terrain que le front bastionné.

DEUXIÈME OBJECTION. « Il est presque toujours possible
» de trouver des positions telles, pour les contre-batteries,
» qu'elles ruinent les embrasures des casemates flan-
» quantes en échappant à leur feu. »

RÉPONSE. Cela n'est vrai que pour les types défectueux de la fortification polygonale. Ces types, qui ont été appliqués à certaines places de l'Allemagne, je les ai jugés plus sévèrement que ne l'a fait M. Ratheau. Quant à mes projets de fortification polygonale, il suffit de jeter les yeux sur les fig. 5 et 12, pl. XIX ; fig. 11, pl. XXIV ; fig. 4 et 6, pl. XXV ; fig. 4 et 5, pl. XXVII ; fig. 1, pl. XXXVI, et fig. 3, pl. XXXVII, pour voir que la possibilité de ruiner les embrasures des casemates flanquantes, au moyen de pièces établies hors du champ de tir de ces embrasures, n'existe point (1).

TROISIÈME OBJECTION. « Le chemin couvert au saillant

---

(1) Le lecteur qui ne possède pas mes *Études* peut consulter les planches IX, X, XI, XIII, XIV et XV de mon *Traité de fortification polygonale*.

» du corps de place est très-isolé, par suite de la longueur
» du front; les communications avec cet ouvrage et même
» avec les places d'armes rentrantes sont généralement
» difficiles, sinon impossibles, aussitôt que le saillant est
» couronné. »

Réponse. C'est encore une objection formulée en vue de certains fronts polygonaux construits en Allemagne, mais qui ne s'applique pas aux types préconisés dans mes *Études*, ni à ceux qui ont été exécutés à Posen, à Germersheim (tête de pont) et à Anvers.

Je ne sache pas, au surplus, que, dans la fortification bastionnée, les communications avec le chemin couvert au saillant du corps de place soient si faciles, quand ce saillant est couronné. Je crois même que, sous ce rapport, les fronts de Vauban, ceux de Cormontaingne et de Noizet sont inférieurs aux fronts polygonaux que représentent les fig. 3, 4, 6 et 8 de la pl. XXXV et la fig. 1 de la pl. XXXVI de mon atlas (1).

Pour ce qui concerne l'isolement du chemin couvert au saillant du corps de place, cet inconvénient existerait, au même degré, dans le tracé bastionné, si l'on donnait au côté extérieur 1,000 mètres de longueur.

Quatrième objection. « La supériorité du tracé poly-
» gonal, au point de vue de la ricochabilité, n'existe qu'à
» la condition que le nombre des côtés soit le même dans
» les deux polygones. »

---

(1) Le lecteur qui ne possède pas cet atlas peut consulter les planches IX, X et XI, de mon *Traité de fortification polygonale*.

Réponse. Cela est évident; mais, loin de condamner la fortification polygonale, l'objection dont il s'agit fournit, au contraire, un argument en faveur de cette fortification, puisque le tracé polygonal peut s'appliquer aux petits côtés comme aux grands, et que, dès lors, il n'est jamais nécessaire de réduire le nombre des fronts d'un polygone lorsqu'on renonce à l'emploi du tracé bastionné.

J'ai donné, pl. XXXV, fig. 4 et 8, et pl. XXXVI, fig. 1, des types de fronts polygonaux pour des côtés de 300 à 400 mètres de longueur (1). Ces types prouvent, bien mieux que ne sauraient le faire des raisonnements abstraits, que la fortification polygonale peut être appliquée dans tous les cas sans perdre aucun de ses avantages caractéristiques. M. Ratheau prétend, à la vérité, que deux fronts ne sont comparables qu'autant qu'ils appartiennent à des places ayant *le même espace intérieur*; mais, sur ce point, je ne saurais être de son avis. Et, en effet, si l'on construisait, sur un même polygone, une place polygonale et une place bastionnée, ces places seraient parfaitement comparables. La dernière, sans doute, aurait moins d'espace intérieur que la première, mais c'est un inconvénient à mettre au compte du tracé bastionné. Pour réduire la place polygonale au même espace intérieur, on n'aurait qu'à resserrer le polygone en diminuant la longueur de tous les fronts (2); il en résulterait une économie

---

(1) Ces types, légèrement modifiés, sont reproduits dans la pl. IX du *Traité de fortification polygonale*.

(2) M. Ratheau voudrait qu'en pareil cas on réduisît le nombre des côtés et qu'on augmentât leur longueur; mais il me permettra de ne pas accepter ce moyen, qui constituerait une application défectueuse du tracé polygonal.

d'argent à ranger parmi les avantages du tracé polygonal.

Après cette réponse, toute polémique cessa.

En Belgique, personne ne prit la défense de la fortification bastionnée ; mais, dans le cours donné à l'école militaire de Bruxelles, on continua de faire le procès au tracé polygonal, en reproduisant des objections cent fois réfutées et dont aucune ne s'appliquait aux types que nous avions préconisés dans nos *Études*.

Les choses en étaient là quand parut, en France, un ouvrage intitulé : *De la fortification en présence de l'artillerie nouvelle*, par le général De Blois. (Paris, 1865, 2 vol. in-8°.)

L'auteur appartient à l'arme de l'artillerie. Son érudition, ses talents et son expérience de la guerre donnent un grand poids à ses opinions. C'est ce qui explique la vive émotion que produisit son livre, destiné à prouver que la fortification bastionnée, objet de toutes les préférences du corps du génie français, ne satisfait plus aux nécessités d'une défense énergique.

En parlant de l'enseignement de la fortification à l'école de Metz, le général De Blois disait : « On n'y tient pas
» assez compte de ce que l'histoire des siéges nous a appris
» sur l'influence acquise par l'artillerie dans l'attaque et
» dans la défense : Depuis le temps où Fourcroy fondait
» cet enseignement, les programmes ont très-peu varié.
» *L'art chez nous est resté stationnaire*, quoique les bases
» en aient changé, quoique autour de nous les puissances

» européennes se soient accordées à tirer des progrès réa-
» lisés par les armes à feu une foule de conséquences aux-
» quelles nous sommes restés étrangers (1). »

Plus loin, l'auteur ajoutait sous forme de conclusion (2) :

« Nous n'avons donc rien de mieux à faire que de mettre
» de côté tout respect humain, tout esprit de corps, en
» présence de l'intérêt de la France, et de suivre l'exemple
» de nos voisins, puisque nous ne les avons pas devancés. »

Ce langage, empreint d'une franchise toute militaire, piqua au vif la susceptibilité des ingénieurs français.

Le premier qui prit la défense de leurs doctrines fut le commandant de Villenoisy, nommé depuis professeur de fortification à l'école de Metz. Cet officier publia, dans le *Moniteur de l'Armée* du 6 mars 1866, une réfutation sommaire de l'ouvrage du général De Blois.

Dès les premières lignes, il reproche à l'auteur de prêter l'appui de son autorité « à des opinions qui, depuis cinquante
» ans, n'avaient guère été soutenues que par des militaires
» de cabinet. »

Cette réflexion prouve que le temps est arrivé où les *hommes de cabinet* verront les *hommes de guerre* se joindre à eux pour attaquer l'ennemi commun, qu'il s'appelle routine, tradition, esprit de corps ou force de l'habitude, peu importe !

Déjà, en 1862, le général du génie Prévost de Vernois disait :

« L'art de la fortification, bien loin d'avoir fait des pro-

---

(1) T. I, p. 136.
(2) T. II, p. 287.

» grès depuis un siècle et demi, comme le croit l'école
» moderne, a rétrogradé entre les mains des successeurs
» de Vauban. »

Autres signes du temps !

Au moment où parut le manifeste du général De Blois, le colonel de Putheaux publiait à Mézières un livre sur les *Constructions défensives rendues inabordables*, dans lequel il propose un système de fortification polygonale. La même année, un autre officier français lançait à Paris une brochure ayant pour titre : *Les forteresses et l'artillerie moderne*, dans laquelle nous avons remarqué les passages suivants :

« Le tracé bastionné, résultat d'un profil imparfait,
» perd sa raison d'être...

» Par une transformation nouvelle de l'art de fortifier,
» nous sommes ramenés au tracé naturel et primitif, le
» tracé polygonal...

» Un jour, devant Napoléon Ier, quelques ingénieurs dis-
» cutaient la valeur relative des divers éléments d'un front
» bastionné. Tous s'accordaient à considérer la courtine
» comme la partie la plus forte de la fortification. « *Eh
» bien*, répartit l'Empereur, résumant le débat, *mettez toute
» la fortification en courtine.* »

Plus récemment, en 1865, un officier supérieur du génie français, M. de Gaubert, a publié une réfutation de l'ouvrage du capitaine Mangin, dans laquelle il soutient que, « malgré le mérite incontestable du corps du génie militaire,
» l'art n'a fait aucun progrès notable depuis Vauban. »

« Les critiques de M. le capitaine Mangin, dit-il, ne sont
» pas généralement justifiées, et celles, en petit nombre,
» qui le sont, constituent des critiques de détail qui n'infir-

» ment en rien le système polygonal proprement dit (1). »

Nous ajouterons, d'après des renseignements dignes de confiance, que plusieurs membres du comité se sont prononcés, dans ces derniers temps, en faveur du tracé polygonal, et que M. le maréchal Niel a exprimé une opinion très-favorable aux nouvelles fortifications d'Anvers, qui s'éloignent cependant beaucoup du type traditionnel de l'école française.

Le vent souffle donc aux idées nouvelles, et c'est sans doute pour leur opposer une digue salutaire que M. le commandant de Villenoisy s'est constitué le défenseur du comité du génie, en répondant au général De Blois.

Nous réfuterons en peu de mots des objections contre la fortification polygonale.

PREMIÈRE OBJECTION. «Aucune enceinte tracée d'après les » principes de la fortification polygonale n'a été soumise à » l'épreuve décisive d'un siége. »

Nous avons répondu plus haut à cette objection, qui n'a aucune valeur.

DEUXIÈME OBJECTION. « C'est dans un terrain accidenté » que l'on doit toujours construire les forteresses, lorsque » les considérations stratégiques ne s'y opposent pas. Or, » lorsque l'on se trouve embarrassé de coteaux et de ra- » vins, les lignes des fronts polygonaux présentent d'inex- » tricables difficultés. »

Si M. de Villenoisy avait visité les nouvelles places

---

(1) *Examen critique de l'ouvrage du capitaine Mangin.* Paris, 1865.

allemandes, construites toutes en terrain accidenté ; s'il avait étudié surtout la citadelle de Posen, exécutée par le général Von Brese, et la forteresse de Kertsch, construite d'après les plans du général Todleben, il se serait bien gardé de dire que la fortification polygonale ne se prête pas à cette espèce de terrain. Elle s'y prête, au contraire, mieux que la fortification bastionnée, dont les diverses lignes ont entre elles des rapports obligés de longueur et de position qui constituent un des défauts de ce tracé. Nous pouvons, du reste, opposer à M. de Villenoisy l'opinion d'un de ses camarades, M. X... (1), qui, tout en n'approuvant pas les idées du général De Blois sur la fortification (voir le *Spectateur* de juillet et août 1866), est obligé de reconnaître que « le tracé polygonal se prête plus facilement » que son concurrent à l'allongement et au raccourcisse- » ment du front. » Or le tracé qui admet les plus petits et les plus grands côtés extérieurs est évidemment celui qui convient le mieux aux terrains accidentés, parce que, dans ces terrains, l'emplacement des saillants est rigoureusement déterminé par des considérations topographiques, ce qui n'est pas toujours le cas dans les terrains plats.

TROISIÈME OBJECTION. « Le front bastionné seul donne » un flanquement complet, et cette propriété en justifie le » choix, lorsque l'on redoute une attaque pied à pied (2). »

---

(1) Les articles signés de cette lettre sont attribués à M. le capitaine du génie Ratheau.

(2) La même réflexion se trouve dans le *Résumé des leçons sur l'application de la fortification au terrain*, enseigné à l'école de Metz. On lit en effet, dans ce résumé, qui porte la date de 1867 : « La forme bastionnée a pour inconvénient le croisement des

Cette propriété a si peu d'importance dans la pratique, que M. de Villenoisy serait fort embarrassé de citer une seule place bastionnée qui n'ait pas des angles morts, en capitale du front vis-à-vis du milieu de la courtine (1) et aux extrémités des branches de la demi-lune.

Il y a plus : le *flanquement complet* n'existe qu'à la condition qu'on supprime la tenaille, ouvrage indispensable non-seulement pour favoriser les sorties dans le fossé, mais encore pour mettre l'escarpe de la courtine et celle des flancs à l'abri des coups plongeants. L'escarpe du front d'étude actuel de l'école de Metz (celui de Noizet modifié) n'est pas flanquée vis-à-vis des profils de la tenaille, et ce défaut s'étendrait aux flancs tout entiers, si les branches de la tenaille, au lieu de suivre la direction de la ligne de défense, suivaient celle de la courtine et des flancs, comme elles devraient le faire pour couvrir l'escarpe de ces parties (2).

Ainsi, le grand avantage que l'on attribue au tracé bastionné de procurer un *flanquement complet* de l'escarpe n'existe pas et, sous ce rapport, il est non pas supérieur, mais inférieur au tracé polygonal, comme on peut s'en convaincre par nos projets.

Nous ferons remarquer, au surplus, que le flanquement

» feux des flancs et la perte d'une partie de la longueur des faces, mais seul il possède
» l'avantage d'un flanquement complet. Cet avantage est considérable ; il suffit à justi-
» fier l'emploi du tracé bastionné, toutes les fois que l'on a à craindre une attaque pied
» à pied. »

(1) M. le commandant Prévost dit, p. 372, que ces angles morts « ne peuvent pas être complétement évités. »

(2) Sous ce rapport, les tenailles de Bousmard, de Chasseloup et de Haxo sont préférables à celles de Vauban, de Cormontaingne et de Noizet.

du corps de place par lui-même présente un grand défaut que l'on a pu éviter, dans la fortification polygonale, en construisant des batteries flanquantes séparées, auxquelles on a donné le nom de *caponnières*. Ce défaut est d'établir un rapport nécessaire entre l'étendue du front bastionné, la profondeur du fossé capital et le commandement du corps de place. Dès que ce rapport est troublé, le flanquement cesse d'être rigoureux. Il résulte de là qu'on ne peut pas donner au fossé capital une grande profondeur (ce qui est nécessaire cependant pour couvrir l'escarpe), et qu'on ne peut pas non plus assurer au corps de place un grand commandement sur la campagne (ce qui est non moins nécessaire pour augmenter l'action du front sur le terrain des attaques).

Nous ferons remarquer, enfin, à M. de Villenoisy, que, dans la bonne fortification polygonale, toutes les parties du fossé sont battues. La preuve en est dans les types que nous proposons pour les terrains aquatiques et pour les sites en horizon élevé.

Quatrième objection. « La prétention de conserver tou-
» jours à la défense une supériorité d'artillerie n'est, je le
» crains, qu'une illusion. Il est bien difficile, par aucun
» artifice de géométrie, de rendre la ligne enveloppée de
» l'enceinte aussi longue que la ligne enveloppante des bat-
» teries de l'attaque; et, lors même que la configuration
» du sol permettrait d'y parvenir, l'assiégeant, disposant
» d'une grande profondeur de terrain, placerait des batte-
» ries les unes derrière les autres, ce qu'en général l'assiégé
» ne peut faire. »

Le général De Blois répond à cette objection dans les termes suivants :

« Il est hors de doute qu'avec des ressources illimitées
» en artillerie, l'assiégeant trouvera toujours le moyen de
» mettre en batterie sur une ou deux lignes, devant le
» front attaqué, un nombre de pièces plus grand que celui
» de la défense. Mais n'est-ce donc pas un très-grand
» avantage à faire valoir en faveur de la fortification
» polygonale, que d'obliger l'ennemi à traîner au loin un
» immense matériel pour éteindre le feu des remparts ? On
» sait combien ces transports sont pénibles et dispen-
» dieux. »

Nous ajouterons que l'assiégé peut établir son artillerie sur toute l'étendue des remparts et même créer deux étages de feux (si les fronts polygonaux sont pourvus de contre-gardes), tandis que l'assiégeant doit renoncer à convertir en batteries une grande partie de ses parallèles, sous peine d'atteindre les travailleurs et les gardes des sapes poussées en avant de ces lignes (1). Gassendi prouve qu'en attaquant un front de l'hexagone, on ne peut établir dans la première parallèle que 8 batteries de 6 pièces ; d'après Rogniat, la deuxième parallèle, dans la même hypothèse, n'offre des emplacements convenables que pour 22 pièces à ricochet et 58 pièces de plein fouet, et Cormontaingne prétend que,

---

(1) « Rarement, dit le professeur de Metz, dans son *Résumé des leçons sur l'attaque*, les cheminements *masquent* les feux des batteries de l'attaque. »
Cependant il fixe à 300 mètres la distance à laquelle une batterie doit se trouver en arrière des travaux, pour qu'elle puisse tirer au-dessus des troupes de garde. Nous ferons observer que, même dans ces conditions, le tir sera dangereux, si l'objet à battre se trouve à moins de 200 mètres des troupes.

dans l'attaque d'un front de 180 toises, faisant partie d'un retranchement en ligne droite, « on ne peut admettre que 40 pièces de canon, tant pour les ricochets que pour battre les parapets. »

La supériorité de l'assiégeant, sous le rapport du nombre des pièces, sera donc moins grande qu'on le suppose. Elle disparaîtra même, dans l'attaque des places de premier ordre, lorsque les fortifications seront bien conçues ; et, pour toutes les places, grandes ou petites, il arrivera un moment où elle passera du côté des assiégés, lorsque ceux-ci auront eu le bon esprit de ménager leur artillerie ou de la protéger convenablement. En effet, quand les sapes atteindront la crête du glacis, les batteries des parallèles seront obligées de cesser leur feu pour ne pas atteindre les travailleurs ; dès lors, la défense pourra réarmer toutes les faces d'ouvrages ayant vue sur les attaques, et, depuis ce moment jusqu'à l'établissement des batteries du couronnement, son artillerie ne sera plus exposée qu'aux feux des batteries rapprochées de mortiers, ce qui lui assurera une très-grande prépondérance.

Sous le rapport des calibres, la supériorité appartiendra également à l'assiégé, celui-ci pouvant mettre en batterie sur ses remparts des bouches à feu qu'il serait impossible d'amener devant une place en les faisant passer à travers champ ou par les tranchées.

Enfin l'assiégé aura encore la supériorité sous le rapport de la solidité des parapets, du commandement des batteries, de la facilité du service, des moyens de transport, des abris pour les pièces et les servants.

Sur ce point, nous pouvons opposer à M. de Villenoisy le témoignage d'un ingénieur qui partage entièrement ses opinions quant aux avantages du tracé bastionné. « Le siége de Turin de 1706 prouve, dit le général Prévost de Vernois, que l'artillerie de la place assiégée, si elle n'est pas ricochée ou si elle n'est ricochée qu'en partie, peut prendre et conserver la supériorité sur l'artillerie assiégeante, *quand bien même elle n'aurait en batterie qu'un moindre nombre de pièces;* car ces pièces sont abritées derrière des parapets plus solides et qui ne sont pas faits, comme les batteries de l'assiégeant, avec de la terre fraîchement remuée. Elles peuvent avoir, de plus, l'avantage d'être posées sur des affûts de place. »

Cinquième objection. « Le reproche habituel que l'on
» fait au tracé bastionné est de masquer les feux du corps
» de place par l'emploi des grandes demi-lunes. Cet incon-
» vénient se retrouve presque au même degré dans le
» front polygonal d'un développement semblable, dont tout
» le centre est masqué par le couvre-face de la caponnière,
» comme on peut le vérifier, le compas à la main, sur les
» planches II et IV du général De Blois. »

Nous devons reconnaître que cette critique est fondée. Montalembert et les ingénieurs allemands qui ont appliqué son tracé polygonal se sont privés volontairement de l'avantage que procure un grand commandement du corps de place. Le général De Blois a donc fait la partie très-belle à ses contradicteurs, en donnant comme type de fortification polygonale le *front simplifié*, proposé par Montalembert pour la place de Cherbourg. Toutefois, dans sa réplique au commandant de Villenoisy, il fait à cet égard

la remarque suivante, dont il est juste de tenir compte :
« Les planches II et IV de mon ouvrage représentent l'idée
» mère de Montalembert. C'est le point de départ d'une
» foule d'améliorations dont les avantages n'échappent pas
» à nos ingénieurs. Au nombre de ces perfectionnements
» figurera, sans doute, le commandement considérable que
» l'on peut et que l'on doit donner au corps de place sur le
» dehors. Cette cote, que le colonel Brialmont fixe à 10
» mètres, assure au front attaqué, pendant toute la durée
» de la défense, un double étage de feux contre les travaux
» de l'assiégeant, et le tir plongeant des gros et nombreux
» canons du corps de place et du couvre-face général
» deviendra d'autant plus redoutable que la distance des
» tranchées aux remparts diminuera. Le front bastionné,
» dont les feux sont forcément rasants, ne jouira point d'un
» pareil avantage, et nous ne pouvons admettre qu'à petite
» distance, privé d'artillerie et de flanquements, il puisse
» résister avec plus d'énergie que le système polygonal. »

Quoi qu'il en soit, le général De Blois, en donnant comme type le *front simplifié* de Montalembert, a fourni aux adversaires de la fortification polygonale un moyen facile de dénigrer cette fortification, en lui attribuant les défauts que présente une de ses applications les moins heureuses. Nous avions prévu cette tactique, et, pour la déjouer, nous nous étions montré plus sévères qu'ils ne le sont eux-mêmes pour les fronts polygonaux de l'ingénieur français. Témoin les réflexions suivantes que nous extrayons du tome III de nos *Études* (p. 49, 50 et 51) :

« Montalembert a proposé, pour l'enceinte de Cherbourg
» et pour le Fort-Royal, deux types de fronts polygonaux.

» Ces types l'emportent de beaucoup sur la fortification
» perpendiculaire du même auteur dont nous avons indi-
» qué les défauts les plus saillants, t. I, chap. X...

» Cependant le front du Fort-Royal présente, selon nous,
» les défauts suivants (1) :

» 1° La plupart de ses lignes sont ricochables ;

» 2° La caponnière peut être attaquée de loin, ayant
» trois étages de casemates dont le plus élevé bat la cam-
» pagne au-dessus du couvre-face général ;

» 3° Les batteries flanquantes sont exposées aux feux
» plongeants des batteries éloignées ;

» 4° Un boulet ou un obus pénétrant dans la caponnière
» par une embrasure peut atteindre l'affût et les servants
» de la pièce tirant par l'embrasure opposée ;

» Montalembert, dans son *Tracé polygonal simplifié*
» (proposé pour Cherbourg), a corrigé ce dernier défaut, en
» séparant les deux corps de la casemate par une cour
» dans laquelle on pourrait, au besoin, établir un parados
» en terre ou en gabionnade.

» En revanche, il est tombé dans l'inconvénient qu'il
» reproche à la courtine du tracé bastionné (de n'avoir pas
» d'action sur la campagne), en donnant au corps de place
» un commandement de 4 pieds sur le couvre-face général
» de la caponnière.

» Ce tracé simplifié présente ainsi à un haut degré le
» défaut d'annihiler la défense éloignée sur les capitales,
» défaut qui existe également dans le système tenaillé à
» batterie haute, dans le système tenaillé simplifié et, plus

---

(1) Voir la planche XVII, fig. 1 et 2 de nos *Études sur la défense des États*.

» encore, dans le tracé tenaillé primitif, qui n'a pas d'action
» du tout sur la campagne (1).

» 5° Les communications dans l'un et l'autre tracé sont
» défectueuses, à cause de la grande longueur des ponts en
» bois et des emplacements défavorables qu'occupent ces
» ponts. Les batteries d'enfilade de l'attaque les détruiront
» en peu de temps ou du moins rendront la circulation
» extrêmement dangereuse ;

» 6° Les casemates supérieures du Fort-Royal, étant
» exposées aux batteries éloignées de l'attaque, ne rendront
» pas à la défense des services proportionnés à l'impor-
» tance des sacrifices d'argent, d'hommes et de matériel
» qu'elles exigeront ;

» 7° Les places d'armes rentrantes étant séparées du
» chemin couvert par des fossés pleins d'eau, les ponts
» qui les relient à ce dehors pourront être rompus et les
» retours offensifs rendus impossibles. Ce danger agira for-
» tement sur le moral des défenseurs du chemin couvert
» et des ouvrages extérieurs, menacés de perdre à chaque
» instant leur ligne de retraite vers la place ;

» 8° Les coupures du couvre-face du Fort-Royal s'arrê-
» tant à la crête extérieure de la plongée, au lieu de prendre
» toute la largeur du profil, l'assiégeant pourra les tourner
» et rendre impossible tout retour offensif contre les loge-
» ments du saillant ;

» 9° Le tracé simplifié n'ayant pas de coupures, son

---

(1) Le front de Cherbourg présente un autre défaut. Son retranchement intérieur, formé d'un simple mur crénelé, est dominé par le corps de place, sur lequel il n'a aucune action.

» couvre-face général tombera aussitôt que l'ennemi en
» occupera les saillants, et, dès lors, ce couvre-face formera
» un immense couvert à l'abri duquel l'assiégeant pourra
» organiser ses moyens d'attaque ultérieurs ;

» 10° Lorsque les feux flanquants du couvre-face général
» seront éteints par les batteries éloignées ou par les contre-
» batteries, les fossés de cet ouvrage formeront un angle
» mort qui, dans le cas d'une place dépourvue d'eau, favo-
» riseraient le rassemblement des troupes, les travaux de
» mine, l'assaut, le logement sur le couvre-face et l'arme-
» ment des batteries que l'attaque doit établir sur cette
» enveloppe pour éteindre les feux de la caponnière et
» mettre le corps de place en brèche ;

» 11° Enfin la fortification du Fort-Royal est trop mor-
» celée, trop compliquée, trop coûteuse, et les commande-
» ments des divers ouvrages sont mal réglés. C'est ce qui
» a permis à M. le capitaine Ratheau de proposer un mode
» d'attaque qui annule l'effet d'une grande partie de l'artil-
» lerie du fort (1). »

En faisant ces critiques, nous nous sommes montré aussi sévère que les partisans les plus absolus du tracé bastionné ; mais, en même temps, nous avons été plus impartial qu'eux, en ajoutant qu'on n'en peut tirer aucun argument contre le principe de la fortification polygonale.

Que dirait-on d'un ingénieur qui condamnerait le tracé bastionné, en jugeant ce tracé d'après les fronts d'Errard de

---

(1) Voir le mémoire où cet officier compare le Fort-Royal, de Montalembert, à un front bastionné (système Noizet), construit sur le même polygone extérieur.

Bar-le-Duc, ou du chevalier De Ville? Or c'est précisément ce que font les adversaires de la fortification polygonale, en invoquant les défauts des tracés de Vérone, de Coblence et de Rastadt comme un argument décisif contre l'emploi de cette fortification.

Pour arriver à une conclusion impartiale et logique, on doit comparer les meilleurs fronts bastionnés aux meilleurs fronts polygonaux, et non pas, comme on l'a fait si souvent, les types perfectionnés d'un des tracés aux types primitifs de l'autre. On doit, en outre, se demander, chaque fois qu'un défaut est signalé, si ce défaut ne peut pas être évité, car les imperfections qui tiennent à l'essence d'un tracé (les seules dont il faille tenir compte) se reconnaissent à ce qu'elles sont *sans remède*.

Nous avons toujours procédé de la sorte, vérifiant au compas toutes les critiques et cherchant à créer des types nouveaux, pour les opposer aux types anciens. C'est sans doute la raison pour laquelle les ingénieurs français se sont adressés de préférence au général De Blois, qui n'entre pas dans les détails de la fortification.

III

Après le commandant de Villenoisy, nous voyons entrer en lice M. X., dont le travail a été publié par le *Spectateur militaire*, en juillet et août 1866.

Ce critique est relativement modéré.

« Le tracé polygonal, dit-il, se prête plus facilement que
» son concurrent à l'allongement et au raccourcissement
» du front.

» Si le côté extérieur descend au-dessous de 200 à
» 250 mètres, le tracé bastionné n'a plus de valeur, n'a
» plus de raison d'être. »

Sous ce rapport, il est du même avis que le général Bertrand, qui écrivait en 1833 : « On a reconnu que, dans
» un petit fort, le tracé bastionné diminuait trop l'espace
» intérieur et que la plongée des parapets ne permettait
» pas de voir le fond du fossé. On a voulu suppléer à ce
» dernier et grave défaut par des casemates. Mais, il y a
» deux siècles environ, le chevalier De Ville en avait
» signalé les inconvénients. Il avait été reconnu, notam-
» ment... que les flancs, ne pouvant être couverts par des
» tenailles, étaient mis en brèche par les batteries de la
» campagne, sans que l'assaillant fût obligé de couronner
» le chemin couvert. »

Nous n'avons trouvé, dans les articles de M. X., qu'une seule objection qui mérite d'être signalée :

« Dans un certain nombre de cas, dit-il, les faces du tracé
» polygonal sont moins ricochables que celles des bas-
» tions; mais il en est d'autres où elles le sont davantage. »

De prime abord cette objection nous parut inexplicable ; il est évident, en effet, qu'un front en ligne droite offre, *dans tous les cas*, moins de prise au ricochet qu'un front brisé en dedans et dont les faces font, avec le côté extérieur, des angles de 18 1/2 degrés; mais, en y regardant de près, nous vîmes que l'auteur avait eu recours à un artifice qui consiste à comparer entre eux un hexagone polygonal de 560 mètres de côté, un décagone bastionné de 360 mètres et un carré polygonal de 910 mètres, sous prétexte que ces polygones « enceignent la même surface. »

Partant de là, il était arrivé à la conclusion suivante : « Les batteries à ricochet, établies devant ces polygones, sont respectivement à 600, 730 et 400 mètres des saillants ; l'avantage est donc tantôt pour un système, tantôt pour un autre. »

Pour comparer divers tracés, il est indispensable de les appliquer à des polygones identiques. C'est ce que nous ferons.

Supposons qu'on trace une parallèle à 325 mètres des saillants des demi-lunes d'un décagone bastionné et une parallèle à la même distance des saillants des ravelins d'un décagone polygonal ayant le même côté extérieur. (Voir pl. I, fig. 1 et 2.) La batterie à ricochet AA' sera, dans le premier cas, plus rapprochée du saillant III et des demi-lunes II-III et III-IV que la batterie à ricochet DD' ne l'est du saillant III et des ravelins II-III et III-IV ; elle aura donc plus d'efficacité, quel que soit le nombre des côtés du polygone.

Cette conclusion est diamétralement opposée à celle qu'a formulée M. X.

La plupart des ingénieurs qui dénigrent systématiquement le tracé polygonal ont pour tactique de rester dans les généralités. Jamais l'équerre ni le compas n'ont servi à vérifier leurs assertions. C'est ainsi qu'ils ont pu mettre sur le compte de la fortification polygonale des défauts qui n'appartiennent qu'aux types les plus défectueux de cette fortification ; et c'est encore ainsi qu'ils ont essayé de soutenir que, dans les mêmes conditions d'armement, la fortification bastionnée exerce plus d'action sur le terrain des attaques que la fortification polygonale.

Le moment est venu de faire justice de cette erreur, par

une démonstration appuyée sur des données certaines et des chiffres incontestables.

Supposons qu'il s'agisse d'attaquer deux places régulières, construites sur un décagone de 360 mètres de côté extérieur. A l'une on a appliqué le tracé bastionné dit *moderne*, et à l'autre le tracé polygonal.

Les faces des demi-lunes ont la même longueur que les branches des ravelins.

Admettons que la première parallèle soit tracée à 1,000 mètres des dehors (1), la deuxième à 600 mètres et la troisième à 325 mètres. (Voir pl. I, fig. 1 et 2.) Admettons, en outre, que l'on attaque le bastion III de la place bastionnée et le saillant III de la place polygonale.

L'assiégeant construira une batterie à ricochet BB', de 60 mètres de longueur, dans le prolongement de la face gauche du bastion III, et une batterie semblable EE' dans le prolongement du front II-III de la place polygonale.

Cette dernière, si l'assertion des partisans du système bastionné est vraie, aura moins à souffrir que la batterie BB'. Or nous prouverons, par le calcul et le dessin, qu'elle sera, au contraire, exposée à un nombre de pièces *beaucoup plus grand*.

---

(1) La commission d'armement instituée en France (en 1863) est d'avis que, si l'on avait à lutter contre une garnison nombreuse et bien pourvue d'artillerie, il serait prudent d'ouvrir la première parallèle à 900 ou 1,000 mètres, afin que la garde et les travailleurs ne fussent pas plus éloignés des réserves (qui se trouvent aux dépôts de tranchée) que de la place. Dans ce cas, la 2ᵉ parallèle serait ouverte à 600 mètres, la 3ᵉ à 350 mètres et la 4ᵉ au pied des glacis.

Elle n'admet les anciennes distances (600, 350 et 60 mètres) que dans l'attaque des petites forteresses.

Nous croyons que ces distances sont insuffisantes. (Voir le chapitre XXXI de nos *Études sur la défense des États*.)

Pour fixer les idées et poser des chiffres exacts, nous supposerons que les remparts de l'enceinte et des dehors soient organisés dans les deux places d'après l'un des types représentés pl. I, fig. 10 et 11. Ces types, que nous justifierons dans le chapitre V, permettent de tirer sous l'obliquité minimum de 40 degrés, en espaçant les pièces de 14 mètres.

On pourrait, du reste, en adopter d'autres sans altérer nos conclusions.

En donnant aux pièces des intervalles de 14 mètres, on arrive aux résultats suivants :

Front bastionné de 360 *mètres de côté extérieur.*

Chaque face de bastion sera armée de . 8 pièces.
Chaque flanc   »   »   . 3 id.
La courtine   »   »   . 9 id.
Chaque face de demi-lune   »   . 10 id.

Front polygonal de 360 *mètres de côté extérieur.*

Le corps de place sera armé de . . . 26 pièces.
Chaque face de ravelin, de . . . . . 10 id.

Il résulte de là que le corps de place et la demi-lune du front bastionné seront armés de 51 pièces, tandis que le corps de place et le ravelin n'en auront que 46.

Cette différence, qui semble tout à l'avantage du tracé bastionné, provient de ce que nous n'avons pas tenu compte des batteries hautes qui, dans le tracé polygonal, servent à flanquer le fossé capital. Nous aurions dû le faire ; mais comme les pièces de ces batteries ont moins d'action sur le terrain des attaques que celles des flancs de bastions (c'est une de leurs propriétés), et comme, d'un autre côté, on aurait pu nous reprocher de donner aux caponnières deux étages de feux, et seulement un aux flancs des bastions, nous avons négligé l'effet des caponnières sur la batterie EE', voulant que notre conclusion en faveur du tracé polygonal fût à l'abri de toute contestation.

C'est dans le même but que nous n'avons pas tenu compte de la propriété si remarquable qu'a le tracé polygonal d'admettre des contre-gardes dont le feu peut agir simultanément avec celui du corps de place.

La comparaison que nous ferons portera donc sur un front bastionné, pourvu de *toute* l'artillerie qu'il est susceptible de recevoir, et sur un front polygonal ayant un armement réduit au minimum par la suppression de l'artillerie de la caponnière et de celle de la contre-garde du corps de place.

A. *Calcul du nombre de pièces qui peuvent contre-battre* BB'.

La batterie BB' sera contre-battue (voir pl. I, fig. 1) :

1° Par 10 pièces de la face droite de la demi-lune II-III ;
2° Par 10 pièces de la face droite de la demi-lune III-IV ;
3° Par 10 pièces de la face gauche de la demi-lune IV-V ;
4° Par 10 pièces de la face gauche de la demi-lune V-VI ;
5° Par 3 pièces du flanc droit du bastion II ;
6° Par 5 pièces de la face droite du bastion III (comprises

entre le saillant de ce bastion et le point *r*, prolongement de la ligne qui joint l'extrémité B′ de la batterie au saillant de la demi-lune III-IV);

7° Par 2 pièces de la courtine III-IV (comprises entre l'angle de droite et le point *s*, prolongement de la ligne qui joint l'extrémité B de la batterie à l'extrémité de la face droite de la demi-lune III-IV);

8° Par 8 pièces de la face gauche du bastion IV et 8 pièces de la face droite de ce même bastion;

9° Par 2 pièces de la courtine IV-V (comprises entre l'angle de gauche et le point *u*, prolongement de la ligne qui joint l'extrémité B de la batterie à l'extrémité de la face gauche de la demi-lune IV-V);

10° Par 5 pièces de la face gauche du bastion V (comprises entre le saillant du bastion et le point *v*, prolongement de la ligne qui joint l'extrémité B′ de la batterie au saillant du ravelin IV-V);

11° Par 3 pièces du flanc gauche du bastion VI.

Total 76 pièces, dont 36 appartenant au corps de place.

B. *Calcul du nombre de pièces qui peuvent contre-battre EE′.*

La batterie EE′ sera contre-battue (voir pl. I, fig. 2):

1° Par 10 pièces de la branche droite du ravelin II-III;
2° Par 10 pièces de la branche droite du ravelin III-IV;
3° Par 10 pièces de la branche gauche du ravelin V-VI;
4° Par 8 pièces de la branche gauche du ravelin VI-VII;
5° Par 21 pièces du corps de place III-IV, comprises

entre le saillant IV et le point i (que l'on obtient en traçant par l'extrémité E' de la batterie une ligne E'i, qui fasse un angle de 40 degrés avec le corps de place);

6° Par 26 pièces du corps de place IV-V;

7° Par 9 pièces du corps de place V-VI, comprises entre le saillant V et le point h (que l'on obtient en traçant par l'extrémité E de la batterie une ligne Eh qui fasse un angle de 40 degrés avec le corps de place).

Total 94 bouches à feu, dont 56 appartenant au corps de place.

Ainsi, dans l'attaque de la place polygonale, la batterie à ricochet sera exposée à un nombre de pièces excédant de 18 celui des pièces qui peuvent être opposées à la même batterie, dans l'attaque de la place bastionnée.

Si l'on ne tient compte que de l'artillerie du corps de place, la différence en faveur du front polygonal est de 20 bouches à feu.

Un autre avantage de ce dernier front, c'est que la batterie à ricochet se trouve à 1,350 mètres du saillant III, tandis que dans le tracé bastionné, elle n'est qu'à 1,200 mètres.

Mais cette considération a peu d'importance.

Si l'on établissait la batterie à ricochet en avant de la troisième parallèle en AA' pour la place bastionnée et en DD' pour la place polygonale, on arriverait à cette conclusion : que la batterie AA' serait exposée à 56 pièces, dont 26 appartenant au corps de place, et la batterie DD' à 92 pièces, dont 52 appartenant au corps de place.

Ici la différence en faveur du tracé polygonal serait de 36 pièces, dont 26 appartenant au corps de place.

Le même calcul fait pour deux batteries à ricochet CC' et FF' établies l'une à 1,800 mètres du saillant III de la place bastionnée et l'autre à 1,800 mètres du saillant III de la place polygonale, donne les résultats suivants :

Pièces battant CC' 81
dont 38 appartenant au corps de place.
Pièces battant FF' 109
dont 69 appartenant au corps de place.

La différence en faveur du front polygonal sera donc de 28 bouches à feu.

Si l'on ne tient compte que de l'artillerie du corps de place, la différence en faveur du front polygonal sera de 31 bouches à feu.

Ainsi, *à toutes les distances, l'action de l'artillerie sur le terrain des attaques est plus puissante dans le tracé polygonal que dans le tracé bastionné.*

La différence en faveur du premier est de 25 à 60 p. c. ;

elle peut même aller jusqu'à 100 p. c., lorsqu'on fait abstraction de l'artillerie des dehors.

La différence serait encore plus forte, si l'on établissait la comparaison entre deux fronts avec contre-gardes et si l'on diminuait de quelques degrés l'angle que nous avons adopté comme minimum de l'obliquité du tir, par rapport à la ligne de feu.

Un officier du génie anglais, le capitaine Hutchinson, est arrivé à une conclusion peu différente de la nôtre, en faisant le projet d'attaque de la place polygonale de Posen et en comparant les résultats de ce travail à ceux qu'il avait obtenus au moyen d'un plan d'attaque fictif de la même place, supposée fortifiée d'après le système bastionné. Bien que Posen soit, sous le rapport de la puissance de l'artillerie, une application vicieuse du tracé polygonal, M. Hutchinson démontre que le parc de siége nécessaire pour attaquer cette place devrait avoir 20 p. c. de canons en plus que s'il était question d'attaquer la même place fortifiée d'après les idées de l'école française. Il résume son opinion dans les termes suivants : « Il faut plus de matériaux de siége,
» un plus grand développement de batteries, plus de
» troupes, un parc de siége beaucoup plus grand pour
» attaquer une forteresse polygonale que pour attaquer
» une forteresse bastionnée (1). »

---

(1) *Professional papers*, t. XIV, p. 64.

IV

Lorsque l'on compare, au point de vue de leur action sur le terrain des attaques, le tracé polygonal au tracé tenaillé, on constate que ce dernier donne moins de feux sur les batteries éloignées et plus de feux sur les batteries rapprochées.

Mais, pour que cet avantage existe, il faut que l'artillerie des remparts soit casematée comme l'était celle du front de Montalembert, car, de tous les tracés, c'est le tenaillé qui offre le plus de prise au ricochet.

Ce tracé a de plus l'inconvénient d'exposer les batteries flanquantes et les communications à travers les fossés aux coups des batteries éloignées de l'attaque. Il n'en faut pas davantage pour le classer au dernier rang.

Du reste, la supériorité du tracé tenaillé, pour combattre les établissements rapprochés de l'attaque, cesse d'appartenir à ce tracé quand les caponnières du tracé polygonal sont protégées par des ravelins.

Prenons pour exemple le dodécagone tenaillé (le tracé tenaillé à angle droit ne s'applique pas à des polygones d'un nombre de côtés inférieur à 12).

La batterie rapprochée X (voir pl. I, fig. 12), construite en capitale du saillant C est contre-battue par les deux faces AB et DE du tracé tenaillé, et par les portions d'enceinte aC et Cb, ainsi que par les faces ef et gh du tracé polygonal. Or la longueur totale de ces dernières lignes dépasse de 160 mètres celle des deux premières. La supériorité des feux appartient donc, dans ce cas, au tracé polygonal.

Supposons que la batterie rapprochée se trouve en Y, vis-à-vis du rentrant D de la tenaille.

Dans ce cas, le tracé tenaillé dirigera sur la batterie les feux des lignes Ac, CD, DE et dG, et le tracé polygonal, les feux des lignes ef, CE et lm.

La longueur totale de ces trois lignes étant inférieure de 180 mètres environ à celle des quatre précédentes, la supériorité des feux est acquise au tracé tenaillé ; mais cet avantage *unique* a bien peu d'importance, puisque l'ennemi cheminera sur le saillant C plutôt que sur le saillant D, et que les contre-batteries des faces AB et DE seront alors établies à une distance où la supériorité des feux cesse d'appartenir au tracé tenaillé.

V

Le *Spectateur militaire* a publié, en 1867, une réfutation de l'ouvrage du général De Blois, écrite par *un vieil officier du génie*, qui est, dit-on, le général de division en retraite Mengin-Lecreux.

Nous constatons qu'à l'exception de MM. Ratheau, de Villenoisy et Prévost, tous les adversaires de la fortification polygonale, tant en France qu'en Belgique, ont cru devoir garder l'anonyme.

Si la cause était bonne et si l'on pouvait espérer des succès en la défendant, les chevaliers de la vieille fortification ne craindraient pas de se faire connaître à des adversaires qui se présentent à eux visière levée.

Il y a, dans ce fait, un aveu de faiblesse ou un manque de confiance qu'il est utile de signaler.

Le *Vieil officier du génie* entre en lice avec toutes les préventions de l'école de Mézières, atténuées plutôt que répudiées par l'école de Metz.

Le chef de cette dernière, le général Noizet, avait dit, en 1862 (1) :

« Je me garderai bien de dissuader les étrangers de
» suivre de pareils modèles. Plût à Dieu que la France ne
» fût entourée que de places à la Montalembert ou à la
» Carnot. »

Le *Vieil officier du génie* termine son plaidoyer en faveur de la fortification bastionnée, par ces mots : « Bien loin
» de porter envie au roi de Prusse pour ses fortifications
» polygonales, nous devons nous féliciter plutôt de ce que
» son gouvernement a donné la préférence à un système
» aussi défectueux. »

Nous ne ferons qu'une seule remarque sur ces deux appréciations identiques.

Le général Noizet, qui expose dans deux volumes de 500 pages le principe de la fortification bastionnée, ne consacre que deux pages à l'examen de la fortification allemande.

« Le système polygonal, dit-il, est en opposition avec
» les principes précédemment établis, et l'on ne saurait
» reconnaître qu'il présente de réels avantages (2). »

Pour justifier cette condamnation sommaire, il renvoie le lecteur au mémoire du capitaine Mangin, que nous avons

---

(1) Voir sa réponse au général Prévost de Vernois.
(2) *Principes de Fortification*, T. 1, p. 158.

réfuté dans nos *Études,* par des arguments et des faits décisifs (1).

Plus impartial et plus réservé dans la forme, le *Vieil officier du génie* se donne au moins la peine de discuter le système qu'il repousse.

A-t-il produit de bons arguments en faveur de sa thèse? Nous ne le pensons pas.

Écartons d'abord l'inévitable objection de « l'épreuve de la guerre » formulée comme suit : « Le système polygonal, si
» en vogue aujourd'hui au delà de nos frontières, n'a point
» reçu comme le tracé bastionné la sanction *du temps et*
» *de l'expérience,* l'expérience de la guerre qui, seule, peut
» décider souverainement en semblable matière. »

Écartons également le paragraphe dans lequel le *Vieil officier* donne à entendre que les ingénieurs français favorables aux idées nouvelles sont ceux « qui, sous l'influence
» de mécontentements personnels, ont rompu avec les tra-
» ditions de leur corps et avec l'opinion de leurs cama-
» rades. »

Ce n'est pas la première fois que les officiers du génie ont recours à de pareils arguments.

A la fin du siècle dernier, Fourcroy et ses collaborateurs Grenier, Bosquillon et Frescheville soutenaient dans leurs mémoires sur *la fortification perpendiculaire* « qu'un nou-
» veau système de fortification est l'un des caractères dis-
» tinctifs de l'ignorance sur cet art. »

Ils affirmaient, en outre, que l'œuvre de Montalembert

---

(1) Voir l'*annexe* n° 9. Nous reproduisons cette *annexe* comme *appendice* à la fin de l'*introduction.*

ne contenait « rien de neuf dont l'exécution ne fût nuisible » au service du Roi. »

A la même époque, un officier d'un mérite réel, mais dominé par d'injustes préventions, le général du génie d'Arçon, essaya de prouver que le tracé bastionné est « la » seule solution possible du problème de la fortification. »

Vaines tentatives! A peine les auteurs de ces jugements passionnés avaient-ils quitté la scène, que l'Allemagne et tout le nord de l'Europe se prononçaient contre le tracé bastionné. Le mouvement ne s'est plus arrêté depuis lors. Dans ces derniers temps, il a été continué par les ingénieurs anglais, russes, belges et hollandais. Les nouvelles fortifications d'Anvers, de Portsmouth et de Plymouth appartiennent au tracé polygonal. Les derniers forts détachés d'Utrecht sont de la même famille, ainsi que la place de Kertch, projetée par le général Todleben, après sa glorieuse défense de Sébastopol.

Bientôt la France elle-même suivra l'impulsion générale. Il est impossible, en effet, que ses ingénieurs, si habiles et si intelligents, suivent plus longtemps la vieille ornière, par respect pour des traditions dont le progrès a fait justice et pour des hommes qui appartiennent au passé.

Le *Vieil officier du génie* a fait plusieurs objections contre la fortification polygonale. Nous les réfuterons sommairement.

PREMIÈRE OBJECTION. « M. le général De Blois dit que » la courtine, par l'effet de l'addition de la demi-lune, perd » l'avantage d'avoir des vues directes sur la campagne; » mais il en est de même de la partie centrale de la face

» polygonale, puisqu'elle est également précédée d'une façon
» de demi-lune que forme en avant le couvre-face général. »

L'enceinte d'Anvers et les projets que nous soumettons aujourd'hui à l'examen des ingénieurs, prouvent que cette objection n'est pas fondée. On peut donc soutenir, contrairement à l'opinion des ingénieurs français, que, dans les fronts polygonaux *bien conçus*, les feux du corps de place ne sont pas interceptés par les dehors, avantage précieux et que ne possèdent pas les fronts bastionnés.

On nous répondra, sans doute, qu'en donnant un très-grand commandement à la courtine, on pourrait tirer sans difficulté au-dessus de la demi-lune; mais il est à considérer : 1° que ce serait un palliatif plutôt qu'un remède, attendu que les dehors du front bastionné interceptent non-seulement les feux de la courtine, mais encore ceux d'une partie des faces; 2° que, dans certains cas, l'exhaussement de la courtine exposerait au ricochet la seule ligne du tracé bastionné qu'il fût difficile de battre d'enfilade; 3° que cet exhaussement aurait pour résultat de diminuer l'espace intérieur déjà fort restreint dans le tracé bastionné; 4° qu'il équivaudrait à la création d'un *cavalier* et que, pour comparer deux tracés, on doit les supposer dans les mêmes conditions et négliger les moyens complémentaires de défense, tels que *contre-gardes, traverses, cavaliers, parados, retranchements intérieurs, mines*, etc.; 5° que l'école française n'a jamais proposé d'exhausser la courtine et qu'il n'en est pas question dans les derniers tracés de l'école de Metz (1).

---

(1) Le général Noizet condamne les *cavaliers sur les courtines* : « Ce sont, dit-il,

Le général Mengin Lecreux s'explique à cet égard dans les termes suivants :

« Rien n'empêcherait d'élever davantage la courtine; mais
» nous jugeons ordinairement préférable de moins exposer
» cette ligne, afin de mieux conserver ses feux pour les der-
» nières périodes du siége (1). »

En effet, si la courtine était convertie en cavalier, les canons de ses extrémités ne pourraient plus venir en aide à ceux des flancs; or c'est une propriété à laquelle Vauban tenait beaucoup, parce qu'elle servait de correctif à l'un des plus grands défauts du tracé bastionné : *l'insuffisance du flanquement à la fin du siége.*

DEUXIÈME OBJECTION. « La faculté de pouvoir mettre plus
» de canons en batterie dans le tracé polygonal que dans
» le tracé bastionné n'existe qu'à la condition d'employer
» des batteries casematées. »

Nous avons prouvé plus haut (voir p. 45 et suivantes) que cette observation n'est pas fondée. La vérité est que, sur tous les points du terrain extérieur, quelles que soient la forme et l'étendue des places, *le tracé polygonal donne plus de feux que le tracé bastionné.*

Le général Mengin-Lecreux a trouvé un moyen fort simple d'éluder cette conclusion. « Si l'on supprime, dit-il,
» la demi-lune, il est évident que le tracé bastionné peut
» recevoir autant d'artillerie que le tracé polygonal. »

» des ouvrages fort rétrécis qui gênent la circulation et n'ont que des vues fort bornées
» en dehors. »

(1) *Réplique à M. le général De Blois.* Paris, 1868.

Sans doute, mais cette artillerie, facile à ricocher, sera mise plus tôt hors de combat, et, par conséquent, moins redoutable. Si, pour la protéger, on construit de hautes traverses sur les faces, le nombre des pièces sera diminué. Il n'y a donc pas à sortir de ce dilemme : ou bien l'artillerie sera plus vulnérable sur le front bastionné, ou bien elle sera moins nombreuse.

Troisième objection. Le *Vieil officier du génie* prétend que le tracé polygonal se trouve « dans les conditions les
» plus favorables pour le succès du tir à ricochet. »

Nous ne perdrons pas notre temps à réfuter cette objection. Jusqu'ici aucun ingénieur de l'école bastionnée ne l'avait formulée. Tous, au contraire, ont reconnu au tracé polygonal la propriété d'offrir moins de prise au ricochet. Quelques-uns seulement, tels que le général Noizet, le commandant de Villenoisy et le major Prévost, ont cherché à amoindrir cette propriété, en soutenant que le tir à ricochet n'est pas aussi redoutable qu'on le croit (opinion qui sera réfutée dans le chapitre V).

Quatrième objection. « Si le croisement des feux des
» flancs est sans utilité et préjudiciable même pour la dé-
» fense du saillant des bastions, nous devons faire remar-
» quer combien il est avantageux pour la courtine, qu'il
» rend vraiment inattaquable, en sorte qu'on peut y appuyer
» avec avantage les retranchements intérieurs. Dans le
» système polygonal, au contraire, le milieu du côté du
» polygone, à sa rencontre avec la caponnière, présente
» des angles morts qui, quoi qu'on fasse, ne peuvent être

» bien défendus et sont une cause permanente d'inquiétude
» pour la place. »

Les fronts d'Anvers et les types que nous décrirons plus loin prouvent que les angles morts peuvent être facilement évités dans la fortification polygonale appliquée aux terrains aquatiques. Cette démonstration sera complète lorsque nous aurons publié la suite de ce travail, comprenant l'application du tracé polygonal aux terrains en horizon élevé.

Le tracé bastionné est, sous ce rapport, non pas supérieur mais inférieur au tracé polygonal; la preuve en est dans le grand nombre de places qui ont des espaces morts devant les courtines et aux extrémités des branches des demi-lunes. Même dans les derniers fronts d'études de l'école de Metz, les parties de fossé comprises entre les flancs et la tenaille sont soustraites aux feux de l'artillerie du rempart.

Il résulte de là que si les angles morts donnent de l'inquiétude à la garnison et diminuent la valeur des retranchements, ce n'est pas la fortification polygonale qui est la plus mauvaise, bien au contraire.

Quant aux retranchements intérieurs, les deux systèmes se trouvent dans les mêmes conditions. S'il y a une différence, elle est plutôt en faveur de la fortification polygonale, dont les retranchements sont plus amples, à cause de la plus grande ouverture de l'angle flanqué (1). Nous examinerons, du reste, ce sujet en détail dans le chapitre VII, consacré à l'étude des nouveaux fronts d'Anvers.

---

(1) Cette plus grande ouverture permet aussi d'opposer à l'escalade de la brèche un plus grand nombre de défenseurs et de battre plus efficacement les colonnes d'assaut.

CINQUIÈME OBJECTION. Le général De Blois ayant fait observer que les flancs du tracé bastionné « sont désem-
» parés longtemps avant le moment où ils doivent servir,
» soit directement, soit de revers, soit d'enfilade, » le *Vieil officier du génie* lui répondit : « Il est évident qu'avec les
» moyens ordinaires, c'est-à-dire avec des traverses contre
» l'enfilade et des parados contre les coups de revers, on
» pourra préserver les flancs au moins en partie et même
» rétablir à peu près complétement leur action au moment
» décisif, à l'aide des pièces de rechange qu'on aura dû se
» ménager et des feux de mousqueterie qu'il est impossible
» d'éteindre. »

Cette objection a été réfutée par le général De Blois, dans les termes suivants :

« J'ai répété — après Vauban, et je regrette d'être tou-
» jours obligé de revenir sur ce sujet — que les bouches
» à feu en plein air, qui constituent l'armement du flanc
» d'un bastion, seront toujours réduites au silence avant
» le moment utile, par la quantité considérable de projec-
» tiles qui convergent de toutes parts sur ce point. L'an-
» cien ingénieur persiste à croire le contraire et à s'ima-
» giner que les pièces pourront être préservées par des
» traverses et des parados : ces moyens étaient déjà con-
» nus au XVIIe siècle. Il ne songe pas que les talus de ces
» abris transformeront la batterie du flanc en un véritable
» entonnoir dans lequel rouleront et éclateront les projec-
» tiles. Les canonniers n'y trouveront pas plus de sécurité
» que si cette précaution n'avait pas été prise. Vauban a
» donc évidemment raison ici contre mon adversaire, et
» d'autant plus raison que nos moyens destructifs sont plus

» énergiques. La seule ressource de la garnison sera de
» loger quelques fusiliers dans les ruines du flanc ; mais on
» y verra combien la défense par la mousqueterie est pré-
» caire. Les balles n'ayant pas assez de force pour traver-
» ser le parapet du passage du fossé, le flanc ne pourra
» empêcher l'assiégeant d'arriver au pied de la brèche. »

Nous ajouterons que l'existence d'un parados derrière le flanc suffit pour rendre le service des bouches à feu sinon impossible, au moins très-dangereux. En effet, tout projectile qui rasera la crête du parapet ou qui pénétrera dans la batterie par les embrasures, éclatera dans le talus extérieur du parados et lancera des éclats contre les affûts et les servants.

Depuis que l'emploi des projectiles explosifs à fusée percutante est devenu général, on ne peut plus admettre la présence de masses couvrantes (parados ou traverses recourbées) derrière les pièces.

C'est même un argument décisif contre l'emploi de couvre-faces rapprochés et de cavaliers construits sur le terreplein du rempart.

SIXIÈME OBJECTION. « Nos ingénieurs ne voient que du
» désavantage à exercer la surveillance et la défense du
» fossé du corps de place, par un ouvrage détaché et non
» par le corps de place lui-même. C'est une chose d'expé-
» rience et de simple bon sens. Si, dans une place assiégée,
» investie ou menacée seulement par l'ennemi, on entend
» quelque bruit, quelque mouvement dans le fossé, au lieu
» de voir immédiatement ce qui en est, en se portant au
» flanc, comme dans le tracé bastionné, on sera obligé,
» dans le tracé polygonal, de descendre au niveau du fossé

» après avoir parcouru la moitié de la longueur du front
» (si l'on part du saillant du polygone, qui est le point le
» mieux situé pour voir au dehors), puis de traverser
» l'épaisseur du rempart pour gagner la caponnière. »

Cette même objection a été faite par le général Noizet. Les partisans de la fortification bastionnée la trouvent si importante qu'elle suffit, disent-ils, « pour faire reconnaître
» que le tracé bastionné a pour lui non-seulement l'ancien-
» neté, mais encore la simplicité et la logique (1); » et, cependant, elle n'a aucune valeur. S'il était prouvé, en effet, par le *bon sens et l'expérience* (nous ignorons où cette preuve a été fournie) qu'un ouvrage détaché ne peut assurer convenablement la surveillance et la défense du fossé, il suffirait de relier la caponnière au corps de place pour que l'objection disparût. Or cette prétendue correction n'aurait d'autre résultat que de faire tomber le corps de place le jour même où l'assiégeant s'emparerait de la caponnière, tandis que la coupure entre cet ouvrage et l'enceinte entraîne l'obligation de faire une nouvelle brèche et un passage de fossé.

Reste à examiner si la surveillance du corps de place est réellement plus difficile quand le flanquement est assuré par une caponnière.

Le *Vieil officier du génie*, pour arriver à cette conclusion, suppose que la caponnière est déserte et qu'au moindre bruit suspect, on (c'est-à-dire, sans doute, le commandant des troupes de garde) sera obligé de *descendre au niveau du fossé après avoir parcouru la moitié de la longueur du front, puis de traverser l'épaisseur du rempart pour gagner*

---

(1) Général Mengin-Lecreux.

la caponnière. Mais, en réalité, les choses se passeront tout autrement. La caponnière sera occupée nuit et jour par un poste qui établira une ou deux sentinelles sur la plate-forme. Ces sentinelles et la garde de l'étage inférieur découvriront parfaitement le fossé capital, à l'exception des parties situées devant les faces de la caponnière, lesquelles seront vues par les sentinelles du rempart et la garde des batteries basses casematées qui servent à les flanquer.

Si le commandant des troupes de garde veut visiter ces postes, il n'aura pas à descendre du rempart et à parcourir la moitié du front, comme le suppose le *Vieil officier du génie* (qui l'installe, nous ne savons pourquoi, au saillant de l'enceinte). Il quittera le local qui lui est assigné dans l'un des bâtiments construits sous le corps de place, au centre du front, et se rendra de plain-pied dans la caponnière ou dans les batteries basses, trajet moins long et moins dangereux que ne le serait celui qu'il faudrait faire pour aller depuis les locaux de la courtine d'un front bastionné jusqu'aux *deux* flancs (il ne suffit pas d'en visiter un seul pour découvrir tout le fossé).

Ainsi, loin d'être un obstacle à la surveillance du fossé capital, la caponnière facilite cette surveillance. On pourrait même l'organiser de telle sorte que trois factionnaires, fournis par le poste qui l'occupe, seraient en mesure d'observer tout ce qui se passe dans le fossé. Il suffirait pour cela de construire, au saillant de la caponnière et à l'extrémité de chacun de ses flancs, une guérite analogue à celles que les anciens ingénieurs établissaient au saillant et aux angles d'épaule des bastions, en communication avec le chemin de ronde.

Si le front était trop étendu pour que du centre on pût surveiller, pendant la nuit, les extrémités du fossé capital, chaque caponnière serait pourvue d'une lampe à foyer électrique ou de magnésium, semblable à celles qui furent employées par les Américains du Nord, dans l'attaque de Charleston.

Nous ajouterons que les assertions de M. X. et du général Noizet ont été combattues en France par un officier supérieur du génie, favorable à l'emploi du tracé bastionné.

« Il est évident, dit le commandant de Gaubert, que le
» tracé du système polygonal est aussi simple que celui du
» système bastionné et que *la surveillance du corps de*
» *place y est plus facile*, que les terre-pleins y sont aussi
» continus et plus courts à parcourir. La surveillance des
» poternes n'offrira pas plus d'embarras et nous pouvons
» même affirmer qu'elle en présentera beaucoup moins
» que celle des demi-lunes et des réduits de demi-lunes du
» système bastionné ; car, à nos yeux, la caponnière est
» simplement un ouvrage destiné à remplacer avantageu-
» sement les deux bastions et le réduit de demi-lune. »

Telles sont les objections qu'a faites le *Vieil officier du génie,* pour justifier la préférence qu'il accorde au tracé bastionné. Nous venons de voir qu'elles n'ont aucune valeur. Il est à remarquer, du reste, qu'en les produisant, l'auteur n'avait en vue que le *tracé simplifié* de Montalembert. Cela résulte clairement de son *Résumé des défauts de la fortification polygonale*, qui se compose de sept critiques, toutes applicables à ce *tracé simplifié*.

On reconnaît ici la tactique que nous avons déjà plusieurs fois signalée. Prendre une application défectueuse du tracé polygonal, de préférence la plus défectueuse de toutes, et l'opposer à la meilleure application du tracé bastionné, cela peut être fort habile et produire même un grand effet sur l'esprit confiant des élèves qui, volontiers, accueillent les idées de leurs professeurs comme des vérités de premier ordre; mais ce n'est point ainsi qu'on parviendra à modifier les convictions des ingénieurs qui soumettent les principes de la fortification au creuset de l'analyse et de l'expérience.

VI

Le général du génie Tripier a publié récemment une critique du tracé polygonal, dans son livre intitulé : *La fortification déduite de son histoire.*

La comparaison qu'il fait entre ce tracé et le tracé bastionné aboutit à la conclusion suivante : « Le troisième
» tracé de Vauban est le résumé de ce que le temps a pro-
» duit dans l'intérêt de la défense pour le corps de place...
» *Ce n'est plus un système, mais un principe.* »

Sous une autre forme, c'est le fameux aphorisme de D'Arçon : « Le front bastionné est la seule solution possible
» du problème de la fortification. »

Pour justifier sa conclusion, le général Tripier a imaginé une théorie des saillants et des rentrants qui est mathématiquement exacte, mais dont il a tiré des conséquences qui ne le sont pas.

Soit C un saillant de polygone (pl. I, fig. 5). Le champ

de tir constant α enveloppe dans ses différentes positions aA*b*, aB*b*, *b*C*c*, un cercle *abc*, et se trouve sur un front en arc de cercle concentrique ABC; le cercle est la *surface de concentration* des feux de front, et la *zone annulaire* ABC, *cba*, la surface de concentration des feux de flanc.

La surface de concentration des feux de front est d'autant plus grande et celle des feux de flanc d'autant plus petite que le champ de tir est plus grand. (Si ce champ était de 180°, la zone annulaire serait nulle et les mêmes pièces donneraient tous les feux.)

La ligne CE, tangente au cercle intérieur, limite les feux de front que l'on peut prendre sur le cercle extérieur; au delà (en G, par exemple), une partie de ces feux pénétreraient dans le domaine des feux de flanc, sans utilité pour la défense du pied de l'escarpe, où elle ne donnerait que des feux fichants, tandis que les feux de flanc, en transformant légèrement l'arc CDE en lignes droites flanquantes et flanquées sans en altérer la courbure d'une manière sensible, constitueront pour cette escarpe une défense bien plus puissante.

Quand α est de 150 degrés, l'angle du polygone est de 60° (*triangle*); quand il est de 120°, l'angle du polygone est de même grandeur (*hexagone*); quand il est de 105°, l'angle du polygone est de 150° (*dodécagone*); et quand il est de 90°, l'angle du polygone est de 180° (*ligne droite*).

Ces chiffres indiquent la loi suivant laquelle décroissent le champ de tir et les surfaces de concentration des feux de front, à mesure que les angles de polygone s'agrandissent.

Quand le champ de tir est inférieur à 90°, les surfaces

de concentration ne se touchent plus, quelle que soit l'ouverture de l'angle du polygone, et le saillant n'est plus défendu que par des feux de flanc.

Pour qu'un saillant soit défendu par des feux de front, il faut donc que les surfaces de concentration se touchent.

Si l'on veut que ce contact se produise avec des champs de tir inférieurs à ceux qui, pour chaque angle de polygone, donnent le contact naturel, on ne peut plus prendre pour côtés extérieurs des fronts les lignes tirées de C, tangentiellement aux surfaces de concentration.

Supposons qu'il s'agisse d'un hexagone et d'un champ de tir de 90° (voir pl. I, fig. 7). On remplacera les surfaces de concentration naturelles, dont les centres sont en o et o', par les surfaces de concentration plus éloignées o'' et o''', tangentes l'une à l'autre.

La figure 7 prouve que la diminution du champ de tir a pour résultat d'éloigner les surfaces de concentration des feux de front, d'augmenter les surfaces de concentration des feux de flanc et de diminuer la concavité du lieu géométrique des angles α. Il résulte de là que les flancs diminuent au moment où ils deviennent le plus nécessaires.

Lorsque le champ de tir est nul, il n'y a plus de flancs.

Les courbures ABC et CDF doivent, dans la pratique, être remplacées par le tracé rectiligne, donnant des feux de front et des feux de flanc. Ce tracé sera d'autant plus rationnel qu'il se rapprochera davantage de la courbe.

Quand le champ de tir est très-faible, le tracé tenaillé satisfait le mieux à cette condition ; mais les propriétés de ce tracé diminuant à mesure que l'angle de la tenaille augmente par le fait de l'accroissement du champ de tir, il arrive un moment où l'on doit, pour obtenir des feux de flanc efficaces, y substituer le tracé bastionné.

L'étude de ces propriétés a conduit le général Tripier à la remarque suivante :

« C'est vers le champ de tir de 90° que la courbure des
» arcs de cercle ABC et CDE se prête à un égal développe-
» ment des feux de flanc et des feux de front ; et quoique,
» dans l'application que l'on pourrait en faire à l'hexagone
» (fig. 7), les surfaces de concentration des feux de front o
» et o' ne se touchent pas, les feux de flanc sont assez
» développés pour couvrir de leurs coups le vide qui se
» trouve entre les deux surfaces. »

Nous admettons cette remarque, mais nous croyons que l'auteur en exagère énormément l'importance quand il dit (p. 223) : « Les dissentiments qui subsistent encore entre
» les ingénieurs, tiennent à ce que la loi des saillants et
» celle des rentrants qui, comme une main invisible, pré-
» side à ces différentes combinaisons et en est la base, n'a
» jamais été formulée d'une manière nette et précise. On
» ne peut mettre en doute qu'elle n'ait été pressentie par
» les Italiens et Speckle, dans le XVIe siècle ; depuis on la
» voit partout comme l'air que l'on respire, et on ne paraît
» pas souvent se douter de son existence. »

Aux résultats mathématiques du général Tripier nous opposerons d'autres résultats qui ne sont pas moins certains et dont nous tirerons une conclusion toute différente de la sienne.

1° Si l'on substitue aux arcs de cercle ABC et CDE les cordes AC et CE, le saillant C sera mieux protégé dans le tracé polygonal qui suit ces cordes qu'il ne le serait dans le tracé bastionné dont les lignes se confondent avec l'arc de cercle. La supériorité des feux de front appartiendra donc au tracé polygonal.

2° Sous le rapport de la protection que les feux de flanc procurent au saillant C, les deux tracés se trouveront dans les mêmes conditions, si les flancs de la caponnière ont la même longueur que ceux des bastions et s'ils forment le même angle avec la ligne flanquée.

Rien ne prouve donc que le tracé bastionné soit rationnel et surtout qu'il ait seul ce caractère. Aucun ingénieur n'a soupçonné l'existence de la loi des saillants, et il suffit de lire l'ouvrage du général Tripier pour être convaincu que le front bastionné a été conçu et perfectionné en dehors de toute idée théorique sur l'influence des portées et du champ de tir des pièces. C'est, comme le dit fort bien le général Mengin-Lecreux, « un tracé né du principe que les défenseurs d'un poste doivent éclairer facilement, jusqu'au pied des murs, tous les accès par lesquels l'ennemi peut arriver jusqu'à eux (1). »

Au surplus, lorsqu'on discute cette fameuse théorie des saillants, on y découvre plus de subtilités que de vérités pratiques (2).

Nous pourrions nous étendre longuement sur ce point et opposer aux figures géométriques de l'honorable général

---

(1) *Réplique à M. le général De Blois*. Paris, 1868.

(2) Le point le plus contestable de cette théorie est l'existence de deux zones de concentration de feux, auxquelles il est nécessaire de faire une part égale. Selon nous, les feux de flanc ne doivent avoir pour zone que le fossé et le chemin ouvert. Le grand défaut des flancs bastionnés est de battre une partie du terrain des attaques, ce qui les expose à être détruits par les batteries éloignées.

d'autres figures qui conduiraient à une conclusion différente ; mais nous sommes convaincu que la question des tracés ne peut pas être résolue de la sorte.

Selon nous, le problème doit être posé dans ces termes : *Quel est le tracé qui donne les feux de front et les feux de flanc les plus efficaces?*

Les meilleurs feux de front sont ceux qui assurent le maximum de protection au saillant. Plus donc la face se rapprochera du côté extérieur, mieux elle battra le terrain en avant du saillant. Par conséquent, la face polygonale, qui se confond avec le côté extérieur, sera supérieure à la face bastionnée, qui fait un angle de 18 1/2 degrés avec ce côté.

Les meilleurs feux de flanc sont ceux qui offrent le moins de prise aux batteries éloignées de l'attaque, par conséquent ceux qui se rapprochent le plus de la perpendiculaire au côté extérieur. Sous ce rapport, la supériorité appartient encore au tracé polygonal, dont les flancs se confondent avec la perpendiculaire, tandis que ceux du tracé bastionné font avec cette perpendiculaire un angle de 18 1/2 degrés.

La théorie des saillants ne conduit pas à cette conclusion logique ; elle est donc inadmissible quant aux arguments que l'auteur en a tirés pour la justification du tracé bastionné.

Nous le prouverons d'une autre manière encore, en appréciant les résultats auxquels le général Tripier est arrivé par cette théorie.

Le général Prévost de Vernois avait dit, à propos de la critique du front bastionné par Montalembert : « Nous

» mettrons plus de franchise dans notre réplique que le
» major Grenier et nous avouerons que le croisement des
» lignes de défense est un défaut; mais on l'accepte pour
» en éviter un plus grand, l'angle mort. »

Cette concession étonne au plus haut degré le général Tripier. Où son collègue voit un défaut, lui découvre, au contraire, une propriété remarquable. « Le front bastionné,
» dit-il, est un rentrant et le croisement de ses feux, qui est
» la conséquence de sa forme enveloppante, *fait son prin-*
» *cipal mérite.* Le reproche qu'on lui fait est donc un non-
» sens, pour ne pas dire plus.

» Le front bastionné est une forme que l'on n'a pas faite
» à plaisir, qui s'est faite d'elle-même par la force des
» choses, qui s'impose et qui s'est imposée à Montalembert
» comme à tout le monde; son front polygonal AF, fig. 3,
» pl. I, n'est rien autre chose que la réunion de deux fronts
» bastionnés ABCGHI, IJKDEF, dont les courtines CG,
» KD sont très-petites, parce que les fossés sont flanqués
» par des galeries dont les feux sont peu élevés au-dessus
» de leur fond. On se demande ce qu'il a gagné à rape-
» tisser ses fronts bastionnés. En donnant 300 mètres de
» longueur à ses lignes de défense et 50 mètres de largeur
» à sa caponnière, il a (fig. 3) un front polygonal AF de
» 650 mètres de longueur seulement. Si ces fronts eussent
» été entiers (fig. 4); s'il eût mis sa caponnière en capi-
» tale I, formant la grande traverse de Choumara, pour
» couvrir les flancs GH et JK des coups de revers; s'il eût
» casematé ces flancs eux-mêmes pour les garantir des
» feux d'enfilade et de ricochet,... il eût obtenu, dans
» toutes les conditions désirables, un front polygonal de

» 800 mètres de longueur. Que deviennent dès lors toutes
» ces critiques contre le croisement des feux dans le front
» bastionné! »

Il nous sera facile de prouver que ces arguments sont plus spécieux que vrais.

Si le front bastionné n'avait d'autre défaut que celui résultant du croisement des feux, on pourrait admettre que les fronts fig. 4 soient préférables aux fronts fig. 3, à la condition, cependant, que l'on construise en I une haute traverse dont les feux casematés battent les fossés des faces AB et EF.

Mais ce défaut est un des moins graves; il disparaît même quand le flanquement repose sur le tir à mitraille, comme cela doit être.

Le principal avantage des fronts, fig. 3, c'est que toutes les lignes du corps de place, à l'exception des flancs BC et DE, se confondant avec le côté extérieur, offrent le maximum de garanties contre le ricochet, tandis que les fronts, fig. 4, n'assurent cette propriété qu'aux faces AB et EF. La longueur totale de ces faces n'excède pas 270 mètres, tandis que celle des parties non ricochées du front polygonal est de 570 mètres.

Il est vrai que le général Tripier, pour soustraire les faces HI et IJ et les courtines CG et KD aux feux d'enfilade, en même temps que pour préserver des feux de revers les flancs HG et JK, propose de construire, en capitale du bastion GIK, une caponnière haute casematée; mais par l'addition de cet ouvrage, le tracé bastionné est transformé en un *mauvais* tracé polygonal; nous disons *mauvais* : 1° parce qu'une caponnière haute, située au milieu du bastion, flanque moins bien le fossé capital qu'une caponnière basse dont l'étage casematé est au niveau du plafond, et 2° parce que cette caponnière est insuffisante pour préserver de l'enfilade les extrémités des faces et surtout les courtines CG et KD.

Nous ferons remarquer, au surplus, que le général Tripier s'occupe seulement du *tracé* des fronts fig. 3 et fig. 4, et qu'il passe très-habilement sous silence le *relief*, qui joue cependant un rôle important dans la fortification.

A ne considérer que le *tracé*, on peut sans doute soutenir que la caponnière GHIJK (fig. 3) est un petit bastion; mais la comparaison cesse d'être vraie lorsqu'on fait attention au *relief* de cet ouvrage, qui doit être réglé de façon à ne point intercepter les feux de la courtine CD.

Dans le tracé bastionné, au contraire (fig. 4), le bastion GIK doit être au même niveau que les courtines; de sorte qu'on ne pourrait pas réunir les points C et D par une ligne non ricochable ayant la même action sur le terrain des attaques que la courtine CD du front polygonal.

Il n'est donc pas vrai que ce dernier soit un composé de deux fronts bastionnés.

Nous ne pouvons pas admettre non plus les réflexions suivantes que fait le général Tripier, à propos des saillants du tracé polygonal :

» « Tout le monde a reconnu, à toutes les époques, la diffi-
» culté de fortifier le triangle et même le carré : il est cer-
» tain que, si l'on admet le front polygonal, la difficulté
» disparaît. Montalembert, confiant dans l'efficacité de son
» tracé, a cru pouvoir la résoudre, mais qu'est-il arrivé?
» Le triangle fig. 8, pl. I, est devenu un hexagone et le

» carré un octogone. *Au lieu de diminuer, le nombre de*
» *points d'attaque a doublé.* Il y a là une véritable décep-
» tion, et il est bien évident qu'il ne s'en est pas aperçu ;
» cela tient à ce que personne n'a songé à étudier la ques-
» tion des saillants. »

L'auteur ne tient pas compte de la différence essentielle qui existe entre un saillant de corps de place et un saillant de demi-lune ou de ravelin. Le premier est un point faible, parce que le terrain qui le précède est situé dans le secteur privé de feux ; le second est, au contraire, un point fort, parce que, se trouvant au centre du front, le terrain qui le précède est battu par toutes les bouches à feu de l'enceinte.

Pour que le général Tripier eût raison, il faudrait :

1° Que le corps de place fût précédé d'une contre-garde générale ;

Et 2° Que cette contre-garde interceptât le feu de l'artillerie de l'enceinte.

Or ces deux conditions se rencontrent seulement dans les fronts qui constituent des applications *défectueuses* du tracé polygonal. Il suffit, du reste, de jeter les yeux sur les planches VI et VII, pour reconnaître que les saillants créés par les caponnières sont les points forts et non les points faibles de l'enceinte.

VII

Une nouvelle tentative a été faite tout récemment en France pour réhabiliter la fortification bastionnée. Elle est due à M. le commandant Prévost, auteur de plusieurs ouvrages d'érudition fort estimés, et qui certainement eût obtenu un beau succès, si la cause qu'il défend pouvait être gagnée.

Il nous sera facile de prouver que ses arguments en faveur du tracé bastionné ne sont que la reproduction de ceux qui ont été vingt fois réfutés, et que ses conclusions, hostiles au tracé polygonal, sont applicables seulement aux types les plus défectueux de ce tracé.

A mesure qu'on avance dans la lecture de son livre, on acquiert la conviction que l'auteur s'est fait une thèse plus patriotique que scientifique. Lui-même, du reste, s'en explique nettement dès les premières pages. « Les atta-
» ques dont le tracé bastionné est l'objet, dit-il, depuis
» l'emploi du tir à ricochet et depuis les perfectionnements
» de la nouvelle artillerie, ont fortement ébranlé, dans quel-
» ques esprits, la confiance *qu'on devait avoir* dans ses
» propriétés. Cette défaveur est d'autant plus fâcheuse que
» toutes les places de l'empire ont des bastions et qu'on
» serait peut-être en droit de craindre qu'elles ne devinssent
» inutiles le jour où elles auraient à entrer en jeu. » (P.4.)

Tous les ingénieurs français, qui ont rompu des lances en faveur du tracé bastionné, se sont proposé le même but, mais tous n'ont pas eu la même franchise.

M. Prévost, rendant compte de la lutte que souleva la substitution des bastions aux *moineaux* (1) et aux anciennes tours flanquantes, dit :

---

(1) C'étaient des tours semi-circulaires, souvent détachées, établies devant les escarpes pour assurer le flanquement et surveiller le fossé. Les anciennes tours étaient trop élevées et avaient trop peu de saillie pour bien jouer ce rôle.

« Lorsqu'une idée nouvelle, vraie, ayant pour résultat
» de changer radicalement un ordre de choses qui existe
» depuis longtemps, se fait jour, les esprits se partagent
» ordinairement en deux camps. *Dans l'un se trouvent les*
» *hommes qui voient avec peine s'écrouler le passé, surtout*
» *lorsqu'il a été longtemps glorieux et beau; ils font tous*
» *leurs efforts pour le soutenir, pour le faire revivre, en*
» *cherchant à adapter ce qu'on avait toujours fait jusqu'à*
» *présent aux exigences de nouveaux besoins qui viennent*
» *de surgir.* Les autres, au contraire, abandonnent les
» traditions et les pratiques du passé; ils entrent résolû-
» ment dans la voie nouvelle, en cherchant les moyens de
» seconder l'idée qui vient de se manifester. Ces deux
» camps, les hommes du passé et les hommes de l'avenir,
» se retrouvent à toutes les époques de modifications pro-
» fondes dans les choses de ce monde. » (P. 71.)

Rien de plus vrai que cette observation; mais M. Prévost ne s'est pas aperçu, en la faisant, que le portrait (souligné par nous) *des hommes du passé* s'adapte merveilleusement à lui et à ses camarades du génie qui défendent le *passé glorieux du bastion qu'ils voient avec peine s'écrouler, et qui cherchent à adapter ce qu'on a toujours fait jusqu'à présent aux exigences des nouveaux besoins qui viennent de surgir.*

Que dit, en effet, l'auteur que nous réfutons ?

« La fortification bastionnée, depuis trois siècles, a fait
» ses preuves et elle peut présenter de très-beaux états de
» service... L'école adverse, née au milieu du dernier
» siècle, n'a produit ses œuvres qu'au commencement du
» nôtre. Mais elle n'a rien fait encore qui lui donne droit
» de cité dans la poliorcétique : elle n'a pas encore reçu le

» baptême du feu ; ses états de service sont nuls. »
(P. 340 et 341.)

N'est-ce pas le même argument que Durer, Michel-Ange et Machiavel opposèrent à ceux qui, de leur temps, voulaient transformer les anciens remparts, nonobstant leurs *beaux états de service* et *l'épreuve du feu* qu'ils avaient tant de fois subie ?

Les raisons que produit le major Prévost pour rejeter le tracé polygonal sont, les unes inadmissibles, les autres applicables seulement au tracé de Montalembert ou à quelques tracés allemands reconnus défectueux par les Allemands eux-mêmes. Aucune ne peut être opposée aux types que nous avons proposés, ni à ceux qui ont été exécutés à Anvers (et dont le critique ne dit mot).

Voici, du reste, ces raisons, accompagnées des réflexions qu'elles nous ont suggérées :

1° « Les maximes de Montalembert n'ont pas encore subi
» l'épreuve nécessaire pour leur donner droit de cité dans
» la poliorcétique. » (P. 9.)

Nous avons dit plus haut ce qu'il faut penser de cette objection, si souvent reproduite et si peu fondée.

2° « La caponnière de Montalembert a le défaut capital
» d'être prise avant la fortification qu'elle est destinée
» à flanquer. » (P. 208.)

Nous avons déjà fait observer que la caponnière, obligeant l'ennemi à cheminer sur le milieu du front (au lieu de s'avancer dans les secteurs privés de feux des angles du polygone), augmente la difficulté ou la durée du siége et satisfait par conséquent mieux au principe fondamental de la défense que les flancs de bastions, dont l'armement est détruit par les batteries éloignées, longtemps avant que la caponnière cesse d'agir.

Il est digne de remarque que l'école bastionnée, si sévère sur le principe de la défense successive, attribue aux flancs des réduits de demi-lunes la propriété de donner des feux de revers sur les brèches des bastions, ce qui est assurément contraire à ce principe, puisque l'existence desdites batteries de revers oblige l'ennemi à prendre le réduit avant de monter à l'assaut.

On nous répondra que c'est quelque chose que d'obliger l'assaillant à faire une attaque de plus avant d'entrer dans la place. Nous le reconnaissons; mais alors pourquoi refuser la même propriété à la caponnière, qui non-seulement flanque l'escarpe, mais prend encore, dans la plupart des cas (voir les plans d'Anvers), des revers sur la brèche?

3° « Un des principaux reproches qu'on puisse faire
» à Montalembert et à son école, c'est que le tracé poly-
» gonal n'est, en réalité, que le tracé bastionné déguisé et
» détérioré. » (P. 218.)

C'est une des objections du général Tripier; nous l'avons combattue p. 72 et suivantes.

4° « Montalembert double le nombre des saillants et des
» points attaquables du polygone; le carré devient octo-
» gone, etc... Le mérite d'avoir un long côté disparaît
» donc, puisqu'on le partage en deux par un saillant. »
(P. 218.)

Autre objection du général Tripier, qui a été réfutée plus haut (p. 75).

5° « Par l'insuccès de la défense de Bomarsund, on peut
» juger de ce qui arrivera pour ce genre de fortification
» (issu des idées de Montalembert), en présence de l'artille-
» rie nouvelle. » (P. 313.)

Cet argument n'est pas applicable au tracé polygonal. Les tours et le tracé tenaillé de Montalembert ont des défauts que personne ne conteste plus aujourd'hui.

6° » L'impuissance de l'école de Montalembert vis-à-vis
» de la défense rapprochée est sa condamnation. » (P. 332.)

Nous ignorons où cette impuissance a été constatée. Si l'auteur fait allusion à certains fronts défectueux de Vérone ou de Rastadt, nous lui dirons qu'il est injuste de conclure du cas particulier au cas général et que, après Vérone et Rastadt, on a fait Posen, Anvers et Kertch, où la défense rapprochée n'est nullement sacrifiée à la défense éloignée.

7° » Les ingénieurs de tous les pays et de tous les temps
» ont généralement posé en principe qu'une enceinte for-
» tifiée devait se flanquer par elle-même. Cette condition,
» considérée comme fondamentale, a fait adopter le tracé
» bastionné, qui, seul, peut la remplir parfaitement. »
(P. 336.)

L'auteur lui-même s'est chargé de réfuter cette objection, en faisant observer, p. 372, « qu'on ne peut éviter complé-
» tement, dans le tracé bastionné, les inconvénients des
» angles morts. »

Il s'en faut donc bien que ce tracé » soit la plus grande expression des idées de flanquement. » (P. 7.)

Vauban était si peu de cet avis que, dans son tracé de Landau, le fossé situé à la gorge du bastion détaché n'est pas flanqué du tout vis-à-vis de la face de la tour. Cet illustre ingénieur tenait bien plus à avoir des flancs soustraits aux feux de l'attaque (et dont la défense de Candie avait fait ressortir les précieux avantages) qu'à battre rigoureusement le pied de l'escarpe.

8° « La Confédération germanique, après 1815, a dépensé
» des sommes énormes pour nous ramener aux *moineaux*
» du xve siècle et à Albert Durer,... et voilà qu'après
» cinquante ans, les forteresses issues des systèmes de
» Montalembert sont reconnues mauvaises, incapables de
» résister à une attaque éloignée qu'elles devaient tant
» annihiler et qui éventrera toutes les casemates hautes,
» dès les premiers jours du siége. » (P. 346.)

La vérité est que les profils de certaines places allemandes sont défectueux au même degré que ceux de toutes les places bastionnées construites en France et ailleurs. Ce n'est pas un argument contre le *tracé*, mais bien contre le *profil* de la fortification. Si les Allemands corrigent aujourd'hui leurs places, c'est qu'ils ont plus de prévoyance que les Français, qui maintiennent les vieux profils et en font même de nouvelles applications à Toulon et à Lille.

9° « Les demi-lunes, les bastions et les retranchements
» indiquent trois champs de bataille que l'ennemi aura à
» parcourir, sur lesquels il sera dominé, enveloppé, exposé
» à des retours offensifs où l'avantage du nombre sera d'un

» faible secours. C'est là que réside surtout le mérite du
» tracé bastionné. »

Ce mérite, le tracé polygonal le possède au même degré quand il est judicieusement appliqué, comme il l'a été à Anvers.

10° « M. Brialmont trouve que la courtine du front bas-
» tionné est ricochable, parce que Vauban a déclaré qu'à
» la rigueur il était possible de la prendre d'enfilade et à
» revers, dans les polygones d'un petit nombre de côtés.
» Admettons cette possibilité ; mais que signifient alors ces
» efforts de M. Brialmont pour démontrer que les longues
» lignes droites du front polygonal sont à peu près à l'abri
» du ricochet ? » (P. 348.)

Nous ne soutenons pas que les longues lignes du front polygonal dans les places d'un petit nombre de côtés sont *à peu près à l'abri du ricochet;* nous disons seulement qu'elles sont *moins ricochables* que les faces des bastions, ce qui est la vérité.

11° « Montalembert, en immobilisant cette immense artil-
» lerie sur les remparts, Carnot en accumulant assez de
» troupes dans une place pour aller livrer bataille à l'as-
» siégeant, nous paraissent avoir mal compris le rôle de la
» fortification. (P. 352.)

» ... Ces forteresses sont installées d'après des idées
» radicalement opposées *au grand principe fondamental*
» *et primordial de toute fortification,* d'après lequel on
» n'entoure d'obstacles permanents une position que pour
» se donner la facilité de la défendre, avec des troupes et

» un matériel relativement peu considérables par rapport
» à ce qu'il faudrait en rase campagne. » (P. 215.)

Le principe *fondamental et primordial* n'est pas de résister avec peu de moyens, mais de résister longtemps avec des moyens inférieurs à ceux de l'ennemi. Sous ce rapport, les places polygonales bien conçues n'offrent aucune prise à la critique. M. Prévost serait fort embarrassé d'en citer une seule, même parmi les plus défectueuses, dont l'attaque n'exigerait pas des forces et des ressources supérieures à celles de l'assiégé.

On voit, par ce qui précède, que M. Prévost, en attaquant la fortification polygonale, a reproduit des assertions cent fois réfutées, et signalé des défauts qui appartiennent uniquement aux fronts polygonaux de Montalembert et aux applications qui en ont été faites à deux ou trois places allemandes.

Il s'est bien gardé de parler du système polygonal d'Anvers, le dernier venu de la famille, et dont il a pu cependant étudier les détails dans nos *Études sur la défense des États*, publiées en 1863.

Quant aux propriétés que le commandant Prévost attribue au tracé bastionné, les unes n'ont pas de valeur et les autres sont communes aux deux tracés.

La lecture de son livre, de même que celle du livre du général Tripier, prouve que le plus grand mérite du tracé bastionné, dans l'esprit de ceux qui le défendent, est son *ancienneté*. « Il date de la fin du XVe siècle; il a fait ses
» preuves, et aucun autre tracé n'a de pareils états de ser-

„ vice. „ Cet argument peut être invoqué en faveur de tout ce qui est arriéré et de tout ce qui tombe, mais, généralement, il tourne contre ceux qui s'en servent. Nous admettons que le tracé bastionné est le résultat des modifications que l'expérience avait indiquées aux ingénieurs du xve siècle, — que le bastion résulte de l'agrandissement des *moineaux* et des tours, — que le front bastionné a été inventé plus tard par un moine de Sienne,—que le xvie et le xviie siècle n'ont rien produit de mieux, et que beaucoup de places construites à cette époque ont offert une belle résistance.

Mais tout cela ne prouve pas que le tracé bastionné soit encore le meilleur depuis que Vauban a eu inventé le tir à ricochet (1) et modifié profondément l'art de l'attaque. Bien au contraire! C'est en se fondant sur l'expérience que les ingénieurs allemands et quelques ingénieurs français, à la tête desquels se trouve Montalembert, ont soutenu que le tracé bastionné a fait son temps et que les progrès de la poliorcétique rendent nécessaire l'adoption de tracés offrant moins de prise aux feux d'enfilade et assurant à l'artillerie une action plus efficace sur le terrain des attaques.

En un mot, les inventeurs des tracés nouveaux ont raisonné comme l'avait fait Martini, à la fin du xve siècle ; et ceux qui les ont combattus se sont bornés à reproduire mot pour mot les arguments que Durer, Michel-Ange et Ma-

---

(1) Le général Piobert prétend que le tir à ricochet fut employé en 1572, au siége de Haarlem, et en 1644, au siége de Gravelines.

A Vauban appartient, dans tous les cas, le mérite de l'avoir fait adopter, nonobstant l'opposition de Louvois et de quelques généraux de son temps. Il lutta pendant neuf ans pour arriver à ce résultat.

chiavel avaient présentés contre l'adoption du tracé bastionné.

M. Prévost apprécie fort mal les fronts polygonaux, quand il soutient que les auteurs de ces fronts se sont uniquement préoccupés de la défense éloignée et qu'ils n'ont eu aucun souci de la défense rapprochée.

Un front polygonal n'est bon qu'à la condition d'assurer parfaitement la défense rapprochée. Sous ce rapport, Anvers et les dernières places polygonales, construites en Allemagne, en Russie et en Angleterre, n'ont rien à envier aux meilleures places bastionnées.

C'est donc en se fondant sur une erreur manifeste, que M. Prévost attribue à la fortification bastionnée le mérite exclusif d'assurer la défense rapprochée, qui exerce une si grande influence sur la durée des siéges. Ce mérite, la fortification polygonale le possède au même degré que l'autre.

« La suppression des angles morts auprès de l'enceinte,
» dit M. Prévost, est différemment envisagée, suivant
» qu'on est partisan des bastions ou qu'on les rejette. Ceux
» qui leur sont hostiles croient peu à la défense rapprochée ;
» ils espèrent la supprimer en écrasant et en décourageant
» l'ennemi par la vigueur de l'attaque lointaine. Ils n'at-
» tachent donc qu'une importance médiocre aux angles
» morts. » (P. 365.)

Nous n'avons trouvé la confirmation de ce fait ni dans les écrits des ingénieurs favorables au tracé polygonal, ni dans les places où ce tracé est appliqué. Il nous a paru, au contraire, que, partout où il y avait des angles morts, on a cherché à les faire disparaître, et que la préoccupation de la défense rapprochée se révèle clairement dans les travaux de contre-mines, les coffres et les galeries de contrescarpe, dont les places polygonales offrent de si nombreuses applications.

Du reste, M. Prévost lui-même nous apprend (p. 153) que, « si les Allemands du xviie siècle firent de grands
» efforts pour améliorer la défense éloignée, ils ne préten-
» daient nullement sacrifier la défense rapprochée. »

La confirmation de cette remarque judicieuse se trouve dans les fronts du célèbre ingénieur allemand Rimpler, qui avait pu constater à Candie combien il est important de bien organiser la défense rapprochée (1).

M. Prévost reconnaît (p. 336) que le tracé polygonal a l'avantage de diminuer les secteurs privés de feux; « mais,
» dit-il, nous trouvons qu'il est acheté bien cher par le
» défaut de feux de flanc. »

Loin de pécher par l'insuffisance des flancs, la fortification polygonale permet de donner à ces parties telle importance qu'on juge nécessaire, ce qui est impossible dans le tracé bastionné, à cause de la corrélation qui existe entre toutes les lignes de ce tracé.

Il suffit de jeter un coup d'œil sur les plans des nouvelles fortifications d'Anvers, pour savoir à quoi s'en tenir sur ce point.

« Dans le front bastionné, dit M. Prévost, en faisant
» le bastion aussi obtus que possible, on diminue les
» chances de voir les faces enfilées. Quant à prétendre que
» le tracé polygonal échappe complétement à cet inconvé-

---

(1) On sait que ce siége dura vingt-huit mois, dont vingt-quatre appartiennent à la défense rapprochée.

» nient, nous croyons que c'est une erreur; l'artillerie agit
» maintenant à de si grandes distances, qu'elle saura
» toujours se poster de manière à ne pas se faire prendre
» d'écharpe quand elle voudra enfiler les longs côtés d'une
» enceinte polygonale. »

Nous n'avons jamais soutenu que le tracé polygonal *échappe complétement* à l'enfilade. Il nous suffit d'avoir prouvé qu'il y échappe mieux que le tracé bastionné.

Quant au danger que courent les batteries d'enfilade devant une place polygonale, il ne consiste pas dans les feux d'écharpe, comme le dit M. Prévost, mais bien les feux directs et d'écharpe auxquels ces batteries sont exposées. A cet égard, nous nous en rapporterons à ce qui a été prouvé plus haut (voir p. 45 et suivantes).

M. Prévost est partisan des petites lignes de défense et ennemi des grands fronts, parce que la nuit le tir est incertain et que « l'écart de la balle est bien plus grand à
» 500 mètres qu'à 300. » (P. 367.) Mais lui-même détruit l'effet de cette objection en faisant observer que « l'élec-
» tricité aura désormais une importance énorme dans la
» défense des places, puisqu'il sera possible par elle d'ar-
» river à supprimer l'obscurité de la nuit (1). (P. » 388.)

« En France, dit-il, on est partisan des petits fronts,
» pour avoir un grand nombre de flancs et pour utiliser
» la mousqueterie. » (P. 264 et 278.)

Nous avons trop souvent insisté sur les inconvénients

---

(1) Il recommande les méthodes mises en pratique par les commandants Bauchelet et Dufour, « méthodes qui permettent de conserver des appareils fonctionnant pendant toute la durée » d'un siége, malgré les causes de destruction auxquelles ils sont exposés. »

des petits flancs multiples et sur l'insuffisance du flanquement par la mousqueterie, pour nous arrêter à cette nouvelle manifestation de ce que nous appelons l'erreur de l'école française.

Au résumé, l'auteur du livre que nous réfutons en ce moment n'a produit aucun argument valable en faveur du tracé bastionné, et, pour dire toute notre pensée, il a fourni plutôt la preuve de l'insuffisance de ce tracé.

En effet, il reconnaît que la propriété du flanquement rigoureux n'existe pas et que les angles morts sont inévitables dans le tracé bastionné (p. 372); que le danger de l'enfilade est plus grand et que le secteur privé de feux a plus d'importance dans ce tracé (p. 366); qu'il n'est pas organisé pour la défense éloignée et que « rarement les » bastions doivent y prendre part, leur affaire à eux étant » de lutter de près, et, par suite, de ne pas s'exposer, par » un tir d'artillerie prématuré ou trop énergique, à se faire » détruire de loin. » (P. 370.)

Les partisans du tracé polygonal n'ont jamais soutenu autre chose. Il y a plus : examinant ce qu'il y aurait à faire pour améliorer la fortification bastionnée, M. Prévost est amené à conclure qu'il faut abandonner ce tracé ou, ce qui est pis encore, le doubler d'un tracé polygonal. En effet, p. 371, il propose d'élever les courtines et de les continuer « par des cavaliers d'un grand relief, » dont la crête peut être tracée de manière à se garantir » des coups d'enfilade; » alors, dit-il, les bastions ne

prenant plus de part à la lutte éloignée, « l'ennemi n'au-
» rait plus autant d'intérêt à les tourmenter de loin, à
» enfiler leurs faces ; on ne leur laisserait donc que leur
» armement de sûreté jusqu'au moment de l'exécution de la
» troisième parallèle. »

L'auteur ne se dissimule pas qu'en faisant cette proposition, il abonde dans le sens du maréchal de Saxe, *un
ennemi de la fortification bastionnée*, qui voulait deux
enceintes, l'une haute pour la défense éloignée, l'autre
basse et enveloppant la première pour la défense rapprochée.

Nous croyons qu'il serait plus logique d'adopter tout
d'un coup le tracé polygonal, qui convient mieux pour
la défense éloignée et qui se prête aussi bien que le tracé
bastionné à la défense rapprochée.

Quoi qu'il en soit, M. Prévost ne peut pas être rangé,
après ce que nous venons de voir, parmi les défenseurs
de la vieille école française : « gardienne sévère des
» anciennes traditions qui ont fait sa gloire et n'adoptant,
» en fait d'idées nouvelles, que celles qui ont reçu la sanc-
» tion de l'expérience et non pas toutes les élucubrations
» plus ou moins ingénieuses qu'on a présentées dans ces
» derniers temps. » (P. 12.)

« *Les élucubrations plus ou moins ingénieuses* » sont les
places allemandes, russes, anglaises, hollandaises et belges,
appartenant au système polygonal. Et, de crainte qu'on ne
l'entende pas ainsi, l'auteur ajoute : « Une chose n'est pas
» nécessairement bonne, parce qu'elle est nouvelle. Nous
» croyons que c'est là le cas de la fortification polygonale,
» dont l'attaque et la défense auront fait noircir beaucoup

» de papier, et qui, avant d'avoir servi dans la réalité, *est*
» *déjà en train de disparaître,* comme disparut au XVIe siècle
» la fortification d'Albert Durer ; car on recommence à
» bâtir des bastions hors de France, timidement il est
» vrai, mais on y revient. » (P. 13.)

Où donc l'auteur a-t-il vu cela? Sont-ce les fortifications d'Anvers exécutées par les ingénieurs belges, celles de Kertch projetées par le général Todleben, les forts de Portsmouth et de Plymouth élevés par les Anglais, les travaux de Dresde, de Duppel et de Sonderbourg construits par les Prussiens, les forts provisoires de Vérone et d'Olmutz exécutés en 1866 par les Autrichiens, ou les ouvrages détachés que l'on érige en ce moment à Utrecht, qui marquent un retour vers le tracé bastionné? Nul n'oserait le soutenir.

M. Prévost a poussé les choses plus loin, en affirmant que nous-mêmes nous admettons les bastions dans les nouveaux tracés proposés par nous. A moins de prétendre, comme l'ont fait quelques ingénieurs, que les fronts d'Anvers se composent de deux fronts bastionnés (assertion qui a été victorieusement réfutée plus haut), il est impossible de rien comprendre à ce langage. L'auteur cite, il est vrai (p. 273), trois fronts polygonaux de notre atlas de 1863 qui sont une altération du tracé bastionné, mais il n'a pas pris garde que, dans cet atlas, nous exposons *tous* les types connus pour les soumettre à une discussion approfondie, et que, loin d'admettre ceux qui se distinguent par des caponnières en forme de bastions, placées aux angles saillants du polygone, nous ne préconisons que les fronts avec caponnières centrales. A cette catégorie appartiennent les fronts des forts détachés et ceux de la nouvelle enceinte d'Anvers (1).

« Nous osons le prédire, dit l'auteur, les efforts et les » hésitations de la nouvelle école allemande aboutiront à » inventer, de nouveau, le tracé bastionné. » (P. 272.)

N'aimant pas à jouer le rôle de prophète, nous nous bornerons à faire observer que partout on cherche à améliorer le tracé polygonal, mais que nulle part on ne songe à revenir au tracé bastionné, qui a fait son temps.

En vain l'auteur dit : « La fortification de Montalembert » est mort-née avant d'avoir servi ; ses adeptes reviennent » déjà à la fortification bastionnée ; Vérone et Rastadt ser- » viront de point de départ à ce mouvement de retour. » (P. 351.) La vérité est que les partisans des idées nouvelles n'approuvent pas les types créés par Montalembert, bien qu'ils voient autre chose, dans ses onze volumes, « qu'une » compilation où les incertitudes de l'auteur se trahissent » à chaque pas. » (P. 214.)

Ils n'approuvent pas davantage les fronts de Vérone et de Rastadt.

M. Prévost aurait dû asseoir son jugement sur les types exécutés depuis dix ans et non sur ceux qui datent de l'origine du mouvement réactionnaire contre le tracé bastionné.

---

(1) A l'exception des fronts de la citadelle du Nord, cet ouvrage étant inattaquable pied à pied, on a, par raison d'économie, placé les caponnières aux angles du polygone, ce qui a permis de diminuer de quatre le nombre des batteries flanquantes (ou de vingt-quatre le nombre des bouches à feu).

VIII

Les partisans de la fortification polygonale comptent dans leurs rangs l'illustre défenseur de Sébastopol.

Le colonel Froloff avait publié, en 1863, dans le *Journal des ingénieurs russes*, un *Aperçu de la fortification polygonale comparée à la fortification bastionnée*.

Cet officier s'étant prononcé en faveur des doctrines de l'école française, le général Todleben crut devoir réfuter ses conclusions dans une note où nous avons remarqué le passage suivant:

« Beaucoup d'ingénieurs considèrent le système bastionné
» comme un résultat dû à l'expérience de la guerre. On ne
» saurait admettre cette opinion. Le système polygonal
» n'est pas le produit de l'engouement théorique de quelque
» inventeur; son apparition fut, au contraire, la consé-
» quence des défauts que l'on avait observés pendant le
» siége de plusieurs places bastionnées.

» La grande saillie donnée aux demi-lunes qui couvrent
» les courtines constitue un tracé en forme d'angles sail-
» lants et rentrants qui ne se prête pas facilement à la
» concentration d'un feu d'artillerie puissant, sur les points
» principaux du terrain, tandis que les faces des bastions
» et des demi-lunes restent exposées au tir à ricochet. Non-
» seulement le défenseur ne peut pas ouvrir contre l'assail-
» lant un feu de front efficace, il doit encore livrer les flancs
» des bastions aux batteries de l'attaque. Les fossés des
» bastions n'ont pas de feu rasant pour leur défense; enfin,

» il est bien difficile de se porter de l'intérieur de la place
» dans la campagne par les escaliers étroits de la contres-
» carpe revêtue.

» Toutes ces circonstances ont engagé les ingénieurs
» allemands, après 1815, à adopter les propositions de
» Montalembert et de Carnot. Le premier de ces deux
» novateurs avait basé ses projets sur l'expérience acquise
» dans plusieurs siéges de la guerre de sept ans. Il fut
» le premier des auteurs militaires qui affirmât *que la*
» *défense des places fortes doit reposer sur la supériorité*
» *absolue de l'artillerie.* Mais il est à regretter qu'il se
» soit laissé entraîner dans ses derniers systèmes jusqu'à
» proposer de former toute la place de constructions défen-
» sives en maçonnerie, à plusieurs étages, exposées entiè-
» rement aux feux directs des batteries éloignées...

» Les ingénieurs allemands ont adopté dans leurs places
» quelques idées de Montalembert, très-remarquables sous
» plusieurs rapports, mais en même temps ils ont négligé
» de corriger certains défauts qui existent dans les projets
» de cet ingénieur au point de vue de la construction
» comme au point de vue de l'art. Ainsi nous rencon-
» trons dans les places allemandes, des tours détachées,
» construites en avant de l'enceinte, et complétement expo-
» sées au feu de l'ennemi, des casernes défensives non
» couvertes par la crête du parapet, et des ouvrages flan-
» quants pouvant être détruits de loin par les batteries
» de l'assiégeant.

» Mais, nonobstant ces défauts, les places allemandes
» possèdent beaucoup d'avantages provenant d'une appli-
» cation heureuse du tracé polygonal au terrain. »

Le général Todleben signale ensuite les défauts que présentent les nouvelles places françaises. Ses réflexions sur les forts bastionnés de Paris peuvent se résumer ainsi :

1° Les fronts qui battent la campagne ont une action insuffisante sur le terrain des attaques (1);

2° Ils sont en prise à l'enfilade ;

3° Les fossés, dans beaucoup de cas, ont un flanquement trop faible ;

4° Les maçonneries sont découvertes, surtout celles des courtines ;

5° Les débouchés des poternes sont exposés aux feux de l'assiégeant ;

6° Les abris voûtés ne suffisent pas aux besoins de la défense.

La note se termine par la réflexion suivante :

« Dans l'avenir, le tracé polygonal trouvera une plus
» grande application ; car, par suite de l'introduction
» de l'artillerie rayée, l'assiégeant ouvrira le feu de ses
» premières batteries à une distance de 500 jusqu'à
» 1,000 sagènes, ce qui obligera le défenseur à concentrer
» le feu de son artillerie sur des points éloignés, à quoi le
» tracé polygonal se prête mieux que tout autre. »

---

(1) A propos de cette critique, nous mettrons sous les yeux du lecteur l'extrait suivant d'une brochure publiée en 1833 par le général Bertrand : « Dans une note dictée sur les » fortifications de Paris, Napoléon, qui présentait ses idées d'une manière nette, a » employé une expression qui lui était familière : il voulait que les ouvrages fussent » disposés à recevoir partout de l'artillerie ; car, disait-il, la guerre à coups de canon » est comme la guerre à coups de poing, c'est-à-dire : celui qui sait ou qui peut à un » bataillon en opposer trois ou quatre, à une pièce de canon opposer trois ou quatre » canons, celui-là doit remporter la victoire. »

IX

Le lecteur qui se sera bien pénétré des idées que nous venons d'exposer, aura de la peine à comprendre l'obstination avec laquelle les ingénieurs français repoussent le tracé polygonal, appliqué aujourd'hui dans la plupart des États de l'Europe.

Ces ingénieurs reconnaissent cependant:

1° que la fortification rasante devient de plus en plus mauvaise;

2° qu'il est impossible de cheminer en sape pleine lorsqu'on est arrivé à 150 mètres des saillants d'un corps de place dont l'artillerie n'est pas démontée ou réduite au silence. Or, comme le fait très-judicieusement observer l'auteur du *Résumé des leçons données à Metz sur l'attaque et la défense des places,* « l'adoption d'un fusil à tir rapide » fera ressortir plus encore qu'à présent la nécessité de » n'avancer qu'à la sape pleine. » D'où il résulte que l'assiégeant devra s'arrêter à 150 mètres de la place aussi longtemps que les défenseurs pourront tirer à coups de canon sur les têtes de sape.

Les ingénieurs français, qui sont sur ce point d'accord avec les Allemands, doivent reconnaître que le meilleur système de fortification est celui qui donne au corps de place le commandement le plus élevé (sans rien sacrifier aux nécessités de la défense rapprochée), qui permet d'opposer le plus d'artillerie aux batteries de l'attaque et qui assure à cette artillerie les meilleurs emplacements et le maximum de protection.

Or, logiquement, ils ne peuvent pas attribuer ces propriétés au tracé bastionné, puisqu'ils avouent que ce tracé conduit à la fortification rasante, qu'il a été combiné surtout en vue de la défense rapprochée et qu'il expose l'artillerie aux feux d'enfilade. Ce tracé ne satisfait donc plus aux premières nécessités de la défense.

Vauban, qui disait en 1706 : « on n'a rien trouvé de » mieux jusqu'à présent que les bastions (1), » ne tiendrait plus le même langage aujourd'hui, parce qu'il était avant tout l'homme des faits. Tenant compte des progrès accomplis depuis sa mort, cet illustre ingénieur, s'il revenait parmi nous, renoncerait sans peine à un tracé dont l'expérience et la critique ont fait ressortir les nombreux inconvénients.

Ceux qui invoquent le témoignage des premiers maîtres sont bien souvent à côté de la vérité.

Tout marche, tout progresse, et rien n'est immobile dans la nature. Les vieux artilleurs ont été entraînés par le torrent ; il en sera de même des vieux ingénieurs qui s'obstinent encore dans les errements du passé.

Nous avons la ferme conviction que l'accord entre les deux écoles rivales s'établira loyalement et définitivement aussitôt que la discussion, abandonnant le terrain des généralités, se portera sur des projets déterminés.

C'est pour arriver à ce résultat que nous avons publié nos *Études*, en 1863, et que nous publions aujourd'hui notre *Traité de fortification polygonale*.

Ne voulant pas faire un cours gradué de fortification

---

(1) *Défense des places*, p. 15 de l'édition de Valazé.

ni raisonner dans le vague, comme le font trop souvent les professeurs, nous supposerons qu'il s'agit de défendre un pays déterminé et de fortifier des points stratégiques représentés par des plans nivelés.

Nous développerons ainsi nos idées sur la défense des États et sur la fortification avec plus de netteté et de clarté. En même temps, nous montrerons aux jeunes officiers du génie comment la fortification doit être pliée au terrain et quel parti l'ingénieur peut tirer des cours d'eau, des marais, des bois, des villages et des accidents de terrain qui se trouvent dans le rayon d'une place ou dans les limites d'un camp retranché.

Cette *étude sur le vif* gravera bien mieux les principes dans l'esprit du lecteur que ne le ferait une dissertation purement théorique.

Elle sera complétée ultérieurement par un fascicule dans lequel nous indiquerons les types de fronts et d'ouvrages isolés qui conviennent aux terrains en horizon élevé.

Nous pouvons dès à présent donner l'assurance que ces types différeront peu, quant aux formes, de ceux que nous préconisons pour les sites aquatiques. Loin d'offrir un obstacle à l'emploi du tracé polygonal, le terrain sec présente, au contraire, des ressources qui facilitent la tâche de l'ingénieur et augmentent la force intrinsèque des ouvrages. A ce point de vue, nos projets donneront un démenti à l'école de Metz, dont l'enseignement, s'il faut en croire le *Spectateur militaire* (1), aboutit à la conclusion suivante :

« Le système bastionné semble devoir être préféré,

---

(1) Voir, dans les volumes de 1866, les articles signés X. (capitaine Ratheau).

» *surtout dans le cas des fossés secs et des grandes places ;*
» il y a toutefois des cas où il peut être avantageux d'ap-
» pliquer les tracés polygonaux, particulièrement pour les
» forts détachés en pays de montagne. »

Bien différente de celle-là, notre conclusion est que, *dans tous les cas où un front peut être attaqué par l'artillerie, le tracé polygonal est préférable au tracé bastionné.*

Les tracés tenaillés et bastionnés ne sont exempts de défauts que lorsqu'on les applique aux parties d'ouvrages qui n'ont à craindre qu'une attaque de vive force (telles, par exemple, que les gorges de certains forts et des batteries de côte).

CHAPITRE PREMIER.

Principes généraux de la défense des États.

SOMMAIRE :

Les anciennes combinaisons défensives doivent subir de profondes modifications. — Le système des *lignes frontières* n'est plus admissible. — L'expérience l'a condamné et Vauban lui-même en avait signalé les défauts dès 1687. — Idées du général Sainte-Suzanne sur la défense de la France. — Le principe de la concentration des forces défensives a été, sinon formulé, du moins appliqué par tous les capitaines illustres. — La France et la Hollande ont fait une application partielle de ce principe. — Seule parmi tous les États, la Belgique l'a réalisé d'une manière complète. — Formules proposées par les généraux Rogniat, Marmont et Jomini. — L'auteur adopte celle qui découle de l'examen du système de défense préconisé par le général Sainte-Suzanne pour la France. — Préceptes complémentaires. — Considérations qui règlent le choix du point central de la défense. — Dans quel cas on doit fortifier la capitale. — Situation particulière de la Belgique et de l'Italie. — Raisons qui ont déterminé le gouvernement belge à faire choix d'Anvers plutôt que de Bruxelles. — Opinions des généraux baron Chazal et Renard. — Considérations nouvelles présentées par l'auteur. — L'importance stratégique de Bruxelles a diminué depuis que des chemins de fer relient la France à l'Allemagne du Nord. — L'armée belge, concentrée autour d'Anvers, exercera autant d'influence sur les opérations des belligérants qu'elle en exercerait si elle était concentrée autour de Bruxelles. — Comparaison entre les deux projets, au point de vue de la dépense, de l'armement, de la force des garnisons et de la valeur intrinsèque des ouvrages. — A tous ces points de vue, Anvers est préférable à Bruxelles. — Conclusion.

I

Nous ne reviendrons pas sur les considérations que nous avons fait valoir dans les chapitres I, II et III de nos *Études sur la défense des États*, en faveur de la suppression des lignes frontières et de l'adoption d'un système de défense plus concentré.

Il est admis aujourd'hui, par tous ceux qui ont médité les leçons de l'expérience, que les anciennes combinaisons défensives doivent subir de profondes modifications.

Le système des lignes frontières, préconisé par Cormontaingne, D'Arçon, Noizet de Saint-Paul et d'autres ingénieurs était déjà condamné, à la fin du règne de Louis XIV. Éclairé par l'expérience des dernières guerres, Vauban disait, en 1701 : « On en est réduit à rester sur la défen-
» sive, ne pouvant maintenir plusieurs grosses armées sur
» pied et garder en même temps un si grand nombre de
» places ; joint à cela qu'elles *n'interdisent à l'ennemi que*
» *le point qu'elles occupent.* » Cet aveu prouve que l'illustre ingénieur céda moins à ses propres idées qu'à celles de Louvois, en couvrant le nord de la France d'une triple ligne de forteresses. Dès 1687 il avait écrit au maréchal Catinat :

« Vous avez raison de dire que le trop de places en
» France est un inconvénient dont on ne s'apercevra pas

» tant qu'on sera en état d'attaquer autant que de se
» défendre ; j'en conviens fort avec vous ; et, s'il arrivait une
» grosse guerre, il serait fort à craindre qu'il n'y parût dès
» la première campagne. »

Ces deux citations, la proposition faite par Vauban, en 1696, d'établir des camps retranchés sous les places les plus importantes (1) et le projet de fortification de Paris, que le colonel Angoyat fait remonter à l'année 1689, prouvent à l'évidence que l'autorité de Vauban ne peut pas être invoquée en faveur de l'absurde système que D'Arçon a exposé dans les termes suivants : « Il faut, en pays de
» plaine, trois lignes de places en quinconce, espacées de
» six lieues entre elles et d'une ligne à l'autre ; l'ennemi ne
» pourrait pas conquérir un pays ainsi fortifié ; il renonce-
» rait d'épuisement après plusieurs campagnes. »

L'abus des places fortes, érigé en système par l'autorité de Louis XIV, de Vauban et de Louvois, a produit deux résultats fâcheux : il a poussé à l'accroissement des armées permanentes pour compenser les inconvénients de la dissémination des forces et il a discrédité la fortification en affaiblissant la dotation des places et en réduisant l'artillerie à des proportions telles, que les ingénieurs, sans se rendre compte de la véritable cause de cette situation, en ont conclu que le canon ne joue plus dans la défense qu'un rôle secondaire.

Les guerres de l'Empire ont porté au système des lignes frontières un coup mortel.

---

(1) Déjà en 1693 Vauban avait tracé à Dunkerque un camp retranché qui fut exécuté l'année suivante.

Le premier qui s'en est prévalu pour émettre des idées plus rationnelles sur la défense des États est le général du génie Sainte-Suzanne. Dans un opuscule publié en 1819 (1), il proposa de défendre la France à l'aide de treize grandes places et de dix petites ou postes fortifiés.

Les places frontières étaient petites, à l'exception d'une ou de deux par frontière, destinées à servir de dépôts en cas de guerre offensive.

Voici les noms de ces places : Lille, Mézières, Metz, Strasbourg, Besançon, Mâcon, Grenoble, Perpignan, le fort de Belle-Garde et Bayonne; les places maritimes étaient : Rochefort, La Rochelle, Lorient, Brest, Cherbourg et Calais.

En seconde ligne, il y avait quatre places à grand développement, pouvant contenir « des garnisons semblables à des corps d'armée (2) »; c'étaient : Laon, pour la frontière du nord; Langres, pour celle du nord-est; Clermont, pour celle du sud-est, et Auch, pour celle du midi.

Au centre du pays se trouvait, comme « dernier point » d'appui des armées actives, la grande position fortifiée » d'Orléans. »

On peut, sans doute, contester l'importance de quelques-uns des points désignés ci-dessus et surtout celle du pivot central; mais il est certain que, sous le rapport du dispositif des places et du rôle de l'armée active, le système du

---

(1) *Projet de changements à opérer dans le système des places fortes, pour les rendre véritablement utiles à la défense de la France.* On a tout lieu de croire que cet opuscule remarquable a été inspiré par le maréchal Gouvion-Saint-Cyr, qui était l'ami de Sainte-Suzanne.

(2) De 16 à 20 mille hommes.

général Sainte-Suzanne l'emporte sur tous ceux qui ont été proposés avant lui et même après. Il réalise de la manière la plus heureuse le principe de la concentration des forces, qui a été, sinon proclamé, au moins appliqué par tous les grands capitaines.

« Dans la guerre défensive, dit Frédéric le Grand, celui
» qui veut tout couvrir ne couvre rien : en évitant les
» détachements, il s'exposera bien à quelques petits maux,
» mais il évitera les grands désastres que la dissémination
» des forces entraîne toujours avec elle, dans la défense
» surtout. »

Napoléon a émis les mêmes idées : « Il en est, dit-il, des
» places fortes comme des placements de troupes. Préten-
» dez-vous défendre une frontière par un cordon ? Vous
» êtes faibles partout ! »

Son règne fut trop agité pour qu'il pût appliquer ces idées à la défense de l'Empire ; mais à Sainte-Hélène, il entretint plusieurs fois ses compagnons d'exil d'un projet qu'il aurait mis à exécution si, en 1814, la France avait obtenu une paix honorable.

« Napoléon, dit de Las Cases, voulait rendre Anvers
» capable de recueillir une armée entière dans sa défaite
» et de résister à une année de tranchée ouverte.....

» Cinq à six places de la sorte, ajoutait-il, étaient
» le système de défense nouveau qu'il avait le projet
» d'introduire à l'avenir. »

Nonobstant ces témoignages et l'expérience concluante des guerres de l'Empire, on conserva, après 1815, les anciennes lignes frontières et on en construisit même de nouvelles dans les Pays-Bas.

En 1703, il y avait en France 119 villes ouvertes, 58 châteaux ou forts, 34 citadelles, 57 forts étoilés et 29 redoutes, dont l'occupation, *en temps de paix*, exigeait 172 bataillons.

Plus tard, on réduisit ce nombre à 48 places de 1er ordre, 27 de 2me ordre et 22 de 3me ordre ; 7 postes de 1re classe, 40 de 2me classe et 9 de 3me classe, soit en tout 97 places et 56 postes.

Sous Napoléon, on négligea d'entretenir quelques-unes de ces places et on en rasa plusieurs.

Telle était encore la situation quand parut la brochure du général Sainte-Suzanne.

Depuis 1840, un grand pas a été fait dans la voie de la centralisation défensive, par l'établissement des fortifications de Paris et par le démantèlement ou le déclassement d'un grand nombre de petites places frontières (1). Mais, sous ce rapport, il reste encore beaucoup à faire.

La Hollande a pris tout récemment la résolution intelligente de supprimer les places de Maestricht, Venloo, Breda, Berg-op-Zoom et Flessingue. Il est probable qu'elle ne s'en tiendra pas là, car le nombre de points fortifiés qu'elle possède est encore trop élevé.

Seule, parmi tous les États, la Belgique a réalisé complétement, ou peu s'en faut, le système de la concentration des forces défensives, en construisant une grande place à camp retranché sur l'Escaut et en démolissant toutes les

---

(1) Voir le décret du 26 juin 1867, portant déclassement de 29 places, postes et ouvrages, et suppression des servitudes défensives autour de 39 autres points fortifiés.

autres forteresses, à l'exception de Termonde, de Diest, des forts de Liége et de la citadelle de Namur.

II

Plusieurs écrivains militaires ont essayé de substituer à l'ancienne formule, qui admettait la *triple rangée de forteresses établies en quinconce*, une formule moins absolue et plus conforme aux vrais principes de l'art de la guerre.

Le général Rogniat, dans sa *Réponse aux critiques de Napoléon* (1), préconise la formule suivante : « Organiser
» une ligne défensive sur la frontière, en profitant habile-
» ment des obstacles naturels et en fortifiant les principaux
» défilés ; disposer autour de quelques grandes places un
» petit nombre de camps retranchés propres à donner asile
» à l'armée défensive ; s'assurer des passages les plus
» importants des fleuves transversaux, par des places à têtes
» de pont assises sur l'une ou l'autre rive ; envelopper
» d'une enceinte bastionnée, capable de résister à des
» moyens de campagne, la capitale et les autres grandes
» villes les plus exposées. »

Le général Jomini, dans son *Précis de l'art de la guerre*, a résumé ses idées en termes plus généraux :

« Lorsqu'une frontière se trouve en pays ouvert, il faut
» y établir quelques bonnes places habilement choisies,
» non pour empêcher l'ennemi d'y pénétrer, mais pour aug-
» menter les entraves de sa marche, tout en protégeant et

---

(1) Paris, 1823.

» en favorisant, au contraire, les mouvements des armées
» actives chargées de le repousser. Jadis on faisait la
» guerre aux places, aux camps, aux positions; dans les
» derniers temps, au contraire, on ne la faisait qu'aux
» forces organisées, sans s'inquiéter ni des obstacles maté-
» riels, ni de ceux de l'art. Suivre exclusivement l'un ou
» l'autre de ces systèmes serait également un abus.

» Un État doit avoir des places échelonnées sur trois
» lignes, depuis la frontière jusque vers la capitale. Trois
» places en première ligne, autant en seconde et une
» grande place d'armes en troisième ligne, près du centre
» de puissance, forment un système à peu près complet
» *pour chaque partie* des frontières d'un État (1). S'il y a
» quatre fronts pareils, cela fera 24 à 30 places. »

Le maréchal Marmont a traité le même sujet dans son *Esprit des institutions militaires,* publié en 1846.

« Les principes reconnus, dit-il, consacrent deux espèces
» de places : les *places de dépôt* et les *places de ma-*
» *nœuvres*.

» Les premières doivent être grandes, très-fortes et
» rares : une par frontière suffit.

» Elles doivent renfermer un matériel suffisant pour les
» besoins d'une grande armée (en équipages d'artillerie,
» en armes portatives de rechange et en approvisionne-
» ments de toute espèce). Elles doivent avoir des ateliers
» nombreux, un arsenal de construction et, en tout temps,

---

(1) A ce compte, la France, qui a quatre fronts attaquables : deux de Dunkerque à Bâle, un de Bâle à Chambéry et un de Chambéry à Nice, devrait avoir 24 à 28 forte resses, non compris celles qu'exige la défense des côtes et des gorges des Pyrénées.

» le matériel d'un grand hôpital et des approvisionnements
» de vivres. Il faut enfin que les régiments dirigés sur cette
» place en sortent organisés et armés et puissent immé-
» diatement entrer en campagne et combattre.

» Plus tard s'organisent dans les places les renforts et
» les remplacements dont l'armée a besoin; et si le début
» de la guerre a été malheureux ou que l'armée, inférieure
» à celle de l'ennemi, soit réduite, dès l'abord, à la défen-
» sive, elle double ses forces en venant s'appuyer à sa
» place de dépôt, située de préférence sur une rivière navi-
» gable pour faciliter l'arrivée des approvisionnements.
» Une place de dépôt favorise donc les manœuvres d'une
» armée qui opère dans son voisinage et elle donne en
» même temps une grande consistance à sa base d'opéra-
» tion.

» Nous avons en France trois places de cette espèce
» merveilleusement situées : Strasbourg, Metz et Lille,
» pour les frontières de l'Allemagne, des Ardennes et de
» la Flandre...

» Après les places de dépôt viennent les *places de*
» *manœuvres*. Celles-ci servent à faciliter les mouvements
» des armées et à contrarier ou empêcher ceux de l'en-
» nemi.

» Elles doivent être exclusivement situées ou sur des
» rivières dont elles occupent les deux rives, ou dans les
» montagnes dont elles ferment les vallées. »

A ces dernières places appartiennent évidemment les grandes positions à camp retranché, qui servent d'appui aux forteresses de la première ligne; mais rien n'indique qu'il faille comprendre dans la même catégorie le réduit central de la défense ; sous ce rapport, les préceptes du duc de Raguse manquent de précision.

La formule du général Jomini est défectueuse, parce qu'elle exige autant de places en seconde ligne qu'en première ligne et une grande place d'armes par front attaquable au lieu d'un seul réduit servant de pivot à la défense, dans toutes les hypothèses d'invasion.

Sous ce rapport, la formule du général Rogniat est plus satisfaisante. Toutefois, nous n'admettons pas qu'indépendamment de la capitale on doive « fortifier avec des moyens » de campagne les autres grandes villes les plus expo- » sées. »

Le général Sainte-Suzanne a formulé ses idées avec plus de netteté et a mieux satisfait à toutes les nécessités de la guerre.

Bien qu'il ait envisagé seulement le cas particulier de la défense de la France, on doit reconnaître que ce cas particulier conduit logiquement au principe général que voici :

« Sur chaque frontière vulnérable d'un grand État, élever trois ou quatre forteresses dont l'une au moins puisse servir de dépôt ; en arrière de cette première ligne, construire une grande place à camp retranché, destinée à servir de pivot à l'armée active. Au centre du pays, créer « un dernier point d'appui formant le réduit de la défense » générale. »

N'ayant aucune objection à faire contre cette formule, nous nous bornerons à l'interpréter et à la compléter par quelques préceptes généraux.

Les places de première ligne doivent occuper des points que l'ennemi ne peut éviter sans changer de ligne d'opération ou sans faire un détour qui expose l'un des flancs de sa marche (1).

Ces points sont :

1° *Les nœuds des routes* (2) *et des chemins de fer.*

Lorsque la contrée est riche, d'un accès facile et sillonnée de nombreuses voies de communication, les nœuds de routes n'ont souvent qu'une importance accessoire, l'ennemi pouvant faire observer les places qui les défendent et les tourner par d'autres routes. Il n'en est pas de même des nœuds de chemins de fer, qui sont des points de passage obligés, comme le prouvent les dernières guerres d'Italie et d'Allemagne.

2° *Les points de passage sur les cours d'eau.* Ces points ayant moins d'importance que les précédents, on les fortifiera seulement quand l'ennemi devra, pour les éviter, s'exposer à de graves inconvénients ou faire un énorme détour. Ce cas se présentera souvent dans les pays accidentés et dans les contrées peu peuplées ou pauvres, où les voies de communication et les ponts sont à de grandes distances les uns des autres.

Lorsqu'une place occupe les deux rives d'un cours d'eau, l'armée peut se transporter à son gré d'une rive sur l'autre et changer de zone d'opération suivant les circonstances.

Cet avantage augmente évidemment quand la place est

---

(1) « Il faut, dit le prince Charles, ou que l'ennemi emporte de vive force les lignes
» fortifiées, ou qu'il hasarde des entreprises sur d'autres lignes qui ne lui présentent que
» des désavantages. »

(2) En 1805, Lintz avait une grande importance stratégique, parce qu'elle était le nœud des routes de Bohême, de Bavière, de Styrie et d'Autriche.

située au confluent de deux cours d'eau, comme Ulm (confluent de l'Iller et du Danube) et Mayence (confluent du Mein et du Rhin).

3° *Les points qui permettent de disputer le passage des cols dans les montagnes.* Ils sont surtout importants lorsqu'un même col donne accès dans plusieurs vallées. La ville de Langres nous en offre un exemple. En 1814, les alliés, maîtres de ce point, pouvaient descendre à volonté dans les vallées de la Marne, de l'Aube, de la Saône et de la Meuse.

4° *Les grandes rades où les flottes trouvent un refuge pendant la tempête ou après un désastre maritime.* Telles sont, pour la France, Cherbourg, Brest et La Rochelle; pour l'Angleterre, Douvres, Portsmouth et Plymouth.

Les chantiers maritimes doivent être fortifiés également lorsqu'ils ne sont pas établis dans les grandes rades. (Voir le chapitre traitant des batteries de côte.)

5° Comme postes fortifiés de moindre importance, on peut citer *les forts destinés à défendre les digues ou les chaussées qui traversent un grand marais ou une inondation considérable.*

Les cinq espèces de points stratégiques que nous venons d'indiquer ont une importance qui varie selon les temps et les circonstances, à l'exception des grandes rades et des places situées dans les cols de montagnes. En effet, les nœuds de communication, les points de passage sur les cours d'eau et les digues qui traversent les marais, perdent leurs propriétés par la construction de nouvelles routes, par le déboisement ou par le desséchement des marais.

Il résulte de là que les places frontières établies aux

points stratégiques géographiques n'ont pas une valeur constante et qu'avec le temps d'autres points surgissent qui doivent être fortifiés, tandis que d'anciens points stratégiques sont complétement déclassés. Parmi ces derniers, nous citerons Charleroi, qui, en 1815, était un point de passage unique sur la Sambre (1), et qu'aujourd'hui on peut tourner par plusieurs routes et par quatorze ponts.

Dans les places frontières sont compris les dépôts que l'on établit toujours sur les points les mieux situés par rapport aux lignes d'opérations de l'armée, en cas de guerre offensive. Lille, Metz et Strasbourg ont reçu cette destination dans le système défensif de la France.

Les places à camps retranchés qui se trouvent en seconde ligne (une par frontière attaquable) doivent occuper des points stratégiques importants de la *ligne d'opérations*, c'est-à-dire du faisceau de routes et de voies de communication qui conduisent l'ennemi depuis sa base jusqu'au réduit central de la défense, *but objectif* de la guerre.

Les places sans camps retranchés, situées en première ligne, ont l'inconvénient signalé par Vauban de *n'interdire à l'ennemi que le point qu'elles occupent;* elles doivent donc se trouver sur le chemin de l'ennemi. Il n'en est pas de même des places à grand développement servant de pivots d'opérations à l'armée défensive. Celles-là ne peuvent pas être tournées impunément, et, pour les masquer, il faut une supériorité de forces qui n'existe pas, en général, dans les

---

(1) En 1815, il n'y avait pas un seul pont entre Charleroi et Namur.

luttes entre grandes puissances. Leur action s'exerce à une distance considérable, et l'attaque du réduit central est impossible aussi longtemps qu'elles sont au pouvoir de la défense. On n'est donc pas obligé de les construire sur un nœud de routes ou sur un point de passage important. S'il se trouve à quelque distance de là une position forte par la nature du site, avantageusement située par rapport à notre ligne de retraite, facile à ravitailler et à secourir ou possédant de grandes ressources en approvisionnements de toute espèce, il ne faudra pas hésiter à choisir cette position de préférence au point stratégique géographique.

Le réduit central de la défense occupera le *point stratégique décisif* du pays, c'est-à-dire le point dont l'ennemi doit nécessairement s'emparer pour atteindre son but.

Dans plusieurs États, et notamment dans ceux qui ont une longue existence et une forte centralisation, ce point stratégique décisif est la capitale. Centre de toutes les forces vives et de toutes les influences politiques, sa perte marque généralement la fin de la résistance.

Paris est dans ce cas. C'est peut-être la seule capitale dont la prise ait eu pour résultat de désorganiser la défense et de livrer tout le pays à l'envahisseur (1). On peut supposer que l'occupation de Londres exercerait la même influence sur le sort de l'Angleterre. Vienne a également une très-grande importance politique; cependant, en 1805 et en 1809, l'Autriche ne renonça point à la lutte après la reddition de

---

(1) Lorsque la centralisation était moins forte en France, Paris n'avait pas cette importance politique. C'est ainsi que Charles VII régnait à Bourges et continuait d'être le maître du pays, pendant que les Anglais occupaient sa capitale.

cette capitale; elle coopéra à la bataille d'Austerlitz et elle livra la bataille de Wagram (1).

Berlin et Madrid se trouvent dans les mêmes conditions.

En 1760, le grand Frédéric ne fut point arrêté dans ses opérations par l'entrée des Russes à Berlin; et, en 1809, l'Espagne et l'Angleterre continuèrent la défense de la Péninsule, après que Joseph eut pris possession de Madrid.

On peut supposer également que la prise de Saint-Pétersbourg n'obligerait pas le Czar à conclure la paix, et que la perte de Florence ne marquerait pas la fin de la défense de l'Italie.

Ces faits et ces considérations prouvent que la capitale ne doit être fortifiée que dans deux cas :

1° Lorsque sa prise doit avoir pour résultat inévitable de désorganiser la défense nationale ;

2° Lorsque le pays ne présente pas une autre position centrale ayant une grande importance stratégique (2).

---

(1) En 1866, l'Autriche a signé la paix, non parce que Vienne était menacée, mais parce que son armée n'était plus en état de tenir la campagne avec quelque chance de succès.

Si la capitale avait été fortifiée et pourvue des ressources nécessaires à une défense prolongée, la bataille de Sadowa n'aurait pas mis fin à la guerre et l'Autriche se serait relevée. — Vienne devrait donc être le réduit central de l'empire, non-seulement à titre de capitale, mais parce que c'est un point stratégique de la plus haute importance.

(2) Les points stratégiques sont plus faciles à défendre que les capitales, parce que la population remuante et passionnée de celles-ci exerce généralement une influence fâcheuse sur le moral des troupes. Le général Rogniat dit, dans ses *Considérations sur l'art de la guerre* : « Les habitudes, les besoins, la manière d'être de leurs nombreux » habitants, incapables de supporter les privations qu'entraîne la guerre, mettent ordi- » nairement obstacle à leur défense. » — Gassendi exprime la même opinion : « La popu- » lation de Paris, dit-il, forcerait la garnison à se rendre. » — De Chambray est d'avis que : « *La richesse, la nombreuse population et la grande étendue d'une ville, loin* » *d'être des motifs pour la fortifier, sont des circonstances nuisibles.* » Il propose, en conséquence, de fortifier une autre ville que Paris, dans laquelle le Gouvernement se retirerait, s'il était obligé de quitter la capitale. (*Ph. de la guerre*, chap. VII.)

Nous ne chercherons pas quels sont les pays qui rentrent dans ces cas spéciaux. Il nous suffira d'en indiquer deux qui n'y rentrent pas : l'Italie et la Belgique.

Florence n'est pas la vieille capitale d'un État fortement centralisé, et ce n'est pas non plus un point stratégique décisif.

L'histoire militaire prouve que la clef de l'Italie est dans la vallée du Pô.

La capitale militaire ou le réduit central de la défense devrait donc se trouver à Plaisance, qui est le point le plus important de cette vallée. Pour en faire le siège, l'ennemi devrait d'abord écraser l'armée italienne, fortement appuyée sur l'un des quatre pivots d'opérations qui défendent l'accès du pays, de quelque côté que vienne l'invasion. Ces pivots sont : Gênes, Alexandrie, Pavie et Vérone.

Quant à la Belgique, il n'est pas douteux que le réduit central de la défense ne doive se trouver à Anvers plutôt qu'à Bruxelles.

Nous le prouverons dans le paragraphe suivant.

III

Lorsque la Belgique eut reconnu la nécessité de démolir une partie de ses places frontières et de créer une grande position destinée à servir de base et de pivot de manœuvres, quelques hommes politiques et un écrivain militaire belge soutinrent que cette place devait être Bruxelles, capitale du royaume et point stratégique décisif de la zone centrale (comprise entre la Meuse et l'Escaut).

Cette opinion fut combattue par le Gouvernement, et elle trouva peu d'appui dans les Chambres, moins encore dans l'armée.

Le lieutenant général baron Chazal, qui a fait adopter le système de défense aujourd'hui réalisé ou peu s'en faut, justifia de la manière suivante le choix d'Anvers comme capitale militaire du pays (1) :

« En se plaçant au point de vue politique et même au
» point de vue théorique absolu, on comprend, jusqu'à un
» certain point, que l'idée de fortifier Bruxelles ait séduit
» quelques esprits. Mais si l'on envisage la question sous
» son côté pratique, on reconnait bientôt l'impossibilité de
» réaliser cette idée. »

» Les partisans du système qui consiste à placer la base
» de la défense nationale à Bruxelles fortifié, sont surtout
» frappés de l'importance politique que présente la capitale.
» Cette importance est réelle, mais il ne faut pas
» l'exagérer.

» Peu de pays ont une centralisation telle, que l'abandon
» ou la perte de leur capitale entraine nécessairement la
» fin de la résistance nationale. Vingt exemples historiques
» en font foi.

» L'influence politique de Bruxelles n'est pas égale, du
» reste, à celle de la plupart des capitales européennes,
» puisque cette influence est toute récente et que, dans les
» siècles précédents, Liége, Gand, Bruges et Anvers ont
» joué quelquefois un rôle plus important.

---

(1) Chambre des Représentants, séance du 16 août 1859.

» On peut même dire, l'histoire à la main, que la véri-
» table capitale militaire du pays, en temps de guerre, est
» Anvers. A toutes les époques, en effet, cette ville a été
» et devait être par excellence la place forte de nos pro-
» vinces. C'est l'immuable loi de sa position géogra-
» phique.

» Lorsqu'en 1568, le duc d'Albe voulut créer à la domi-
» nation espagnole un refuge inexpugnable, il fortifia
» Anvers. En 1584, c'est sous les murs d'Anvers, devenu
» le siége des États-Généraux, que Marnix de Sainte-
» Aldegonde arrêta, pendant treize mois, Alexandre Far-
» nèse, le célèbre lieutenant de Philippe II.

» Au commencement de ce siècle, Anvers, devenu tout
» à la fois port commercial et port militaire, fut le princi-
» pal objectif des ennemis de l'Empire. L'expédition de 1809
» en fait foi.

» Lorsqu'on examine la question de la fortification des
» capitales au point de vue militaire, on est amené à faire
» une distinction qui exclut l'idée de l'application uniforme
» du même principe à tous les États.

» Si la capitale d'un grand État est située vers le centre
» du pays, si elle est couverte par une frontière naturelle,
» une chaîne de montagnes, un grand fleuve dont les
» débouchés et les passages sont fortifiés, ou par une
» frontière artificielle, composée d'une ou de plusieurs
» lignes de forteresses, il y a souvent avantage à entourer
» cette capitale de remparts. Alors elle peut être aban-
» donnée à elle-même avec une simple garnison, et l'armée
» active acquiert ainsi une plus grande indépendance
» d'action, n'étant plus obligée de subordonner ses

» manœuvres à l'obligation absolue de la protéger et de la
» couvrir. Si l'ennemi parvient à forcer la frontière et
» même à battre l'armée active, il n'a atteint qu'un résul-
» tat incomplet, parce qu'il est obligé, pour porter le coup
» décisif, de marcher en force, méthodiquement, pendant
» de longues étapes, traînant après lui l'immense et pondé-
» reux matériel nécessaire à un long et grand siége.

» L'armée nationale, si elle a été battue à la frontière,
» peut se rallier et se reformer dans ou derrière la capi-
» tale. Libre de ses mouvements, elle peut tenir la cam-
» pagne, manœuvrer sur les flancs, sur les derrières de
» l'ennemi, intercepter ses communications et le forcer, par
» cela même, à se créer, de distance en distance, des
» points d'appui et de soutien qui l'affaiblissent et néces-
» sitent de si formidables moyens qu'ils sont au-dessus des
» forces et de la puissance des plus grands États mili-
» taires de l'Europe.

» Si Paris avait été fortifié en 1814, la coalition euro-
» péenne n'aurait peut-être pas réussi à abattre Napoléon.

» Si Vienne, Berlin et Moscou eussent eu des remparts,
» Napoléon n'aurait pas pu, après un premier succès,
» voler à tire-d'aile vers ces capitales, de crainte de
» se heurter contre leurs murs . . . .

» Ce sont des faits mal appréciés, mal interprétés, qui
» ont engagé quelques militaires à formuler le principe,
» absolu jusqu'à l'exagération, que la capitale d'un État
» doit toujours être fortifiée, sans tenir compte de l'empla-
» cement de cette capitale, de la topographie du pays, de
» sa puissance militaire, de ses ressources financières, de
» sa constitution politique.

» Lorsque la capitale est très-rapprochée des frontières,
» lorsqu'elle n'en est surtout qu'à deux ou trois marches;
» lorsque le pays n'a pas de frontières naturelles et a trop
» peu de ressources et de moyens militaires pour se créer
» une frontière artificielle de quelque valeur; lorsque
» le pays est petit et n'a, par conséquent, qu'une seule
» armée, d'une force très-limitée, à mettre en ligne; lors-
» qu'il est environné de voisins beaucoup plus puissants que
» lui, la fortification de la capitale ne présente plus aucun
» des avantages que nous avons reconnus dans le cas pré-
» cédent; elle peut même donner lieu à de graves incon-
» vénients, si le pays a besoin du concours de l'étranger
» pour faire une résistance de longue durée et si la capi-
» tale est située de telle sorte qu'elle puisse être tournée,
» privée des ressources sur lesquelles elle doit compter
» pour nourrir ses habitants et l'armée, coupée enfin de
» ses communications avec les pays dont les secours lui
» sont nécessaires.

» Anvers est couvert par une ligne de rivières favora-
» bles à une défense successive; la concentration de l'armée
» y est assurée; c'est, en outre, le seul point où nos per-
» missionnaires, reculant devant l'invasion, de quelque
» côté qu'elle arrive, pourront, grâce à la configuration du
» territoire, se porter avec sécurité.

» Anvers, principal port de commerce du nord de l'Eu-
» rope, possède en tout temps de vastes approvisionne-
» ments en grains, riz, denrées coloniales, vins, spiritueux,
» huiles, cuirs, toiles, fers, bois de construction et tout
» ce qui est nécessaire non-seulement à l'alimentation et à
» tous les besoins d'une population nombreuse et d'une

» armée, mais encore aux besoins d'une défense énergique
» et prolongée.

» Anvers est en communication avec la mer et avec la Hol-
» lande par l'Escaut et par les polders inondés; c'est un
» immense avantage qui milite peut-être plus que tous les
» autres en faveur de cette ville, pour devenir le siége de la
» défense nationale. »

Ces considérations ont été récemment appuyées et com-
plétées par un autre ministre de la guerre, le lieutenant
général Renard (1).

« La nationalité de la Belgique, dit-il, est d'un intérêt
» *européen.*

» Aucune puissance n'a voulu céder à ses rivales un ter-
» ritoire qui a été le champ de bataille de l'Europe et qui
» le deviendra encore s'il n'est pas défendu...

» Parmi les points stratégiques qui s'y trouvent, il en
» est un d'une importance capitale : c'est la position
» d'Anvers.

» On considérait comme inadmissible de laisser aux
» mains d'une grande nation militaire une position aussi
» formidable...

» Pour ne pas céder Anvers, l'empereur Napoléon a fait
» sa campagne glorieuse et désespérée de 1814. Pour arra-
» cher Anvers des mains de l'Empereur, l'Angleterre a,
» pendant de longues années, suscité contre la France les
» haines de l'Europe entière et elle y aurait risqué son
» dernier vaisseau, son dernier homme, son dernier écu.

» On nous a confié la garde d'Anvers. C'est là, pour ainsi

---

(1) Chambre des Représentants, séance du 31 mars 1868.

» dire, une des conditions principales de notre neutra-
» lité...

» Ces considérations ont dû entrer pour une grande part
» dans le choix de la position qui devait servir de réduit
» au pays. Il ne suffit pas, en effet, dans ce cas, de con-
» sulter l'intérêt militaire seul, il faut encore tenir compte
» des nécessités politiques.

» Anvers offre, du reste, de grands avantages pour
» l'approvisionnement et pour la défense proprement dite.

» De nombreux cours d'eau protégent la position.

» Ce n'est pas dans la place seule que se concentrera la
» lutte; la défense à outrance commencera sur le Demer,
» la Dyle et la Nèthe, d'un côté; sur l'Escaut et la Durme,
» de l'autre.

» Anvers jouit d'un précieux avantage : il est impossible
» de bloquer la ville (à moins de posséder des forces im-
» menses), tant que nous resterons maîtres des deux rives
» et que des colonnes nombreuses pourront déboucher de
» l'une ou de l'autre rive du fleuve.

» Place de commerce de premier ordre, Anvers possède
» des ressources considérables que nous trouverons rassem-
» blées, si nous sommes forcés de nous y enfermer.

» Un autre avantage, plus précieux encore, c'est que, par
» sa position et quelles que soient nos alliances, il sera
» facile de nous envoyer des secours. Cette facilité résulte
» de la position même de notre réduit et de la direction des
» cours d'eau qui y aboutissent.

» Il ne sera pas nécessaire pour cela d'attendre que nos
» alliés disposent d'une grande armée. Ces secours pour-
» ront nous arriver successivement en se couvrant de nos

» rivières, soit qu'ils viennent du nord, de l'est ou du
» midi.

» Voilà donc l'intérêt politique et l'intérêt militaire heu-
» reusement combinés. »

Anvers possède les deux grands avantages que l'on doit rechercher pour une place destinée à servir de réduit à la défense d'un petit État : elle est abondamment pourvue de vivres et de matériaux et elle permet à nos alliés de nous secourir sans s'exposer à de graves dangers.

Bruxelles n'a aucun de ces avantages. On n'y fait pas un commerce important de grains, de bétail ou de denrées coloniales. Ses boulangers et ses bouchers s'approvisionnent presque au jour le jour, en puisant aux entrepôts et aux marchés d'Anvers, de Termonde et de Louvain. Si l'ennemi se présentait inopinément devant ses murs, la population et l'armée seraient affamées au bout de dix jours. A Anvers, il y a généralement 400 à 500 mille hectolitres de blé et des quantités considérables de seigle, d'avoine, d'orge, de riz, de viandes salées, de denrées coloniales, de cuirs, de vins, de spiritueux, etc.

L'armée qui assiégerait Bruxelles, pouvant librement se mouvoir sur toute la circonférence de la position, empêcherait l'arrivée des secours en vivres et en hommes.

Il n'en serait pas de même à Anvers, la plus grande partie du périmètre de cette place étant couverte par des inondations.

Au point de vue politique, la situation est également très-différente.

L'Angleterre a toujours été pour nous un allié sûr, parce que ses intérêts exigent que la Belgique reste indépendante et neutre. Depuis Édouard III, sa politique n'a pas varié sur ce point. Anvers ne peut être ni français ni prussien. Pour maintenir cette place entre nos mains, la Grande-Bretagne fera les plus grands sacrifices. Les déclarations récentes de lord Russell et de lord Stanley sont une nouvelle confirmation de cette vérité, devenue historique.

Bruxelles a beaucoup moins d'importance aux yeux du peuple anglais, parce que cette ville, entre les mains de la France, ne serait pas, comme le disait Pitt, « un pistolet dirigé sur la gorge de l'Angleterre. » Le gouvernement de ce pays ne ferait donc vraisemblablement aucun effort décisif pour la sauver. Et, le voulût-il, sa tentative échouerait, parce qu'une armée française ou allemande assiégeant Bruxelles écraserait facilement le petit corps de troupes qui, d'Ostende, d'Anvers ou des ports de la Hollande, viendrait au secours de la capitale.

Pour décider l'Angleterre à intervenir en notre faveur, il faut que nous lui procurions un bon point de débarquement et des communications sûres avec la mer.

Anvers seul peut offrir ces deux avantages.

Les partisans de la fortification de Bruxelles ne le contestent point; ils admettent également que la Hollande nous appuyerait plus efficacement à Anvers qu'elle ne le ferait à Bruxelles; mais ils prétendent qu'en cas d'attaque par la France, une armée allemande pourrait venir plus facilement à notre secours, si nous occupions la capitale.

Cela était vrai à l'époque où la seule voie ferrée qui mît la Belgique en communication avec l'Allemagne passait par

Bruxelles. Mais aujourd'hui il n'y a pas de doute qu'une armée allemande n'éprouvât plus de difficultés et ne courût plus de dangers à se porter sur la capitale, le gros de l'armée française occupant la Dyle, qu'elle n'en éprouverait à venir au secours d'Anvers par le chemin de fer d'Aix-la-Chapelle à Hasselt, Diest et Lierre, ou par celui qui reliera bientôt Venloo à Anvers par Eindhoven et Tilbourg ou Turnhout.

L'importance stratégique de Bruxelles a considérablement diminué depuis que les communications directes entre la France et le nord de l'Allemagne traversent les vallées de la Meuse et de la Sambre.

Les chemins de fer (qui joueront un si grand rôle dans les guerres futures) ont, au contraire, beaucoup augmenté l'importance stratégique d'Anvers.

Pour ce qui regarde les secours de la France, en cas d'attaque par l'Allemagne, il faut considérer deux cas.

Si l'armée française est assez forte pour tenir la campagne, elle attaquera l'armée allemande en essayant d'opérer sa jonction avec la nôtre, ou bien elle avancera par la rive gauche de la Meuse pour menacer les communications de l'ennemi et le forcer à lever le siége d'Anvers.

Ni l'une ni l'autre de ces opérations ne présentent des difficultés ou des dangers qui devraient l'y faire renoncer.

Dans le cas où la France ne voudrait nous envoyer qu'un corps d'armée, il est évident que ce corps arriverait plus facilement à Anvers en partant de Lille et en longeant la rive gauche de l'Escaut, qu'il n'arriverait à Bruxelles par la zone comprise entre l'Escaut et la Meuse.

Ainsi, au point de vue des ressources que doit présenter

un réduit central comme au point de vue des facilités qu'il doit offrir à l'arrivée des secours et à la coopération des troupes alliées, Anvers l'emporte sur Bruxelles.

Au point de vue de l'influence que l'armée belge, concentrée dans son réduit, doit exercer sur les opérations des belligérants, Anvers et Bruxelles sont dans les mêmes conditions, quoique l'on ait souvent prétendu que notre métropole commerciale n'a aucune importance stratégique, étant située à *l'extrémité du royaume*.

Il suffit de jeter les yeux sur la planche II pour constater qu'une armée allemande qui voudrait attaquer le nord de la France par la vallée de la Meuse ne serait pas moins menacée, laissant l'armée belge sur son flanc droit, à Anvers, qu'elle ne le serait la laissant à Bruxelles. La distance qui sépare ces deux villes de Liége (point par lequel passerait la ligne de retraite des Prussiens) est à peu près la même (1). La différence de 4 lieues en faveur de Bruxelles est évidemment sans importance. On ne peut même pas l'invoquer, parce que l'armée belge, au moment de l'invasion, sera concentrée, non pas dans le camp retranché d'Anvers, mais derrière la Nèthe, entre Lierre et Malines, dans une position aussi rapprochée de la ligne d'opération de l'ennemi que l'est Bruxelles.

S'il s'agissait de menacer les communications des Prussiens par une attaque sur Namur, l'avantage de la proximité se réduirait pour Bruxelles à 7 1/2 lieues, l'armée belge

---

(1) D'Anvers à Liége, par la route ordinaire (Lierre, Aerschot, Diest et Saint-Trond), il y a 120 kilomètres ; de Bruxelles à Liége (par Louvain, Tirlemont et Saint-Trond), il y a 99 kilomètres : différence en moins, 21.

étant concentrée à Anvers, et à 2 1/2 lieues, l'armée étant concentrée à Malines (1).

Il en serait de même si l'armée française attaquait le nord de l'Allemagne en traversant la Belgique.

Au reste, pour réduire à néant cette objection, si souvent reproduite, que l'armée belge concentrée à *l'extrémité du royaume* ne peut exercer aucune influence sur les opérations, il suffit de faire observer qu'entre l'extrémité Anvers et le centre Bruxelles, il n'y a qu'une distance de 9 lieues, ou une journée de marche.

La supériorité d'Anvers comme réduit central ne tient pas seulement à ses propriétés géographiques et politiques, elle tient encore à la nature du site, qui est très-favorable à une défense énergique.

Grâce à la largeur du fleuve qui longe la ville et à l'étendue des inondations que la marée permet de tendre au nord de la place, les deux tiers du périmètre de l'enceinte sont à l'abri de toute attaque. La partie vulnérable se trouve ainsi réduite à 6,000 mètres de longueur.

L'enceinte de Bruxelles, qui aurait 20 kilomètres de circuit (parce qu'elle devrait envelopper les faubourgs et permettre à la capitale de s'agrandir librement), ne pourrait être couverte par aucune inondation de quelque importance; elle serait donc attaquable sur toute son étendue.

Si de l'enceinte on passe au camp retranché, la comparaison n'est pas moins défavorable à Bruxelles. En effet, le camp retranché d'Anvers n'est vulnérable que sur une

---

(1) D'Anvers à Namur (par Malines, Louvain et Roux-Miroir), il y a 99 kilomètres; de Bruxelles à Namur (par Wavre et Gembloux), il y a 62 kilomètres : différence en moins, 37.

étendue de 14 kilomètres, embrassant la zone qui s'étend depuis le fort n° 1 jusqu'au fort n° 8. Une attaque par le nord ou une attaque par la rive gauche ne pourraient aboutir à aucun résultat décisif, à cause de l'inondation, dans le premier cas, et à cause de l'inondation et de l'Escaut, dans le second.

Le camp retranché de Bruxelles, en supposant qu'on établît les forts à 4 kilomètres de l'enceinte, aurait un développement de 42 kilomètres et serait attaquable partout.

Il résulte de cette différence dans les deux situations, que l'enceinte de Bruxelles serait beaucoup plus vaste que celle d'Anvers et que le camp retranché comprendrait 21 forts au lieu de 14.

L'augmentation du matériel d'artillerie et des troupes nécessaires à la garde de la position équivaudrait à 33 p. c.

Quant à l'accroissement de la dépense, il serait encore plus considérable. Grâce à l'abondance des eaux, on a pu supprimer à Anvers tous les revêtements d'escarpe et de contrescarpe, tant à l'enceinte qu'aux forts; on a pu également simplifier la construction des fronts couverts par l'inondation et réduire à six le nombre de ceux qui peuvent être attaqués pied à pied. A Bruxelles, non-seulement tous les fronts de l'enceinte et des forts devraient être revêtus, mais ceux de l'enceinte devraient avoir en outre l'importance qui a été donnée à Anvers aux six fronts attaquables.

Il résulterait de ce chef une augmentation de dépense qu'on peut estimer à plus de 60 p. c., laquelle, jointe à celle provenant de la plus grande étendue des ouvrages, porterait le prix total des fortifications de Bruxelles au double de ce qu'ont coûté les fortifications d'Anvers.

Ce chiffre, l'accroissement du matériel et la diminution de l'effectif de l'armée en campagne, sont des arguments décisifs contre le choix de la capitale.

Bruxelles est plus rapproché des frontières dangereuses (celles de France et d'Allemagne), et il n'y a pas, en avant de cette position, des obstacles naturels ou artificiels qui permettent d'arrêter quelque temps l'ennemi. Cette ville pourrait donc être menacée d'un siége avant qu'on l'eût mise en état de défense, inconvénient d'autant plus grave que le système de guerre moderne se prête aux invasions rapides, imprévues, et que les petits États ont besoin de beaucoup de temps pour se préparer à la guerre, la prévoyance n'étant pas une des vertus de leurs gouvernements.

Nous verrons plus loin que, sous ce rapport, la position d'Anvers offre de grands avantages, parce qu'elle est plus éloignée des frontières dangereuses et surtout parce que sa défense extérieure est assurée par les inondations de la Nèthe, de la Dyle et du Rupel.

Ajoutons qu'Anvers se trouvant à l'extrémité de la zone par laquelle arriveront nos ennemis probables (les Français ou les Allemands), il sera plus facile à nos miliciens de rejoindre leurs dépôts, concentrés autour de cette place, et plus facile aux patriotes, fuyant devant l'invasion, d'y introduire des vivres, des matériaux, du bétail et des approvisionnements de toute espèce.

Nous avons vu que le front attaquable du camp retranché d'Anvers a 14 kilomètres d'étendue et que celui du camp retranché de Bruxelles en aurait 42.

On a prétendu qu'à cause de cela, il serait plus facile de

bloquer la première de ces places que la seconde. Mais cette assertion n'est pas fondée.

Bien que la partie attaquable du périmètre d'Anvers n'ait que 14 kilomètres de longueur, l'ennemi, pour bloquer la position, serait obligé de surveiller toute la circonférence, laquelle a un développement de 45 kilomètres (voir pl. III et IV).

Sous le rapport de la difficulté du blocus, les deux positions seraient donc sur la même ligne, n'étaient les inondations qui font pencher la balance du côté d'Anvers.

En effet, ces inondations, qui s'étendent sur les deux rives jusqu'aux forteresses hollandaises, permettent à des bateaux plats de ravitailler la place d'Anvers pendant toute la durée du siége. Il n'y a donc pas de blocus à craindre aussi longtemps que l'ennemi ne se sera pas emparé des forts qui défendent les terrains inondés.

Le siége fait par le prince de Parme n'infirme pas cette conclusion, au contraire. L'Escaut fut, à la vérité, bloqué, mais l'histoire dit que jamais le général espagnol n'eût intercepté les communications d'Anvers avec la Hollande, si les défenseurs avaient rompu à temps les digues de la rive droite et si l'amiral Treslong, commandant la flotte zélandaise, avait attaqué les premiers travaux du pont de Calloo.

Pour que le blocus maritime d'Anvers fût possible, il faudrait que l'Angleterre et la Hollande se déclarassent contre nous, dans le cas où la France et l'Allemagne nous attaqueraient. Or ce n'est pas sur des suppositions aussi invraisemblables que l'on peut fonder un système de défense rationnel.

Il résulte de l'ensemble de ces considérations, que l'on a eu raison de choisir Anvers comme réduit central.

Nous verrons, dans le chapitre suivant, quels sont les autres points qu'il est nécessaire de fortifier pour assurer la défense du pays.

Le lecteur trouvera peut-être que nous avons trop insisté sur les raisons qui justifient le choix de la position d'Anvers. Mais nous ferons observer qu'en agissant de la sorte, nous avons cherché uniquement à faire comprendre, par un exemple, combien il est dangereux de régler la défense des États sur des principes absolus. Si les auteurs du système de défense de la Belgique, s'inspirant des idées générales qui ont été émises par un grand nombre de stratégistes, avaient fortifié Bruxelles, uniquement à titre de capitale, ils auraient commis une faute grave. Et si les ingénieurs italiens, se fondant sur les mêmes autorités, faisaient de Florence le réduit du système défensif de leur pays, ils commettraient une faute semblable.

Il était donc utile de prouver, comme nous l'avons fait pour un cas particulier, que les principes doivent se plier aux circonstances locales, aux ressources du pays, aux nécessités politiques et à d'autres considérations dont l'importance varie selon les temps et les lieux.

CHAPITRE II.

Application des principes généraux de la défense des États à un cas particulier.

DÉFENSE DE LA BELGIQUE.

SOMMAIRE :

Le principe général de la défense des États, formulé dans le chapitre précédent, ne peut être appliqué rigoureusement aux États de second et de troisième ordre. — Pour indiquer les limites dans lesquelles il convient de le restreindre, nous en ferons l'application à la défense de la Belgique. — Ce pays ne comporte qu'un seul grand pivot d'opération, servant de réduit central dans toutes les éventualités. — Réponse à ceux qui prétendent qu'en dehors de ce pivot unique il ne peut y avoir d'autres points fortifiés. — Les petits États ont à se prémunir surtout contre le danger des attaques soudaines, lesquelles offrent trop d'avantages aux conquérants pour qu'ils n'en fassent pas un fréquent usage. — L'armée belge doit pouvoir arrêter quelque temps l'ennemi devant la ligne de la Nèthe, en défendant les têtes de pont de Lierre et de Malines. — Propriétés remarquables de ces points stratégiques. — Avantages que présente la ligne de la Nèthe, prolongée par le Rupel. — Impossibilité de fortifier Lierre et Malines au moment de la guerre. — Erreur de ceux qui ont soutenu le contraire en citant l'exemple de Torrès-Vedras, de Sébastopol, de Dresde, de Florisdorf et des nombreuses fortifications élevées en Amérique pendant la guerre de la sécession. — Les petits États doivent faire à l'avance tout ce qu'ils n'auront pas le temps d'exécuter au moment de la guerre. — Utilité de la place de Diest. — Stratégiquement, Liége a beaucoup plus d'importance. — Namur en a moins ; sa citadelle pourrait être démolie, de même que la citadelle de Gand. — Les forts de Liége n'offrent pas de garanties suffisantes ; il faudrait les compléter ou les raser. — Dans leur état actuel, ils sont une cause de faiblesse. — Ostende n'a aucune valeur comme point de débarquement d'une armée anglaise. — Fausses idées qui ont été émises en Belgique sur le rôle de l'État neutre, en cas de violation de son territoire par l'armée d'une grande puissance voisine qui aurait seulement pour but de le traverser. — Le neutre ne doit consulter que son intérêt, et n'intervenir qu'au moment où il pourra causer un grave préjudice à l'armée qui aura violé son territoire. — Ce moment se présentera lorsque l'armée envahissante sera vaincue et obligée de battre en retraite. — Au point de vue exclusivement belge, toute ligne de conduite et toute opération pouvant compromettre le sort d'Anvers ou abréger sa défense doit être condamnée.

I

Les principes généraux exposés dans le chapitre précédent ne peuvent pas être appliqués rigoureusement à la défense des petits États. On doit donc les restreindre, en tenant compte de l'étendue du territoire, de l'effectif de l'armée et de la situation financière du pays.

Dans quelle mesure convient-il de le faire?

Pour éviter les généralités qui rebutent l'esprit en y jetant la confusion ou le doute, nous résoudrons cette question en discutant les bases du système défensif de la Belgique.

Il est évident qu'un État de 5 millions d'habitants et dont les forces militaires ne s'élèvent qu'à 100,000 hommes, ne peut pas avoir un dispositif de défense composé de places frontières, de plusieurs pivots d'opérations (un par frontière attaquable) et d'un réduit central.

Lorsque le centre du pays ne se trouve qu'à trois marches des frontières les plus éloignées, il suffit d'un seul pivot d'opération, lequel servira en même temps de réduit à la défense.

Nous avons indiqué plus haut les raisons qui ont déterminé le choix d'Anvers comme pivot unique.

Les partisans d'une centralisation excessive prétendent que ce point suffit et que toute place extérieure ne pourrait qu'affaiblir la défense. Ils raisonnent comme suit :

En supposant qu'on laisse à Anvers 25,000 hommes, l'armée en campagne sera de 75,000 hommes. Cette armée, pivotant sur son réduit central ou coopérant avec une armée de secours, rendra plus de services à la défense que ne le ferait une armée de 55,000 hommes s'appuyant sur ce même pivot et sur quatre ou cinq forteresses dont les garnisons absorberaient 20,000 hommes.

Il nous sera facile de prouver que ce raisonnement n'est pas admissible.

On est généralement d'avis qu'un des grands principes de la stratégie moderne est de préparer en secret les opérations et de les exécuter avant que l'ennemi ait pris des mesures de défense. Cette promptitude dans l'action double les forces de l'assaillant et jette le découragement ou tout au moins la confusion dans les rangs opposés. S'il pouvait exister des doutes sur ce point, les résultats décisifs obtenus par les Prussiens dans la dernière guerre de Bohême suffiraient pour les dissiper.

Les chefs des grands empires n'ignorent point que les États de second et de troisième ordre, où l'esprit militaire est moins vivace et la prévoyance moins active, ont besoin de beaucoup de temps pour réunir leurs troupes, compléter leur matériel et mettre leurs places en état de défense. Ils ont, par conséquent, le plus grand intérêt à surprendre ces États au milieu de leurs préparatifs, par une invasion soudaine. Cette tactique, appliquée au Hanovre et à la Saxe, a produit les résultats les plus décisifs.

Son succès ne sera pas moins grand dans l'avenir, car toujours l'égoïsme des petits États et la confiance exagérée qui naît de ce sentiment, hostile à tout sacrifice, leur feront rejeter comme de vaines terreurs les avis des hommes éclairés qui verront poindre l'orage dans le lointain. Ils ne croiront à l'invasion que lorsqu'il sera trop tard pour y faire face. C'est l'éternelle histoire des lapins s'enfuyant au coup de fusil et oubliant, l'heure d'après, le danger qu'ils ont couru.

Voici donc ce qui arriverait indubitablement si la Belgique n'avait qu'une seule place servant de pivot d'opération et de lieu de refuge à son armée.

Cette place, pour être mise en état de défense, exigerait des travaux considérables dont les principaux seraient : la destruction des couverts (maisons, arbres, haies, murailles, etc.) situés en avant des forts dans un rayon de 1,000 mètres environ; la construction d'un glacis à double pente et de batteries en terre dans les intervalles des forts; l'établissement de palanques, de palissades, de blockhaus, sur un grand nombre de points; la construction de traverses casematées, de plates-formes, de petits magasins de service, de blindages pour l'artillerie, etc., etc.

Ces travaux, dans les conditions les plus favorables, exigeraient plus de quinze jours.

La mise sur pied de guerre de l'armée prendrait plus de temps encore. La difficulté ne serait pas de rappeler les hommes, mais bien de trouver les chevaux nécessaires à la cavalerie et à l'artillerie (6,000 environ); de compléter les approvisionnements, les attelages, les voitures, les munitions et les ambulances ; d'organiser les services dont la création est toujours remise à la dernière heure, et d'installer dans leurs nouvelles fonctions une foule d'officiers qui n'y seraient qu'imparfaitement préparés, ces fonctions étant supprimées en temps de paix, par mesure d'économie.

Il est évident que l'ennemi, à qui cette situation serait connue, ne nous laisserait pas le temps de compléter et faire fonctionner régulièrement tous les rouages de notre machine militaire. Endormant notre vigilance jusqu'au moment décisif (ce qui serait fort aisé, le public se laissant toujours prendre aux assurances pacifiques), il tomberait sur nous avec la rapidité de la foudre et se présenterait devant Anvers avant que cette place fût en état de défense (1).

Dès lors notre pivot d'opération n'offrirait plus toute la résistance qu'on est en droit d'en attendre, et, ce qui est plus grave, l'armée, surprise au milieu de ses préparatifs, serait obligée de se retirer précipitamment dans son camp retranché, incomplète, déçue dans ses espérances, peut-être démoralisée.

Il est donc indispensable que l'on entrave la marche de l'ennemi non-seulement pour gagner du temps, mais encore pour donner confiance à la nation et à l'armée, qu'une fuite précipitée sur Anvers impressionnerait de la manière la plus fâcheuse.

---

(1) Ceux qui connaissent l'esprit des Chambres et l'esprit des populations dans les petits États, sont convaincus que jamais le Gouvernement n'obtiendra qu'on exécute, en prévision du danger, les travaux de la mise en état de défense d'une place de l'importance d'Anvers. Ces travaux, en effet, coûteraient des sommes considérables et exigeraient de nombreuses démolitions devant lesquelles on reculera jusqu'à ce que l'agression soit flagrante.

Cette condition est facile à remplir.

La nature a doté la position d'Anvers d'une ceinture de cours d'eau qui en défendent l'approche dans un rayon de 3 à 4 lieues et qui peuvent, avec l'appui de quelques travaux d'art, acquérir une grande importance. Ces cours d'eau sont la Nèthe, la basse Dyle et le Rupel, soumis tous les trois à l'action des marées et bordés de prairies marécageuses. Il suffit de percer leurs digues pour les rendre infranchissables depuis l'Escaut jusqu'au canal de jonction (1).

La planche III indique les limites de ces inondations, obtenues toutes (à l'exception des bassins A et B dont il sera question plus loin) au moyen de la marée (2).

L'espace compris entre le canal de jonction, la Nèthe, le Rupel et l'Escaut forme un quadrilatère de 73 kilomètres de pourtour, dont trois sommets sont occupés par Lierre, Malines et Anvers; en avant du quatrième se trouve Termonde.

Ces villes ont toutes une grande importance stratégique, étant des nœuds de communications et des points de passage obligés.

Elles doivent donc être fortifiées, en vertu du principe énoncé dans le chapitre Ier. Anvers et Termonde le sont déjà. Lierre a d'anciennes fortifications, partiellement démolies, qu'il sera facile de relever et de compléter. Malines seul est sans défense. C'est une lacune qui ne tar-

---

(1) Ce canal relie l'Escaut à la Meuse.
(2) Les eaux se retireront sans doute avec le jusant, mais les prairies qu'elles couvrent n'en seront pas moins impraticables pour l'artillerie, la cavalerie et même l'infanterie.

dera pas à disparaître, nous l'espérons du moins, car, au point de vue de la défense, Malines est bien plus important que Lierre et Termonde.

Cette ville, en effet, intercepte les routes les plus essentielles qui, de la zone centrale (comprise entre la Meuse et l'Escaut), conduisent à Anvers, base d'opération et réduit central de la défense.

Elle constitue, en outre, le grand dépôt de matériel et l'atelier central des chemins de fer de l'État. L'ennemi y trouverait donc en tout temps un nombre considérable de waggons et de locomotives, des approvisionnements en bois, fer, cuivre, etc., le matériel, l'outillage et les machines des ateliers de réparation, un personnel d'environ 2,000 ouvriers, exercés au travail du bois, des métaux, etc. Il trouverait en outre, sur la Dyle et sur les canaux qui aboutissent à Malines, des barques et des bateaux en nombre suffisant pour jeter des ponts sur la Nèthe et le Rupel.

A cause de toutes ces ressources et des nombreuses voies de communication qui, de Malines, se dirigent vers Boom, Anvers et Lierre, on peut être certain que l'ennemi ferait de cette ville une base d'opération contre Anvers ; qu'il y réunirait ses parcs, ses magasins, ses hôpitaux, ses ambulances et que, très-probablement, il s'y retrancherait pour mettre la ville à l'abri d'une attaque de l'armée belge, s'il était obligé de lever momentanément le siége (1).

---

(1) Ce cas se présenterait si une armée étrangère entrait dans le pays pour venir au secours d'Anvers.

Une autre propriété de Malines est de former saillie sur la ligne de la Nèthe et du Rupel.

Convenablement fortifiée, cette position empêchera donc que l'ennemi ne fasse aucune tentative sur les têtes de pont de Boom et de Duffel, défendues par des ouvrages de fortification passagère à créer au moment du danger (1).

Les places de Lierre et de Termonde permettront à nos troupes de déboucher sur les flancs de l'ennemi, pendant qu'il attaquera de front la position de Malines. Ces trois villes sont les têtes de pont par lesquelles l'armée belge prendra l'offensive, quand les circonstances deviendront favorables, ou se retirera, quand le sort des armes lui sera contraire. Il importe donc que leurs fortifications soient constituées de telle sorte que l'armée puisse se porter rapidement en avant de sa ligne de défense et reprendre ensuite ses positions sans courir la chance d'être acculée à un obstacle infranchissable.

La place de Termonde serait surtout utile si l'ennemi entreprenait le siége d'Anvers en la laissant sur son flanc; car, débouchant de cette place, l'armée belge tournerait les lignes de la Nèthe et de la Dyle, menacerait ses communications et l'obligerait peut-être à battre en retraite.

C'est également par Termonde que nous pourrons avancer avec le plus de succès vers Bruxelles, aussitôt que nous aurons été rejoints par une armée de secours et que le moment sera venu de prendre l'offensive. En effet, si nous

---

(1) Il n'y a aucune contradiction entre cette opinion et celle que nous émettrons plus loin sur l'impossibilité de fortifier, *au moment de la guerre,* des positions aussi importantes que Lierre et Malines.

cherchions à refouler l'ennemi sur Malines par une attaque de front, nous nous trouverions en présence des travaux qu'il aurait créés ou utilisés pour défendre, contre nos sorties, les lignes de la Nèthe, de la Dyle et du Rupel.

On objectera peut-être que l'attaque de flanc par Termonde nous exposerait, en cas d'échec, à être acculés à la mer ou aux inondations de la rive gauche; mais ce danger ne sera plus à craindre le jour où Termonde possédera quelques ouvrages avancés pour favoriser le débouché et la rentrée de l'armée belge, et le jour où l'on aura construit sur la rive gauche de l'Escaut devant Anvers un camp retranché dans lequel nos troupes pourront se retirer en cas de vive poursuite.

Termonde est donc une des clefs d'Anvers, et cette position, combinée avec le camp retranché de la rive gauche, permettra à l'armée belge de manœuvrer sur les deux rives du fleuve et de disposer des ressources du pays de Waes, une des plus riches et des plus fertiles contrées du monde.

II

Quand l'armée belge sera concentrée en arrière de la ligne de la Nèthe, ayant ses flancs et son front couverts par cette ligne et par l'Escaut, elle pourra non-seulement empêcher l'ennemi de s'avancer sur Anvers, mais encore attendre en sécurité le moment de faire une pointe au delà pour tomber sur un corps isolé ou pour tirer parti des fautes de l'ennemi.

Rien ne ressemble donc moins à une *fuite précipitée* que ce système de défense, le plus actif et le plus hardi que l'armée belge, livrée à elle-même, puisse adopter sans s'exposer à être battue et détruite au début de l'invasion.

Au lieu de fuir devant l'ennemi, ce qui la démoraliserait, ou d'aller follement à sa rencontre, ce qui la perdrait, elle l'attendra de pied ferme derrière une bonne ligne de défense, appuyée à trois forteresses qu'on ne peut ni prendre de vive force, ni tourner impunément.

Au point de vue de l'effet moral, cette ligne de défense offrirait les avantages suivants :

1° Elle permettrait à l'armée de surveiller et de protéger le centre du pays, Malines et Termonde n'étant qu'à une demi-journée de marche de Bruxelles, d'Alost et de Gand (1);

2° Elle fournirait à nos jeunes soldats l'occasion de *tâter l'ennemi* dans des combats d'avant-garde et d'avant-postes que l'on peut provoquer sans rien compromettre;

3° Elle permettrait à notre général en chef, si l'honneur l'exigeait ou si une bonne occasion se présentait, de recevoir la bataille dans des conditions telles, que l'ennemi ne pourrait pas lui couper la retraite ou la forcer à mettre bas les armes.

D'un autre côté, la défense de la ligne de la Nèthe donnerait au gouverneur d'Anvers le temps de mettre la position en état de défense et d'y réunir toutes les ressources en vivres, matériaux, fourrages, etc., que présente la riche

---

(1) Malines est à 24 kilomètres de Bruxelles, 23 de Louvain et 38 d'Alost ; Termonde est à 29 kil. de Bruxelles, 13 d'Alost et 32 de Gand.

et fertile contrée située au nord de Lokeren, Termonde, Malines, Lierre et Hérenthals.

Ces avantages avaient sans doute frappé la Commission mixte qui, en 1852, fut chargée d'arrêter les bases de l'organisation de l'armée et du système de défense du pays. Son rapport constate, en effet, qu'elle vota unanimement la proposition de fortifier « le défilé de Malines avec des » ouvrages de campagne (1). »

Si cette question avait été mûrement examinée, la Commission aurait, sans doute, reconnu avec la même unanimité que la construction d'une ligne d'ouvrages destinée à défendre une position aussi vaste et aussi importante que Malines exigera beaucoup plus de temps que l'ennemi ne nous en laissera vraisemblablement. Cela est vrai surtout depuis que l'artillerie possède des bouches à feu de campagne ayant une portée, une justesse de tir et une efficacité telles, qu'on peut avec ces pièces désemparer de loin les batteries flanquantes à ciel ouvert et percer des masses de terre fraîchement remuées de 5 à 6 mètres d'épaisseur. Il ne s'agit donc plus aujourd'hui, pour mettre une position à l'abri de l'insulte, de l'entourer de redans, de flèches et de retranchements analogues à ceux que Villeroy et Marlborough construisirent dans les Pays-Bas durant la guerre de la succession. Désormais, la bonne fortification de campagne (celle qui doit pouvoir résister plusieurs jours) ne différera de la fortification permanente que par la nature des abris, des magasins et des batteries couvertes, lesquels

---

(1) Voir le procès-verbal de la 11me séance.

seront en bois et en fer, au lieu d'être en maçonnerie.

Lorsque nous énonçâmes pour la première fois cette opinion (1), on nous répondit :

« Sans doute, la fortification passagère devra subir des
» modifications qui augmenteront la difficulté du travail et
» le temps nécessaire à son exécution ; mais cela ne prouve
» pas que l'on doive désormais renoncer à faire des travaux
» de défense au moment de la guerre. N'a-t-on pas vu le
» duc de Wellington exécuter avec succès, à Torrès-Vedras,
» des lignes improvisées qui ont arrêté l'audacieux Masséna
» et ses troupes incomparables ; et, plus récemment, le
» général Todleben n'a-t-il pas construit, sous le feu de
» l'ennemi, une place forte qui, pendant onze mois, a bravé
» tous les efforts de trois armées et de deux flottes
» coalisées ? »

Ces faits, loin d'infirmer notre thèse, viennent, au contraire, l'appuyer.

Wellington travaillait depuis un an aux lignes de Torrès-Vedras quand Masséna se présenta devant ces lignes en octobre 1810. Et, pour ce qui regarde le général Todleben, il se borna à relier par des retranchements passagers les ouvrages permanents (bastions et batteries) que l'empereur Nicolas avait élevés autour de Sébastopol en 1834. Nous ferons observer, du reste, que cette place n'a pas été assiégée avec de l'artillerie rayée et que, de l'aveu même de son illustre défenseur, elle eût été prise en vingt-quatre heures, si les alliés l'avaient attaquée

---

(1) *Réorganisation du système militaire de la Belgique.* 1 vol. in-8º. Bruxelles, 1866.

de vive force le jour où une reconnaissance mal faite du général Bosquet décida le maréchal Canrobert et lord Raglan à faire le siége en règle d'une position qui « pouvait être aisément forcée sur une étendue de » 5,300 mètres. » (1).

Il est vrai que, dans la dernière guerre d'Allemagne, les Prussiens et les Autrichiens ont construit des ouvrages de défense remarquables à Vérone, à Olmutz, à Magdebourg, à Dresde et à Florisdorf, près de Vienne, et que, dans la guerre de la sécession, les deux partis ont employé la fortification passagère sur une très-grande échelle et avec un plein succès.

Mais ces faits, de même que les précédents, ne peuvent pas être invoqués pour combattre nos conclusions.

Nous avons visité la plupart des travaux exécutés récemment en Allemagne, et voici ce que nous avons constaté :

Les fortins de Vérone et de Magdebourg, construits en terre et en bois, ont exigé quatre mois; ceux d'Olmutz n'étaient pas en état de défense au moment de la guerre, bien qu'on y travaillât depuis trois mois, et ceux de Dresde, commencés en juillet 1866, n'étaient que partiellement achevés lorsque nous les vîmes au mois d'octobre, et cependant on y employait *nuit et jour* un très-grand nombre de terrassiers.

Quant aux lignes de Florisdorf, elles furent exécutées en

---

(1) *Défense de Sébastopol* par le général Todleben. Le développement total de la place, au sud, était de 7,000 mètres. Entre le bastion 1 et le bastion 3, il y avait des intervalles de plusieurs centaines de mètres, entièrement ouverts, le jour où la place fut reconnue par le général Bosquet.

sept semaines; mais tous les ingénieurs qui ont visité ces lignes reconnaîtront qu'elles n'étaient pas à l'abri d'une attaque de vive force.

Au reste, ni à Florisdorf ni dans les autres places désignées ci-dessus, les travailleurs n'eurent à lutter contre les difficultés et les causes de retard qui se produiraient dans l'exécution des ouvrages projetés pour Lierre et Malines, où l'on rencontre la nappe d'eau à 3 ou 4 pieds sous le terrain naturel.

Nous ne connaissons pas les fortifications improvisées qui ont été construites en Amérique de 1861 à 1865, mais nous savons qu'il a fallu beaucoup de temps pour les mettre en état de défense. Les travaux les plus remarquables de ce genre étaient ceux qui couvraient Washington, Alexandria, Richemond, Petersbourg, Attalanta et Mobile. Eh bien, quelques-uns ont exigé deux années de travail, d'autres un an, les plus faibles six mois. Ce résultat est d'autant plus significatif que les citoyens des États-Unis ont une aptitude remarquable pour l'exécution des travaux de terrassement et de charpente.

L'expérience des dernières guerres prouve donc à l'évidence que la bonne fortification passagère ne peut pas s'exécuter en quelques jours ni même en quelques semaines.

Pour fortifier convenablement Lierre et Malines, il faudrait au moins quatre mois. Aurons-nous ce temps à notre disposition? Les hommes politiques répondront peut-être *oui*, mais sans nul doute, les faits leur donneront tort.

Prenons cependant les choses au mieux et supposons que des indices certains et des renseignements précis, fournis par nos émissaires ou par nos diplomates, nous avertissent qu'une attaque est imminente.

Mettrons-nous aussitôt la main à l'œuvre? Il faut bien peu connaître nos habitudes et les précédents pour le supposer. En pareil cas, nous commencerons toujours par faire agir la diplomatie. Des explications seront demandées à la puissance suspecte, et celle-ci naturellement nous donnera les assurances les plus pacifiques, comme le faisait M. le comte de Bismark au roi de Hanovre, la veille du jour où deux corps d'armée envahirent le territoire de ce crédule souverain.

Si nous prenons ces assurances au sérieux, nous ne ferons aucuns préparatifs, et l'orage viendra nous réveiller en sursaut. Si, au contraire, les estimant ce qu'elles valent, peu de chose, rien, nous donnons l'ordre d'acheter des chevaux, de compléter les magasins, de rappeler les miliciens, d'exécuter des travaux de défense à Anvers, Termonde, Lierre et Malines, aussitôt la grande puissance qui voudra nous envahir protestera, dira que nous nous alarmons à tort, que nous lui marquons une défiance injurieuse, que nous sortons, en un mot, de notre rôle de puissance neutre et bienveillante. Il arrivera alors de deux choses l'une : ou nous battrons en retraite en suspendant nos armements et nos travaux de défense, ou nous tiendrons ferme, auquel cas l'ennemi aura un excellent prétexte de brusquer l'attaque et de nous surprendre au milieu de nos préparatifs.

Pour ceux qui connaissent les mœurs, les habitudes et le tempérament du pays, le caractère de son Gouvernement et les allures de sa diplomatie, il n'est pas douteux que nous ne fassions jamais ni armements, ni travaux extraordinaires de défense au moment où il serait opportun d'en faire. Toujours on nous répétera ce que disaient en 1866 nos ministres de Paris, de Berlin, de Londres : *Ne prenez aucune mesure militaire, de crainte de froisser les grandes puissances et de leur donner ainsi un prétexte de vous attaquer.*

Il est donc indispensable que les petits États, dont le sort peut être décidé en quelques jours, prennent d'avance, et lorsque tout est calme autour d'eux, les mesures qu'ils n'auront pas le temps d'exécuter lorsque la guerre éclatera.

III

Il nous reste à examiner si les places d'Anvers, de Termonde, de Malines et de Lierre constituent un ensemble *complet* ou si elles forment seulement la base d'un système de défense rationnel.

La place de Diest, dont la construction fut décidée à une époque où la Belgique, en guerre avec la Hollande, était uniquement préoccupée du danger d'une invasion par le nord, est encore utile aujourd'hui, parce qu'elle occupe le nœud des routes et des chemins de fer qui du nord-est se dirigent vers Lierre et Anvers. Elle pourra donc rendre quelques services, en cas de guerre avec la Prusse ou avec la Hollande. Elle sera utile aussi pour faciliter nos communications avec une armée de secours allemande, qui franchirait la Meuse entre Venloo et Maestricht, dans l'intention de nous rejoindre derrière le Demer. Enfin elle servira à assurer la retraite de notre armée, dans le cas où celle-ci serait battue ou poursuivie après un mouvement offensif, vers la Meuse, par Hasselt ou Saint-Trond. Cependant, malgré ces propriétés, il est certain que si la place de Diest n'existait pas, on s'abstiendrait de la créer, parce qu'elle n'est pas indispensable au nouveau système de défense adopté en 1859 (1). Les fonds qu'elle a absorbés eussent été employés plus utilement à Liége. Cette ville, en effet, par sa position sur la Meuse, au nœud de plusieurs chemins de fer et sur la route qui met l'Allemagne du Nord en communication directe avec la France, constitue un point stratégique d'une haute importance.

En cas de guerre entre la France et la Prusse, si la neutralité belge n'est pas respectée, nous devons nous attendre à voir une armée allemande entrer chez nous par Liége.

Il y a peu d'années, un colonel d'état-major allemand a publié un livre ayant pour titre : *Les défenses naturelles et artificielles de la France*. Il examine et discute dans ce livre les diverses lignes d'opération que peut suivre une armée allemande pour envahir la France. Sa conclusion est que la ligne la plus courte, part de Mons ou de Philippeville. « Une » armée d'invasion, dit-il, venant de Belgique, facili» tera la marche des armées de la Moselle et du Rhin » (débouchant par Luxembourg et Rastadt), et aura une

---

(1) La place de Diest a un grand défaut : Sa citadelle, établie sur les hauteurs de la rive gauche, d'où l'on domine toute la ville, est en saillie sur les fronts attaquables de la place, en cas d'invasion de la Belgique par le sud ou le nord-est. Il suffira donc que l'ennemi s'en empare pour qu'il soit maître de la position. Or cette attaque sera facile, parce que les ouvrages de la citadelle ont un tracé et un profil défectueux, qu'ils battent incomplétement le terrain extérieur et qu'ils sont dominés par quatre ou cinq hauteurs dangereuses. Il sera donc indispensable, pour prolonger la défense de la place, qu'on établisse sur ces hauteurs des ouvrages détachés, soutenus par des cheminements de contre-approches et par des épaulements destinés à abriter les réserves.

» influence décisive sur les opérations de ces armées. »

Cette conclusion est généralement admise par nos voisins de l'est. Or, pour envahir le nord de la France, les meilleures voies de communication sont les routes de Cologne à Namur et à Mons et le chemin de fer de Berlin à Paris, par Charleroi ou par Bruxelles. Toutes ces voies se croisent à Liége; il est donc important de fortifier cette ville.

Namur occupe également une position importante, à la rencontre des vallées de la Meuse et de la Sambre; mais ce n'est pas de ce côté qu'une armée allemande pénétrera dans le pays; elle pourrait tout au plus, en cas d'échec, essayer de se retirer par là sur Trèves, et encore, dans cette éventualité, commettrait-elle une faute grave, la ligne de Namur à Trèves étant parallèle à la frontière française. C'est ce que le général Jomini a parfaitement démontré dans son *Appendice au précis de l'art de la guerre*, publié à Bruxelles en 1852.

Ainsi, que l'armée prussienne envahisse la France par la Belgique ou qu'elle regagne ses États après un échec, en traversant notre territoire, il est un point qu'elle ne peut éviter, c'est Liége.

On fortifiera donc ce point, mais de manière que sa garde n'exige que peu de troupes. Si l'on pouvait s'en rendre maître par une attaque de vive force ou après une canonnade de quelques jours, ses travaux de défense seraient plutôt nuisibles qu'utiles. L'agresseur y mettrait ses dépôts en sûreté et, à partir de ce moment, il n'aurait plus à redouter les entreprises de l'armée belge contre sa ligne d'opération.

A ce point de vue, les forts actuels de Liége sont insuffisants. La même observation s'applique aux citadelles de Gand et de Namur, lesquelles, du reste, peuvent être démolies sans inconvénient.

IV

Les frontières du sud et de l'ouest de la Belgique ne présentent plus aucun point stratégique important. On a donc eu raison de démolir les forteresses de Charleroi, Mons, Ath, Tournay, Menin, Ypres, Nieuport et Ostende.

La suppression de cette dernière a inspiré quelques regrets, parce qu'on la croyait utile comme port de débarquement d'une armée anglaise venant à notre secours; mais il suffit de lire les relations des campagnes de Marlborough et du duc d'York pour être convaincu qu'une armée anglaise ne peut intervenir utilement et sans danger en Belgique, qu'à la condition de déboucher par Anvers ou par les ports de la Hollande. Sur ce point, l'histoire est d'accord avec les principes de la stratégie.

Ostende est, du reste, un mauvais port, d'un accès difficile et qui n'offre aucune sécurité à une flotte comme point de débarquement ou de rembarquement.

Ceux qui déplorent la démolition de nos places frontières et qui voudraient que l'armée eût des points d'appui dans toutes les directions, cèdent à une idée fausse, malheureusement très-répandue dans le pays. Ils croient que les petits États, en cas de violation probable ou flagrante de leur territoire, sont tenus de se concerter avec le belligérant qui respecte leur neutralité, de se porter à sa rencontre et, en attendant son arrivée, de retarder la marche de l'ennemi par tous les moyens possibles.

Pour montrer ce système en action et signaler ses dangers, nous supposerons qu'une armée allemande, ayant sa base d'opération sur le Bas-Rhin, passe la Meuse à Liége et se dirige par Namur et Charleroi sur Philippeville ou sur Mons.

Que fera, dans cette éventualité, l'armée belge réunie derrière la ligne de la Nèthe, ayant sa gauche appuyée à Diest, son centre à Malines et sa droite à Termonde?

Les partisans d'un plan d'opérations combiné disent :
« La France, dans la prévision d'une attaque par sa fron-
» tière du nord, enverra sans doute un corps d'obser-
» vation de 50 à 60 mille hommes sur la Meuse, à Givet,
» par exemple. Ce corps n'aura que huit lieues à faire pour
» arriver à Namur. Il se portera sur ce point, dès que les
» Prussiens auront passé la frontière et consommé ainsi la
» violation de la neutralité. Pendant ce temps, l'armée
» belge, qui se sera avancée de Malines vers Louvain ou
» Bruxelles (à 10 ou 12 lieues de Namur), se mettra en
» marche pour rejoindre les Français sur la Meuse. Les
» Prussiens trouveront donc sur leur ligne d'opérations
» une armée de 100,000 à 110,000 hommes, prête à leur
» disputer le terrain. »

A ce raisonnement nous opposerons les considérations suivantes:

L'armée prussienne de la Meuse, devant jouer le principal rôle, sera plus forte que les armées de la Moselle et du Rhin, et, dans tous les cas, aura un effectif suffisant pour attaquer avec succès les forces qu'elle rencontrera en Belgique.

Dans ces conditions, notre armée, jointe à celle que nous enverrait la France, serait probablement écrasée. Or qu'adviendrait-il après cet échec?

Ou bien le vainqueur nous mettrait dans l'impossibilité de nous replier sur notre base d'opération de l'Escaut (qu'il pourrait ensuite attaquer avec des chances de succès plus grandes), ou bien il forcerait le commandant en chef de l'armée franco-belge à signer une convention qui nous mettrait dans l'impossibilité de continuer la guerre.

Dans l'un et l'autre cas, le pays serait perdu comme le fut la Saxe après la bataille de Sadowa.

A nos yeux, il est certain que même une victoire de l'armée franco-belge aurait des conséquences funestes pour nous, parce qu'elle nous entraînerait dans les engrenages d'une nation très-absorbante qui, naturellement, nous ferait payer cher son titre de libérateur.

Le bon sens et le patriotisme nous portent donc à soutenir que, dans un conflit entre grandes puissances, nous ne devons être ni du côté des vainqueurs ni du côté des vaincus. Notre intérêt et notre devoir nous commandent de rester en dehors de la lutte et d'attendre, pour engager toutes nos ressources, que l'un des belligérants se retourne contre nous.

« Mais, dira-t-on, si vous laissez l'armée prussienne traverser paisiblement votre territoire pour marcher sur Paris, la France vous accusera, avec raison, de manquer à vos devoirs internationaux et de déchirer vous-même le traité en vertu duquel vous existez. Ne serait-ce pas un acte de félonie et de lâcheté que de vous croiser les bras dans de pareilles conjonctures et d'attendre, derrière vos remparts, la fin de la lutte, avec l'intention avouée d'en tirer le meilleur parti possible? »

Ce langage chevaleresque sera sans doute fort goûté par les masses, qui sentent bien plus qu'elles ne raisonnent, et pour qui le sublime de l'art est de courir à la frontière. Mais chaque peuple a un intérêt devant lequel ses sentiments doivent s'effacer, c'est l'intérêt de son existence. Nous ne craignons donc pas d'affirmer que tout plan de campagne qui aurait pour résultat d'avancer d'un jour la chute de la nationalité belge serait un mauvais plan, eût-il l'approbation de l'univers entier.

Il est une vérité que ne peuvent plus contester aujourd'hui les militaires instruits, c'est que la Belgique ne sera ni conquise ni soumise, aussi longtemps que la place d'Anvers restera au pouvoir de l'armée nationale. Or quelles immenses difficultés ne présentera pas l'attaque de cette position! Il est même douteux qu'on parvienne à s'en rendre maître au prix des plus grands sacrifices, si l'armée belge ne commet pas l'imprudence de se faire battre au début de la guerre. Le général Jomini, à qui l'on demandait, il y a quelques années, comment il s'y prendrait pour attaquer un grand pivot stratégique défendu par une armée mobile, répondit :

« Le meilleur moyen pour réussir serait d'attirer l'armée
» mobile en campagne, de manœuvrer de manière à la
» couper de sa base, de la détruire, et, quand il n'y aurait
» plus d'armée, d'enlever la place par une attaque de vive
» force ou par un siége en règle (1). »

---

(1) Paroles citées par le major Vandevelde.

Il faut donc que le chef responsable de la défense d'un petit État, dont la sécurité repose sur l'existence d'une grande position stratégique, manœuvre de façon à ne jamais donner prise à l'application du *meilleur moyen* proposé par le général Jomini.

Le jour où il n'y a plus d'armée, il n'y a plus de pivot d'opération, et le pays est conquis!

Si Dresde avait été fortifié, les Saxons auraient commis une faute impardonnable en se joignant à l'armée autrichienne, en Bohême ou en Moravie.

Est-ce à dire que la Belgique, si la guerre éclatait entre les États voisins, devrait laisser les belligérants user de son territoire sans leur opposer la moindre résistance? Évidemment non!

Son devoir est de combattre le premier qui violera sa neutralité. Il s'agit seulement de s'entendre sur la meilleure manière de le combattre.

Aller au devant de l'ennemi, l'attendre ou l'attaquer sur les bords de la Meuse avec l'appui d'un corps allié, c'est faire dépendre l'existence du pays d'une bataille qu'on a plus de chances de perdre que de gagner.

Selon nous, l'honneur n'exige point, d'une petite nation injustement attaquée, qu'elle s'expose à un désastre pour obéir à un sentiment chevaleresque. Il doit lui être permis de ne consulter que ses intérêts et de borner son rôle à défendre les points stratégiques dont l'occupation peut seule assurer la conquête du pays.

L'Europe, en nous imposant la neutralité armée, a voulu que la Belgique fût assez forte, non pour empêcher l'armée d'une grande puissance de traverser son territoire, mais pour s'opposer à ce que cette armée s'établisse dans ses forteresses, emploie son matériel, dispose de ses ressources militaires et fasse du pays une base d'opération contre les États voisins.

Or ce but sera atteint aussi longtemps que l'armée belge occupera Anvers et ses postes avancés : Liége, Diest, Lierre, Malines et Termonde. Appuyée sur ce dispositif de défense, elle pourra faire beaucoup de mal à l'ennemi, et voici comment :

Supposons que 150,000 Prussiens envahissent la Belgique pendant que deux armées de 120,000 à 130,000 hommes s'avancent par Luxembourg et par la vallée de la Marne.

Nous laisserions aux Français le soin de combattre ces trois armées et nous nous bornerions à faire des *démonstrations* sur les derrières de celle qui traverserait notre pays.

Par là nous forcerions cette armée à faire un grand détachement pour assurer ses communications ou à se détourner de son but pour nous mettre hors de combat (opération que notre retraite derrière la Nèthe ferait échouer).

Dans les deux cas, nous rendrions à la France un plus grand service qu'en nous réunissant à l'une de ses armées sur la Meuse.

Ce service acquerrait surtout une grande importance en cas d'échec des Prussiens, parce qu'alors nous pourrions, avec nos forces intactes, nous jeter sur le flanc gauche de leur armée et transformer la retraite en une véritable déroute.

Ce même raisonnement s'applique à l'hypothèse inverse d'une marche offensive de l'armée française à travers la Belgique pour attaquer le nord de l'Allemagne.

Nous avons cru nécessaire d'exposer ces considérations, d'une nature assez délicate, pour bien indiquer le rôle qui convient aux petits États lorsqu'une guerre éclate entre les puissances voisines, et pour justifier le système de défense que nous proposons d'appliquer à ces États.

Notre opinion toute individuelle ne peut, d'ailleurs, engager ni compromettre en aucune façon le Gouvernement belge, dont les idées diffèrent peut-être des nôtres et qui n'a confié à personne le secret de ses résolutions.

Nous ferons la même réserve en ce qui concerne notre proposition de fortifier Lierre et Malines et de compléter les défenses de Liége.

Cette proposition, justifiée, selon nous, par les principes de la stratégie et par le système de défense adopté en 1859, n'a point été faite dans le but de récriminer ou d'exercer une pression gênante sur le Gouvernement. Celui-ci a parfaitement le droit de se déclarer satisfait du résultat obtenu et de remettre à d'autres temps le couronnement de notre édifice militaire. C'est le cas ou jamais d'invoquer le dicton populaire : *Le mieux peut être quelquefois l'ennemi du bien.*

CHAPITRE III.

Principes généraux de la construction des places ordinaires et des places à camps retranchés.

SOMMAIRE :

Nécessité de mettre toutes les places à l'abri d'une attaque d'emblée. — Conditions auxquelles doivent satisfaire les places situées sur des cours d'eau ou sur des lignes de chemins de fer. — Opinion de Napoléon sur les têtes de pont. — Étendue qu'il convient de donner aux places frontières. — Nécessité de mettre certaines places à l'abri du bombardement. — Considérations sur ce mode d'attaque. — Les objections qu'il soulève au point de vue de l'humanité ne sont pas fondées. — Réflexions du général De Blois sur cette question. — Les siéges réguliers, les blocus et d'autres opérations de la guerre sont pour le moins aussi désastreux que les bombardements. — Dans quels cas un bombardement est injustifiable. — On doit mettre à l'abri de ce danger les places de dépôt, les grands pivots de manœuvres et le réduit central de la défense. — La même nécessité n'existe pas pour les petites places pourvues d'un nombre suffisant d'abris. — Si les ouvrages détachés ne servaient qu'à empêcher les bombardements, ils perdraient beaucoup de leur importance. — Un moyen plus efficace de soustraire les villes aux dangers de ce mode d'attaque est de créer des abris en nombre suffisant et des ouvrages à défense intérieure. — Les citadelles sont, à ce point de vue, une garantie précieuse pour les habitants. — Principes auxquels doit satisfaire la fortification des places à camps retranchés. — Ces places exigent un noyau fortifié d'autant plus résistant que l'armée défensive est plus faible et que l'ennemi a plus de facilité pour amener un parc de siége devant la position. — Les grands forts sont préférables aux petits. — Tout camp retranché doit se composer d'une seule ligne d'ouvrages à défense indépendante, ligne convexe, sans rentrants ni saillants prononcés, embrassant tous les accès par lesquels la position peut être attaquée.—Nécessité d'établir, en arrière des forts, des communications larges et faciles entre les divers accès. — Distance des forts à l'enceinte. — Tout le terrain compris entre la place et les forts doit être soumis aux feux de l'artillerie de la défense. — Intervalles entre les forts. — Lignes de défense rayonnantes à construire au moment du siége, pour diviser le camp en plusieurs quartiers et favoriser la défense successive. — Glacis à double pente, pour dérober les mouvements de troupes à la vue de l'ennemi. — Il n'y a pas de rapport constant entre le périmètre du camp et le front de bataille de l'armée défensive.—Dans quels cas la profondeur du camp peut être réduite à 1,500 ou 2,000 mètres. — Réponse aux objections du général De Blois. — Diverses espèces de forts détachés : conditions auxquelles chaque espèce doit satisfaire. — Rôle de l'artillerie dans la défense des camps retranchés. — Importance des réduits ; manière de les défendre. — Comment doivent être organisés les chemins couverts des forts et les communications avec le camp retranché.

I

Les places frontières doivent offrir assez de résistance pour que l'ennemi soit obligé de les attaquer pied à pied et, par conséquent, de se faire suivre d'un parc de siége.

Celles qui ont pour objet de protéger les points de passage d'un cours d'eau occuperont les deux rives, afin que l'armée puisse opérer à volonté sur l'une ou sur l'autre ; et celles qui doivent servir à défendre une ligne de chemin de fer, se trouveront à cheval sur cette ligne :

1° Parce que la voie ferrée sera mieux battue et que l'ennemi éprouvera plus de difficultés à la détourner (en lui faisant décrire une courbe autour de la place, hors de portée de canon) ;

Et 2° parce que l'on pourra mettre les gares à l'intérieur des villes, ce qui facilitera l'embarquement des troupes et soustraira le matériel roulant aux coups de main de l'assiégeant.

Ce principe a été méconnu en France, où plusieurs chemins de fer passent à côté et quelquefois hors de portée de canon des places : témoin Phalsbourg, Metz, Strasbourg, etc.

Les places frontières étant destinées à défendre des points de passage obligés, avec des garnisons réduites au strict nécessaire, il n'y a pas lieu d'y construire des ouvrages détachés pour favoriser les grandes sorties et pour recueillir un corps de troupes battu ou repoussé.

Cependant, lorsqu'une place devra servir de tête de pont, il sera nécessaire qu'elle ait des ouvrages avancés pour favoriser le débouché et la rentrée des colonnes (1).

Napoléon a formulé comme suit, dans ses *Mémoires*, le principe auquel les têtes de pont doivent satisfaire.

« La conduite que tint Turenne lorsqu'il fut avec son
» armée acculé sous Philippsbourg (en 1645), doit être une
» leçon pour les ingénieurs, non-seulement pour la con-
» struction des places fortes, mais aussi pour la construc-
» tion des têtes de pont. *Ils doivent laisser un espace*
» *entre la place et la rivière*, de manière que, sans entrer

---

(1) Vauban jugeait les ouvrages avancés utiles pour toutes les places. A celles qui n'avaient pas d'emplacement propre à la construction d'un camp retranché pour 10,000 à 12,000 hommes, il proposait « d'en faire de petits pour recevoir les convois, sans les
» faire entrer dans les places, où ils causent toujours du désordre et gâtent les ponts
» et les pavés. Les paysans des environs pourraient s'y réfugier avec leurs bestiaux,
» quand les ennemis fourrageraient dans les environs de la place. On y pourrait faire
» camper les troupes qui ne feraient que passer, et y retirer les bestiaux destinés à la
» subsistance de la garnison pendant un siége. (*Défense des places*, p. 126.)

» dans la place, ce qui compromettrait la sûreté, une armée
» puisse se ranger et se rallier entre la place et le pont.
» C'est ce qui existe à Wittenberg sur l'Elbe, ce que les
» ingénieurs ont négligé à Torgau, ce qui n'existe pas à
» Cassel, vis-à-vis de Mayence ; une armée qui se retire
» sur Mayence, étant poursuivie, est nécessairement com-
» promise, puisqu'il lui faut plusieurs jours pour passer le
» pont et que l'enceinte de Cassel est trop petite pour
» qu'elle y puisse entrer sans l'encombrer : *il eût fallu*
» *laisser* 200 *toises entre la place et le Rhin.* »

La condition de laisser quelques centaines de mètres entre la place et le cours d'eau est, sans doute, de la plus haute importance ; mais, dans bien des cas, on ne peut pas y satisfaire. Presque toutes les villes, en effet, sont bâties sur les bords même du cours d'eau. Il faut alors créer un espace libre pour l'armée au delà de l'enceinte, au moyen d'une ligne d'ouvrages avancés.

Le feu de ces ouvrages arrêtera la poursuite et permettra aux troupes battues ou en retraite de s'écouler par les ponts, sans précipitation et sans désordre.

L'étendue des places frontières dépend de leur degré d'importance et du périmètre de l'agglomération qu'elles enveloppent. Le seul précepte qu'on puisse donner à cet égard est de régler le tracé des ouvrages de manière que le but soit atteint avec le minimum de troupes.

Les places frontières seront donc plutôt fortes par leur profil et leur armement que par l'étendue de leurs ouvrages et l'importance de leurs garnisons.

Avant d'indiquer les mesures à prendre pour mettre les

places à l'abri du bombardement, nous examinerons si désormais les belligérants auront encore recours à ce mode d'attaque, contre lequel le sentiment public s'est élevé à toutes les époques et qui est représenté aujourd'hui comme un legs des temps barbares.

L'école française, s'étayant de l'autorité de Vauban, a longtemps soutenu et soutient encore que « les bombes font » plus de bruit que de mal (1) » et que le progrès des idées autant que l'adoucissement graduel des mœurs protestent contre l'emploi de ce mode d'attaque.

Cormontaingne ne tient aucun compte du bombardement, et le général Duvivier, dans son *Discours au peuple sur les fortifications de Paris*, nous apprend que, pour le général Haxo, *bombardement* et *absurdité* sont synonymes.

Mais cette thèse a été combattue avec un plein succès par le général De Blois, auteur d'un excellent traité sur les bombardements.

Il a prouvé d'abord que les idées de Vauban relativement à l'emploi des bombes s'étaient modifiées à la fin de sa carrière. Cela résulte d'une note que l'illustre ingénieur adressa au Roi sur l'attaque de Turin, note dans laquelle il proposait d'enlever le fort des Capucins, « *pour tirer de » là deux fois autant de bombes dans les maisons de la » ville qu'ils en tireraient aux Capucins.* »

Cela résulte encore du mémoire de Vauban sur *l'importance dont Paris est à la France* (2).

« Si l'ennemi, dit-il, avait forcé nos frontières, battu et

---

(1) Expression de Choumara.
(2) Ce mémoire fut écrit en 1706, mais l'idée de fortifier Paris datait de 1689.

» dissipé nos armées et enfin pénétré le dedans du
» royaume,... il ne faut pas douter qu'il ne fît tous ses
» efforts pour se rendre maître de cette capitale ou du
» moins la *ruiner de fond en comble* ; ce qui serait peut-être
» moins difficile présentement *que l'usage des bombes s'est*
» *rendu si familier et si terrible dans ces derniers temps,*
» *que l'on peut le considérer comme un moyen très-sûr*
» pour la réduire à tout ce que l'on voudra avec une
» armée assez médiocre, toutes les fois qu'il ne sera ques-
» tion que de se mettre à portée de la bombarder. »

Il est sans doute cruel de diriger l'attaque de manière à frapper surtout la population civile ; « mais, dit le général De Blois, la guerre a ses rigueurs inévitables que la nécessité justifie quand leur perpétration est suivie de résultats avantageux. Sur un champ de bataille, le chef d'une armée n'a jamais hésité et n'hésitera jamais à incendier un village dont la possession pourrait devenir utile à ses ennemis et gêner sa position ou ses manœuvres. Oserait-on lui reprocher sérieusement d'avoir ainsi détruit les moyens d'existence d'une population rurale non moins digne d'intérêt que celle de nos cités ?

« Si certaines personnes regardent les bombardements comme des actes de barbarie, que ne doivent-elles pas penser des blocus qui occasionnent des maux bien autrement cruels. Rien de plus atroce, en effet, que de condamner de sang-froid tout ce que renferme une place à mourir de faim. Un gouverneur dévoué à son devoir doit regarder d'un œil sec la population, à bout de ressources, souffrir et se consumer d'épuisement, tant qu'il reste encore à la garnison un peu de vivres pour attendre la délivrance. L'affaiblissement physique des individus, suite des longues privations, est cause, qu'en général dans les villes bloquées, il n'y a pas d'émeutes contre les troupes.

« Le bombardement frappe un nombre limité de personnes, détruit des propriétés et, si le gouverneur résiste, finit par déterminer une sédition dont profite l'assiégeant ; c'est ce que l'on a très-souvent observé. Mais, du moins, dans ce cas, la grande majorité des habitants se trouve épargnée ; une fois l'ennemi maître de la ville, chacun respire librement et se porte d'autant mieux qu'il n'a eu, pendant la courte durée de l'attaque, aucune privation sérieuse à s'imposer. Le blocus, au contraire, pèse sur tout le monde indistinctement ; et la plupart de ceux qui ont pu résister à une abstinence aussi prolongée en éprouvent dans leur santé des altérations tellement graves, qu'ils s'en ressentent tout le reste de leur vie. »

Il est à remarquer, du reste, que la bourgeoisie des villes assiégées est soumise à des épreuves pour le moins aussi dures que celles résultant d'un bombardement. En effet, les projectiles qui passent au-dessus des remparts causent de grands dégâts aux habitations, et font même quelquefois sauter les magasins à poudre ; après l'assaut, les troupes commettent souvent des actes de pillage ou de cruauté, comme l'attestent les relations des siéges de Tarragone et de Lubeck par l'armée française, de Ciudad-Rodrigo, Badajoz et Saint-Sébastien par l'armée anglaise.

Il ne faut donc pas donner au mot humanité une acception qu'il n'a point. A voir les choses sainement, il n'est pas plus barbare de tuer les hommes avec des bombes que de les tuer avec des boulets, des biscaïens ou des balles, que de les engloutir vivants au fond des entonnoirs de mine, de les faire sauter en l'air ou de les enfumer comme des bêtes fauves, avec des fusées puantes.

Une autre considération dont on doit tenir compte, c'est que le respect de la vie des bourgeois se traduit forcément en un sacrifice plus considérable de la vie des soldats.

« N'ignorant pas combien les siéges qui traînent en longueur sont des opérations dispendieuses, Coehorn avait parfaitement raison de tout sacrifier pour en abréger la durée ; et rien n'est plus justifiable que son impétuosité dans l'attaque et la quantité de projectiles qu'il faisait, dans ce but, pleuvoir sur les forteresses.

» L'école de Vauban, au contraire, en voulant ménager les bourgeois ennemis, entraînait sur les glacis ses propres soldats, où l'assiégé en faisait de terribles boucheries ; et ces siéges interminables étaient la ruine des États. »

Sur ce point le général De Blois est d'accord avec le colonel du génie Vauvilliers, qui disait : « Si vous épar-
» gnez les habitants, vous épargnez peu vos troupes ; et,
» entre ces deux genres d'humanité, quel est le plus vrai ?
» Vous exposez volontairement vos soldats pendant vingt,
» trente ou quarante jours, et ce que vous perdez en détail
» dépassera ce que vous eussiez perdu en masse : *dans les*
» *siéges comme à la guerre, le moyen de perdre le moins*
» *est d'aller vite* (1). »

On ne peut donc pas traiter de barbare l'assiégeant qui, avant de lancer ses troupes sur le terrain des attaques,

---

(1) Opinion de Napoléon ; voir ses *Mémoires*, t. Ier, p. 174

voudra, pour leur épargner de grands sacrifices, tenter une épreuve à laquelle beaucoup de places ont succombé.

Un général prudent commencera par sonder le terrain en dirigeant sur la ville une masse de projectiles creux et en faisant ostensiblement quelques préparatifs d'attaque de vive force. Ce n'est qu'après avoir échoué par ces moyens qu'il se résoudra à faire un siége en règle.

Comme le bombardement infructueux a pour résultat ordinaire d'exciter le courage de la garnison, de diminuer la confiance des troupes assiégeantes et de placer leur chef dans une position fâcheuse, il convient de n'employer ce mode d'attaque que lorsqu'on aura de bonnes raisons de croire qu'il peut réussir. En tout cas, il sera prudent d'attendre que l'on ait réuni le matériel nécessaire pour commencer immédiatement l'attaque pied à pied, si l'opération échoue.

Le bombardement n'est injustifiable que dans le cas où l'on n'a pas l'intention de prendre une ville par ce moyen. Tel fut le bombardement de Bruxelles par Villeroy et, de nos jours, celui de Valparaiso par les Espagnols (1).

On a prétendu que les grandes places comme Anvers ne sont pas exposées au bombardement, parce qu'elles renferment des propriétés appartenant à toutes les nations commerçantes! La théorie et l'histoire protestent contre cette opinion. Le général Mengin-Lecreux, dans sa réponse au

---

(1) Valparaiso n'était pas fortifié. C'est sans doute pour échapper au même sort, que Liverpool et la plupart des grandes villes de commerce de l'Angleterre ont demandé à être protégées par des ouvrages de défense : argument sans réplique contre ceux qui prétendent que les fortifications sont une cause de décadence pour les ports de commerce.

général De Blois, résume comme suit les principes *actuels* de l'école de Metz, sur le mode d'attaque par bombardement (1).

« Ce mode peut être employé contre les villes popu-
» leuses ou essentiellement commerçantes, surtout si des
» questions politiques divisent la population ou s'il y a
» beaucoup d'étrangers dans la place; si les habitants sont
» hostiles à la garnison; si les défenseurs sont démoralisés
» par des défaites successives, insuffisamment armés et
» approvisionnés, etc. »

Anvers réunit quelques-unes de ces conditions; on pourrait donc essayer de la bombarder sans violer les principes de la guerre ni le droit des gens.

Le commandant de Villenoisy a, sur ce point, les mêmes idées :

« Les bombardements, dit-il, sont un des moyens les
» plus énergiques que l'on puisse employer et ils seront plus
» efficaces à l'avenir que par le passé, le tir des bouches à
» feu ayant augmenté de puissance et de justesse. Les
» places resserrées, dépourvues d'abris, auront grand'
» peine à y résister (2). »

Tel est également l'avis du capitaine Ratheau.

« Nous admettons volontiers, dit-il, qu'aujourd'hui la
» plus grande portée des pièces, l'emploi presque exclusif
» de projectiles creux d'une grande puissance et enfin la
» facilité des communications, donnent une nouvelle impor-

---

(1) Ce résumé est extrait du programme du cours de Fortification de Metz, approuvé le 10 juin 1854.
(2) *Moniteur de l'Armée*, 6 mars 1866.

» tance aux bombardements, comme moyen de s'emparer
» d'une place forte (1). »

Enfin, quoique très-hostile aux idées de son collègue De Blois, le général du génie Mengin-Lecreux justifie indirectement les bombardements en disant : « C'est le droit de
» la guerre de chercher à détruire les moyens et les res-
» sources de l'ennemi (2). »

En vertu de ce principe, il admet que l'assiégeant tire sur les magasins à poudre, opération bien plus dangereuse pour les habitants qu'un bombardement dirigé sur l'ensemble de la ville.

Il est donc certain que le progrès des idées et l'adoucissement des mœurs ne suffisent pas pour rendre les bombardements impossibles. Dans l'avenir, ce mode d'attaque sera employé, comme il a été dans le passé, chaque fois qu'on aura la moindre chance d'éviter ainsi les lenteurs et les difficultés d'un siége en règle.

Un fait important sur lequel on n'a pas suffisamment insisté dans cette discussion, c'est que l'artillerie possède aujourd'hui le moyen d'incendier les villes avec des canons rayés, de gros calibre. Il est vrai que les affûts en usage ne permettent pas de tirer sous de grands angles d'élévation, mais on peut remédier à cet inconvénient en enterrant les crosses ou en adaptant des affûts à deux fins. Lorsqu'on aura trouvé un bon affût de ce genre, le problème du bombardement sera définitivement résolu (3).

---

(1) Voir le *Spectateur militaire*. Juillet et août 1866, article signé X.
(2) Brochure publiée en 1868, en réponse au général De Blois.
(3) Le général Tripier dit, p. 218 : « Quant à l'effet du bombardement contre les
» populations, ce n'est qu'une question de temps, de lieu et de circonstances, mais

Les ingénieurs qui repoussent ce mode d'attaque prétendent qu'il n'a pas toujours répondu à l'attente de ceux qui l'ont employé. Ils citent notamment l'exemple de Lille, bombardée par les Autrichiens en 1792. Pendant sept jours et sept nuits, on lança sur la ville 6,000 bombes et 30,000 boulets rouges. Sept cents maisons furent incendiées et un très-grand nombre essuyèrent des dégâts importants. Néanmoins, la ville refusa de capituler.

L'insuccès du bombardement dans cette circonstance doit être attribué en grande partie à la faute que commirent les Autrichiens de tirer sur un seul quartier au lieu de lancer leurs bombes sur toute la ville. Grâce à cette faute, la population put se réfugier dans les quartiers qui avaient été respectés et sortir même par les portes (la place n'ayant pas été investie).

Dans beaucoup de cas, un bombardement de quelques heures, voire même la menace d'un bombardement, suffira pour ébranler le moral des défenseurs et hâter la reddition.

« En 1809, dit le général Rogniat, Vienne se rendit à
» la lueur de trois incendies qui venaient d'éclater sous le
» feu d'une trentaine d'obusiers que Napoléon avait fait
» mettre en batterie, à la faveur des maisons du faubourg;
» et cela, malgré une excellente enceinte de siége et au
» moment où le prince Charles accourait à son secours par
» la rive gauche du Danube. »

» non de principe. C'est aussi une question de matériel; *s'il était à deux fins, toute*
» *discussion cesserait.* »

Pendant les guerres de la Révolution et de l'Empire, un grand nombre de places se rendirent de la même façon. Nous citerons notamment Longwy, Verdun, Ypres, Bréda, Charleroi et Maestricht, dont la chute prématurée doit être attribuée à des mouvements populaires provoqués par l'effet de bombes (1).

Il s'en faut donc bien que ce mode d'attaque soit à dédaigner. On l'emploiera toutes les fois qu'on voudra économiser du temps, de l'argent et le sang des soldats.

Ses effets seront d'autant plus redoutables que la place renfermera plus d'habitants, plus de troupes et plus de ressources militaires.

A ce point de vue, il n'est pas douteux qu'il ne faille prendre les mesures les plus efficaces pour y soustraire le réduit central de la défense et les pivots d'opération situés en seconde ligne.

Sans doute, une place à camp retranché ne se trouvera pas dans l'obligation de capituler quand l'ennemi aura mis le feu à la ville, mais sa défense sera considérablement affaiblie, non-seulement par la perte d'une partie des magasins (qui ne peuvent pas tous être à l'épreuve de la bombe)

---

(1) En 1789, les bombes triomphèrent du fanatisme des Turcs à Belgrade, comme plus tard elles eurent raison de l'énergie des Espagnols à Valence.

Le prince de Ligne dit expressément qu'il fit bombarder la première de ces villes *pour réparer la perte de quelques jours et de beaucoup d'hommes à l'attaque du chemin couvert.*

« Je voyais, écrivit-il au comte de Ségur, avec un grand plaisir militaire et une
» grande peine philosophique, s'élever dans l'air 12,000 bombes que j'ai fait tomber sur
» ces pauvres infidèles. J'entendais leurs cris d'effroi, etc... »

Ce que fit le prince de Ligne, bel esprit, humain et philosophe, d'autres le feront après lui, sans plus de scrupule. Il faut s'y attendre et s'y préparer.

et des approvisionnements faits par les habitants, mais encore par l'influence fâcheuse que ce désastre exercera sur l'esprit de la garnison. Quelque brave que soit une troupe, son moral sera péniblement affecté et, dans certains cas même, fortement ébranlé, quand elle verra la ville qu'elle est chargée de protéger, réduite en cendres au début du siége. Ici comme en toute chose, il faut tenir compte de la nature humaine, qui n'est capable que d'un effort limité. Dans ces moments critiques, les officiers feront sans doute remarquer aux troupes que rien n'est perdu ni compromis aussi longtemps que les forts et l'enceinte résistent, mais toute leur science et toute leur énergie ne détruiront pas l'effet des nerfs et de l'imagination surexcités.

On a vu les plus braves soldats s'enfuir à l'aspect d'une mèche allumée qui semblait indiquer la présence de contremines, et il a été constaté à Sébastopol que les intrépides défenseurs de l'enceinte, au moment où 800 bouches à feu les inondaient de projectiles, étaient moins préoccupés de ce danger que de la possibilité de voir les flottes combinées faire invasion dans la rade, les attaquer à revers et brûler la ville.

De l'ensemble de ces faits et de ces considérations, nous concluons que les places de dépôt, les pivots d'opération et le réduit central de la défense doivent être mis à l'abri du bombardement.

Pour atteindre ce but, Vauban proposa de construire, à 1,000 ou 1,200 toises en avant de l'enceinte de Paris, une ligne continue d'ouvrages pouvant résister à l'attaque de vive force et à l'attaque pied à pied ; mais cette ligne aurait exigé une dépense considérable et une garde nombreuse, elle eût opposé de grandes difficultés à la sortie et à la rentrée des troupes, et elle serait tombée tout entière au pouvoir de l'ennemi, aussitôt qu'un de ses points eût été occupé.

Pierre le Grand fut mieux inspiré lorsqu'il mit Cronstadt à l'abri du bombardement, au moyen d'une ceinture de forts et de batteries détachés (1). La même idée se retrouve dans la place modèle du maréchal de Saxe. Pour empêcher l'établissement des batteries de mortiers, l'auteur propose de construire 36 tours à 500 pas l'une de l'autre et à 3,000 pas du centre de la position (2). Depuis lors, ce moyen a été employé d'une manière générale, pour protéger les ports militaires, les chantiers maritimes et les grandes places de dépôt servant de base ou de pivot d'opérations. En France, il existe des forts autour de Cherbourg, Brest, Toulon, Belfort, Grenoble, Besançon, Lyon et Paris. Bientôt Metz, Strasbourg et Lille en auront également.

La seule question sur laquelle il y ait encore des doutes est de savoir si toutes les places doivent être mises à l'abri du bombardement au moyen de forts détachés.

Le général De Blois se prononce pour l'affirmative :
« Faut-il admettre, dit-il, avec M. Brialmont qu'il y ait
» des places assez peu importantes pour qu'on puisse
» négliger sur elles les effets du bombardement? Mais si
» l'on juge que la bourgeoisie ne vaut pas la peine d'être

---

(1) Ces ouvrages, dont quelques-uns existent encore, étaient construits dans la mer.
(2) Un dispositif analogue a été appliqué à Lintz, par l'archiduc Maximilien.

» protégée, il faut songer aux soldats, qui ne sont pas
» invulnérables aux bombes (1). »

Nous ferons observer que, pour mettre les soldats à l'abri des feux verticaux (dans les limites du possible), il suffit de construire des casernes à l'épreuve de la bombe, pour les troupes au repos, et des abris pour les troupes de garde.

Le but serait-il mieux atteint si, conformément aux propositions du général De Blois, on construisait autour de chaque place une ligne de forts à 4,000 mètres de l'enceinte et à 3 kilomètres les uns des autres? Il y a lieu d'en douter.

D'abord, les huit forts qui constitueraient la défense éloignée des petites places exigeraient des sommes, un armement et un effectif de troupes excédant de beaucoup les ressources dont on peut disposer pour la construction de ces places.

Ensuite, les forts, n'étant pas soutenus par un corps de troupes mobiles, il serait facile de les attaquer, à moins qu'on ne leur donnât une grande importance, ce qui aggraverait encore le défaut signalé plus haut.

Un fort dont le prix ne s'élèverait qu'à 500,000 francs (prix indiqué par le général De Blois), aurait des dimensions trop faibles ou n'offrirait que des garanties insuffisantes contre l'escalade.

En concentrant sur un ouvrage de cette espèce les feux d'un grand nombre de pièces de campagne, on pourrait, en quelques heures, démonter son artillerie et jeter le trouble dans sa petite garnison. Dès lors, une attaque de

---

(1) T. II, p. 317.

vive force bien conduite réussirait, et le bombardement de la ville commencerait immédiatement après.

Il ne serait pas même nécessaire d'en venir à cette extrémité. L'ennemi pourrait contre-battre l'artillerie de deux forts et profiter ensuite de l'obscurité pour faire avancer des bouches à feu, par leur intervalle, jusqu'à bonne portée de l'enceinte.

Le travail d'une seule nuit suffirait pour mettre ces pièces à l'abri des feux de la place, car rien n'est aussi facile à protéger que des mortiers ou des canons tirant en bombe, soit qu'on les établisse derrière des épaulements, soit dans des plis de terrain (1).

Le lendemain matin donc, le feu s'ouvrirait contre la ville.

La seule chose qui pût faire échouer cette attaque serait une grande sortie de la garnison, mais nous supposons qu'il s'agisse d'une place frontière n'ayant que les troupes nécessaires à sa défense propre.

Il résulte de là que des ouvrages détachés, de faible importance, ne donneraient aux places de cette espèce

---

(1) Quand les batteries de bombardement sont terminées, on doit employer contre ces batteries les feux verticaux, de préférence aux feux de plein fouet. Carnot a sans doute exagéré l'importance des bombes, mais le général De Blois est tombé dans un excès contraire en disant (t. 1, p. 240) : « Autant les feux verticaux sont terribles pour » la défense par leur concentration, autant leur éparpillement sur le terrain des » attaques produit peu d'effet. » Cette raison n'est pas admissible, car l'assiégé peut tout aussi bien concentrer ses feux sur une batterie de l'attaque que l'assiégeant sur une batterie de la défense. Il le fera même avec plus de succès, parce que les plans directeurs lui permettront d'apprécier exactement la distance à laquelle se trouveront les batteries des parallèles, tandis que l'assiégeant, qui n'aura généralement à sa disposition que des documents incomplets, commettra des erreurs dont se ressentira l'exactitude de son tir.

aucune garantie contre les bombardements, et que des ouvrages ayant les dimensions des forts détachés de Paris, de Vérone, de Portsmouth ou d'Anvers exigeraient des sommes, un armement et des garnisons excédant de beaucoup les ressources que l'on peut affecter à la défense de ces points secondaires. Nous ne ferons d'exception que pour les grandes places de dépôt, telles que Strasbourg, Metz et Lille, dans lesquelles on doit réunir d'immenses approvisionnements en vivres, canons, armes portatives, munitions, habillements, voitures, harnais, etc. Ces places, ayant une très-grande importance et renfermant des valeurs considérables, il convient de les entourer d'une ceinture de forts, dans le double but de les mettre à l'abri du bombardement et de créer un camp extérieur destiné à recevoir momentanément les troupes étrangères à la garnison, que les hasards de la guerre amèneront sous ses murs.

Aux yeux de quelques ingénieurs, les ouvrages détachés isolés et ceux qui, par leur ensemble, constituent des camps retranchés, n'ont d'autre utilité que de prévenir les bombardements. Si tel était l'unique but de ces ouvrages, nous n'hésiterions pas à les supprimer. Les forts détachés, en effet, ne sont efficaces que pour empêcher un bombardement au début du siége. Dès qu'un ou deux forts sont enlevés, la protection cesse et le bombardement peut commencer.

Selon nous, le seul moyen de prévenir ce mode d'attaque est de construire l'enceinte de telle sorte qu'elle offre à la garnison :

1° Des abris voûtés ou blindés en nombre suffisant;

2° Des points d'appui qui lui permettent de résister aux exigences de la population.

A ce point de vue, les citadelles, les redoutes, les casernes défensives, en un mot tous les ouvrages de *défense intérieure*, sont d'une incontestable utilité.

L'ignorance ou la passion les ont représentées comme un fléau pour les habitants; ils constituent, au contraire, leur ancre de salut.

Sans doute, en cas de soulèvement contre la garnison, ces ouvrages exerceront de terribles représailles; mais dans quelles circonstances ce soulèvement peut-il se produire et s'est-il toujours produit? Lorsque le bombardement a semé partout la terreur et la désolation. Eh bien, ce redoutable moyen d'attaque, les citadelles, les redoutes intérieures et les casernes défensives le rendront impossible par le seul fait de leur existence. Il est évident, en effet, que l'ennemi commettrait une action odieuse, s'il livrait aux flammes une ville dont la garnison serait pourvue d'abris et la population mise dans l'impossibilité de tenter le moindre soulèvement. Le droit des gens et les tristes nécessités de la guerre ne peuvent excuser l'emploi de ce mode d'attaque que lorsqu'il a pour résultat *d'abréger* la durée d'un siége. Or ce serait consommer inutilement des munitions, perdre un temps précieux, et se faire mettre au ban des nations civilisées, que de bombarder une ville sans aucune chance de pouvoir s'en rendre maître de la sorte. Il y a donc lieu de conclure que le seul moyen efficace de préserver les grandes comme les petites places des horreurs du bombardement est d'y construire ces citadelles que les faux amis de l'humanité ont rendues impopulaires en les qualifiant du nom détesté de *bastilles*.

II

Il est indispensable que les places à grand développement, situées en seconde ligne, et le réduit central de la défense, situé en troisième ligne, soient pourvus d'ouvrages détachés, parce qu'on doit y recueillir et mettre en action des forces considérables.

L'expérience prouve que, sans l'appui de ces ouvrages, une armée pourrait être enfermée, mise dans l'impossibilité de prendre l'offensive et réduite enfin à capituler après un bombardement dont l'effet serait d'autant plus désastreux qu'il y aurait dans la ville un encombrement très-favorable au succès de ce mode d'attaque (1).

« Les ouvrages détachés à larges intervalles libres, dit
» le général Rogniat, peuvent seuls empêcher le blocus,
» favoriser les retours offensifs, obliger enfin l'ennemi à
» abandonner la position. »

Cette opinion est admise aujourd'hui par tous les ingénieurs. Il n'y a plus de dissentiment entre eux que sur les points suivants :

La forme du camp retranché, sa profondeur, la nature

---

(1) Témoin le peu de parti que surent tirer de leurs troupes les Turcs à Ismaïl, les Autrichiens à Ulm et les Espagnols à Valence.

La défense de Gênes, en 1800, et celle de Dantzig, en 1813, prouvent, au contraire, que l'occupation de postes extérieurs permet à une garnison nombreuse de résister longtemps et de tenter avec succès des coups de main vigoureux.

de ses ouvrages et l'emplacement de ceux-ci dans la ligne de défense.

Tous ces points ont été examinés dans les chapitres IV, V et VI de nos *Études sur la défense des États*. Nous pourrons donc nous borner ici à exposer sommairement les principes de la fortification des grands pivots stratégiques.

Le maréchal Marmont, se fondant sur l'exemple de Lintz, est d'avis qu'une place destinée à servir de refuge à une armée ne doit se composer que d'une ceinture de forts à défense mutuelle. Mais Vauban, Napoléon, Rogniat, Bernard, Paixhans, Gouvion-Saint-Cyr, Jomini et les généraux les plus distingués de tous les pays, sont d'un avis contraire. L'auteur du *Traité des grandes opérations militaires* tranche la question dans les termes suivants :

« La ville de Lintz devrait être fortifiée pour favoriser la
» retraite, si le camp venait à être forcé . . . . . .
» On dira peut-être qu'aucune armée ne pourra pénétrer
» au milieu de ces tours, même après avoir éteint le feu de
» quelques-unes : cela n'est pas sans réplique, car, en
» pareil cas, il ne serait pas aisé aux tours voisines de tirer
» sur deux armées aux prises dans un espace si étroit,
» sans faire autant de mal à l'assiégeant qu'à l'assiégé (1). »

Nous ajouterons qu'après une bataille décisive, comme le furent, par exemple, celles de Iéna, de Leipzig, de Waterloo et de Sadowa, il pourrait arriver que l'armée se repliât sur son pivot d'opération ou sur son réduit central, dans le plus grand désordre et complétement démoralisée.

---

(1) *Précis de l'art de la guerre*, t. I, chap. III.

Alors il ne serait pas impossible qu'une vive poursuite ne fournît au vainqueur l'occasion de pénétrer dans le camp retranché, avant que l'armée battue ne fût en mesure de lui faire face. Une nouvelle bataille s'engagerait en arrière de la ligne de forts et, comme l'armée défensive, sous l'impression de son récent échec, serait physiquement et moralement inférieure à celle de l'ennemi, il est à présumer que l'avantage de la position ne compenserait pas cette double infériorité. Elle essuierait donc une nouvelle défaite, et, cette fois-ci, n'ayant plus de refuge, hommes, chevaux, matériel, tout deviendrait la proie du vainqueur.

Un camp retranché sans noyau fortifié n'est, à proprement parler, qu'une ligne repliée sur elle-même. Or toute ligne forcée est une ligne perdue.

De là découle ce principe fondamental : *Les places à camp retranché doivènt avoir un noyau fortifié.*

Lorsque l'armée chargée de défendre ces places est redoutable par le nombre et par la qualité des troupes, on peut se contenter d'une *enceinte de sûreté* (en état de résister à une attaque de vive force); dans le cas contraire, il faut une *enceinte de siége* (exigeant une attaque pied à pied).

Le maréchal Soult, le général Rogniat et les deux Commissions qui proposèrent, en 1818 et en 1833, de fortifier Paris, furent d'avis que la défense du camp retranché de cette capitale serait assez efficace pour obliger l'ennemi à battre en retraite. Ils se prononcèrent, en conséquence, pour la construction d'une *enceinte de sûreté*.

Les mêmes raisons ne peuvent pas être appliquées au réduit central d'un petit pays comme la Belgique. On a donc eu raison de donner à Anvers une enceinte de siége, en vertu de cet autre principe général : *L'enceinte d'un grand pivot stratégique doit être d'autant plus forte que l'armée défensive est plus faible et que l'ennemi a plus de facilité pour amener un parc de siége devant la place* (1).

Lorsque le camp retranché d'un pivot d'opération s'étend sur les deux rives d'un cours d'eau, l'enceinte doit également s'étendre sur ces rives (témoin Ulm, Vérone et Paris), à moins que les forts de l'une n'aient d'autre objet que de mettre la place à l'abri du bombardement. Ce dernier cas se présente à Anvers, où le camp retranché de la rive gauche, par suite de circonstances particulières que nous indiquerons plus loin, se trouve dans des conditions telles, qu'une attaque contre ses forts ne pourrait conduire à aucun résultat décisif.

Le camp retranché doit-il se composer de petits ouvrages à défense mutuelle ou de grands ouvrages à défense indépendante ? Cette question, longtemps controversée, a été résolue dans le sens des grands ouvrages, par les ingénieurs qui ont construit les camps retranchés de Paris, de Cracovie, d'Anvers et de Portsmouth.

Plusieurs raisons justifient cette solution :

1° La défense mutuelle des forts est peu efficace la nuit, dans les temps de brouillard et lorsque la fumée couvre la plaine ;

2° Sous le rapport des attaques de vive force et des

---

(1) Le siége de Schweidnitz, de 1761, nous montre le danger d'une enceinte trop faible. Le maréchal Laudon, sachant que la garnison était peu nombreuse et l'enceinte presque sans flanquements, passa rapidement entre les forts et s'empara de la place par une attaque de vive force.

attaques pied à pied, un grand ouvrage à défense indépendante offre plus de garanties qu'un petit fortin à défense mutuelle. Le premier, avec une garnison de 1,000 à 1,500 hommes, pourra soutenir énergiquement l'assaut, tandis que le second, avec un petit détachement de 200 à 300 hommes, devra se borner à une résistance passive. Les défenseurs du premier seront aussi dans de meilleures conditions morales et, généralement, mieux commandés. L'un des inconvénients des ouvrages à défense mutuelle est d'exiger un grand nombre de commandants ; or, dans toutes les armées, même les plus aguerries, il existe peu d'hommes en état de bien défendre un poste fortifié.

Un autre inconvénient de ces ouvrages est de produire le morcellement de la défense et la dispersion des batteries.

Il est évident qu'un fort, armé de 130 canons (tel que ceux d'Anvers), appuiera plus efficacement les opérations de l'armée active qu'une tour maximilienne armée de 11 canons à ciel ouvert, ou une tour Cavalli armée de 4 canons cuirassés, ou un fortin Meyer armé de 20 bouches à feu à ciel ouvert et de 20 bouches à feu casematées, formant un total de 40 pièces, dont 11 seulement battent le front de la position.

Quand les ouvrages à défense mutuelle sont disposés en échiquier sur deux lignes, comme ceux proposés par les généraux Meyer (1) et Cavalli (2), les mêmes inconvénients existent et il s'en produit un nouveau, résultant de l'impossi-

---

(1) Voir nos *Études*, pl. III, fig. 3.
(2) Le général Cavalli a proposé le dispositif suivant, pour Turin :
A 4,500 mètres des limites extérieures de la ville, établir une ligne de tours-casernes ayant des intervalles de 3,000 mètres et un armement de quatre gros canons, placés dans des coupoles. — Au besoin, construire une seconde ligne de tours en arrière des

bilité de tirer des fortins de la seconde ligne dès que les troupes du camp retranché sont aux prises avec l'ennemi dans la zone des forts, ce qui arrivera toutes les fois que l'assiégeant cherchera à s'emparer de vive force d'une partie du camp retranché.

Les défauts de ce dispositif d'ouvrages ont été constatés en 1831, à l'attaque de Varsovie (1).

Si les Autrichiens avaient à reconstruire aujourd'hui le camp retranché de Lintz, il est probable qu'aux 32 tours maximiliennes, armées de 11 canons, ils substitueraient 8 ou 9 forts armés de 100 canons chacun et destinés à recevoir 1,000 à 1,500 hommes de garnison.

Nous pouvons donc poser en principe que *tout camp retranché permanent doit se composer d'une ligne de forts à défense indépendante.*

Ces forts seront, autant que possible, construits en ligne droite ou sur une courbe peu convexe.

Les forts en saillie sur les autres constituent des points faibles, parce que l'attaque peut les embrasser et qu'ils sont mal soutenus par les ouvrages collatéraux et par l'armée campée.

Ainsi se trouve justifié le principe suivant : *Un camp retranché ne doit offrir aucun saillant prononcé. Lorsqu'il importe d'occuper un point éloigné, on doit établir un fort*

---

intervalles de la première ligne. — Au milieu de ces tours, ériger, en temps de guerre seulement, des fortifications de campagne. « Le corps d'armée, dit l'auteur, composé de
» la plus grande partie de la garnison, y trouvera ses appuis et y pourra manœuvrer
» et opposer une résistance bien plus longue que si elle était renfermée dans les
» enceintes de l'ancien système. »

(1) Voir nos *Études,* t. I, p. 115.

en arrière de ce point, dans la ligne générale des ouvrages comme si le fort avancé n'existait pas.

Est-il nécessaire que le camp retranché enveloppe toute la place?

Cette question doit être résolue affirmativement pour les places qui peuvent être attaquées de tous les côtés (exemple Paris, Vérone et Cracovie).

Lorsqu'une partie de la position est couverte par des inondations ou des marais infranchissables (ce cas se présente à Anvers), le camp retranché doit embrasser seulement la zone attaquable.

Nous formulerons ce principe comme suit : *Le camp retranché doit embrasser tous les accès par lesquels la position peut être attaquée. Si des obstacles naturels limitent ces accès, les flancs du camp retranché s'y appuieront.*

Pour favoriser les opérations de la défense, on établira, en arrière des forts, des communications larges et faciles entre les divers accès du camp retranché.

La ville pouvant être incendiée au moyen de bombardes à faible tirant d'eau, naviguant sur les inondations, ou au moyen de batteries construites, soit sur des digues, soit sur des levées de terre formées dans les marais (1) ou au moyen de fusées à projectiles incendiaires dont l'emploi n'exige ni voitures ni chevaux, on devra établir quelques ouvrages de défense dans les accès que le camp retranché n'embrasse point. La place d'Anvers (pl. IV) offre un exemple de cette espèce de travaux.

---

(1) Les sièges de la Hollande offrent plusieurs exemples de travaux de ce genre qui ont parfaitement réussi.

La distance des forts détachés à l'enceinte se règle sur la portée maximum des projectiles incendiaires, laquelle est d'environ 7,000 mètres (1).

La zone comprise entre l'enceinte et les quartiers principaux de la ville aura généralement une grande largeur, non-seulement parce que, dans l'intérêt de la défense, il convient de laisser en arrière des remparts des espaces libres pour les mouvements de troupes, mais encore parce que, dans le tracé des enceintes on doit tenir compte de l'accroissement de la population, sous peine d'avoir à les reconstruire une ou deux fois par siècle.

Toutefois, comme il arrivera un moment où cet espace libre sera partiellement envahi par les bâtisses, nous supposerons qu'il n'ait en moyenne que 500 mètres de profondeur. Il faudra donc que les forts obligent l'ennemi à se tenir à plus de 6,500 mètres de l'enceinte. On obtiendra ce résultat en donnant au camp retranché une profondeur moyenne de 4,000 à 4,500 mètres. En effet, l'artillerie des forts, et surtout les grandes sorties des troupes campées, empêcheront que l'on n'établisse des batteries de bombardement à moins de 3,000 mètres des ouvrages les plus avancés. Il y aura donc toujours 7,000 à 7,500 mètres entre ces batteries et l'enceinte.

La profondeur de 4,000 à 4,500 mètres satisfait à deux autres conditions importantes, savoir :

1° *Tout l'espace entre les forts et l'enceinte doit être sou-*

---

(1) La batterie fédérale *Swamp Angel* a lancé sur Charleston des obus remplis de feu grégeois, à la distance de 7,000 yards.
Les Français et les Russes ont des fusées incendiaires qui portent tout aussi loin.

mis aux feux de l'artillerie, afin qu'aucune troupe ennemie ne puisse s'y établir lorsque l'armée sera momentanément occupée ailleurs ;

2° L'armée défensive doit avoir assez d'espace à l'intérieur du camp pour exécuter tous les mouvements (changements de front et autres) qu'exige la défense successive de la position.

Les intervalles entre les forts dépendent de la nature du site. *Lorsque le terrain est plan, comme à Anvers et lorsque l'emplacement des forts n'est pas déterminé par des circonstances locales, on construira les forts à 2,000 mètres l'un de l'autre.*

A cette distance, on distingue encore assez bien les colonnes de troupes et les travaux d'attaque, pour que l'artillerie d'un fort puisse défendre efficacement les approches des forts collatéraux. Cet avantage est trop précieux pour qu'on ne cherche pas à l'obtenir au prix de quelques sacrifices. Si la distance était moins grande, la prise d'un ouvrage détaché fournirait à l'ennemi le moyen de canonner à bonne portée (1) les ouvrages voisins et d'abréger ainsi considérablement leur défense. Si elle était plus grande, l'action des forts collatéraux sur les colonnes d'attaque ou sur les travaux d'approche cesserait d'être efficace, parce qu'au delà de 2,000 mètres on ne voit pas distinctement, qu'on apprécie mal les distances et que la trajectoire n'est plus assez rasante.

---

(1) A 2,000 et même 2,500 mètres, on peut tirer avec succès contre des troupes ou des travaux de cheminement, mais non contre des batteries permanentes, établies sur des remparts traversés, pourvus d'abris et protégés par des parapets de 7 à 8 mètres d'épaisseur.

Cependant, on sera quelquefois obligé d'admettre des intervalles de 3,000 et même de 3,500 mètres. Alors il conviendra d'établir, dans chacun de ces intervalles, une ou deux redoutes inattaquables de vive force, comme l'ont fait les Autrichiens à Cracovie.

La défense successive du camp retranché exige que, dans certains cas, on établisse entre les forts et l'enceinte des lignes de défense rayonnantes, pour diviser le camp en plusieurs quartiers.

Ces lignes comprendront des châteaux, des maisons, des fermes et d'autres obstacles reliés entre eux par des tranchées ou des épaulements.

A défaut de ces obstacles, on les composera uniquement d'ouvrages de campagne, en tenant compte des prescriptions que nous avons indiquées t. I, chap. III de nos *Études sur la défense des États*.

Les fig. 2 et 3, pl. XIV, représentent deux de ces lignes à double défense. La première exige moins de terrain et moins de travaux que l'autre, mais les parties comprises entre deux redoutes sont plus exposées à l'enfilade et les communications sont moins bien protégées. La seconde est donc préférable. Ses branches étant toutes enfilées par l'artillerie du corps de place, il est moins à craindre que l'ennemi, maître des forts, s'en serve pour couvrir ses cheminements vers l'enceinte. On évitera de diriger les lignes rayonnantes sur les forts compris dans l'attaque, parce que, maître de ces forts, l'ennemi ricocherait les lignes et forcerait l'assiégé à les abandonner. Il sera donc prudent de ne les construire qu'au moment du siége, lorsque l'on saura quels forts sont menacés. Dans le doute, on tracera les lignes de défense rayonnantes de manière que leur prolongement tombe sur un couvert qui les préserve de l'enfilade ou sur une zone de terrain où l'ennemi ne puisse établir ses batteries.

L'un des avantages que possède l'armée défensive est de pouvoir porter rapidement ses forces d'un point à l'autre de la circonférence du camp retranché. C'est le résultat de la supériorité stratégique des lignes *intérieures* sur les lignes *extérieures* ou de l'arc enveloppé sur l'arc enveloppant. Afin que cet avantage soit aussi grand que possible, on reliera les forts entre eux et on les mettra en communication avec l'enceinte au moyen de fils télégraphiques enterrés et d'un chemin de fer à double voie. Ainsi l'on sera prévenu assez à temps de tous les mouvements de l'ennemi, pour qu'on puisse réunir et mettre en action les troupes de la réserve.

Il sera également très-utile d'établir, au delà du chemin de fer de ceinture, un glacis à double pente qui permette de soustraire à la vue de l'ennemi tous les mouvements de troupes qui se feront dans le camp retranché et particulièrement ceux qui auront pour objet de soutenir un fort menacé.

On pourrait obtenir le même résultat au moyen d'un rideau d'arbres ou de broussailles planté sur le bord extérieur du chemin de fer de ceinture, mais cette espèce de masque aurait l'inconvénient de gêner les opérations de la défense. Le glacis à double pente n'a pas ce défaut, étant formé de talus inclinés au cinquième que l'artillerie de campagne et la cavalerie peuvent franchir sans difficultés (voir pl. XVI).

III

La nécessité d'établir les forts à 4,000 ou 4,500 mètres de l'enceinte, pour mettre les villes à l'abri du bombardement, conduit à un résultat sur lequel nous croyons devoir appeler l'attention du lecteur.

L'enceinte d'un grand pivot stratégique aura généralement 3,000 mètres de rayon. La ligne des forts occupera, par conséquent, une circonférence de 14,000 à 15,000 mètres de diamètre, ou de 8 à 9 lieues d'étendue.

Quelques ingénieurs, s'imaginant qu'il doit y avoir un rapport constant entre le périmètre du camp retranché et le front de bataille de l'armée campée, ont soutenu que, pour défendre convenablement une position de cette étendue, il faudrait des forces hors de toute proportion avec les ressources d'un petit État. C'est surtout à propos d'Anvers que cette objection a été faite. Mais le point de départ étant inadmissible, la conclusion l'est également. Un camp retranché et une position d'armée sont, en effet, deux choses distinctes. Il n'est pas nécessaire d'insister sur ce point et de prouver qu'il serait absurde de vouloir défendre une position comme Anvers, en établissant l'armée dans les intervalles de forts. En 1810, le duc de Wellington se maintint avec 90,000 hommes, dont 30,000 de troupes irrégulières, dans le camp de Torres-Vedras, qui avait 10 lieues de front. Or jamais aucun stratégicien n'a soutenu que cet effectif fût insuffisant. La vérité est que l'étendue du camp n'exerce de l'influence que sur l'effectif des troupes à immobiliser dans les forts, et sur le chiffre de la dépense à consacrer aux fortifications et à l'armement. A part cette considération d'une importance réelle, on peut dire que, si le camp retranché d'Anvers avait deux fois plus d'étendue, l'armée belge ne le défendrait pas moins bien, la disposition des lieux lui permettant de se porter sur un point quelconque de la circonférence avant que l'ennemi s'y trouve en force.

Plus la position aura de développement, plus grande sera la supériorité résultant de cet emploi des lignes intérieures combiné avec les ressources de la vapeur et de la télégraphie.

N'était donc la question d'argent et la question plus importante encore des forces à immobiliser dans les ouvrages de défense, il eût été avantageux d'étendre la ligne des forts d'Anvers pour obliger l'ennemi à se disperser sur un plus grand périmètre.

Le principal danger auquel sont exposées les places à camp retranché est la disette. A cause de cela, il est très-important de donner à ces places des dimensions qui rendent le blocus impossible.

Cependant, en éloignant les forts, on crée dans le camp retranché des zones où l'ennemi peut s'établir momentanément, sans avoir à redouter ni les feux de l'enceinte ni ceux des forts. A ce point de vue, la distance de 4,500 mètres semble une limite extrême.

Par conséquent, si l'artillerie trouvait un jour le moyen de bombarder les villes à plus de 7,000 ou 8,000 mètres de distance, il faudrait renoncer à protéger les villes contre ce mode d'attaque et construire les camps retranchés en tenant compte seulement des conditions tactiques auxquelles ces établissements doivent satisfaire.

Généralement on atteindra ce but en donnant au camp retranché moins de 4,000 mètres de profondeur.

Tome Ier, p. 96 de nos *Études sur la défense des États*, nous avons supposé que la profondeur des camps retranchés destinés à être occupés par de petits corps de troupes, pourrait être réduite à 1,500 ou 2,000 mètres. M. le général De Blois n'admet pas cette hypothèse, parce qu'il soutient que toutes les places doivent être à l'abri du bombardement. Nos idées sur ce point diffèrent quelque peu des siennes, comme nous l'avons dit plus haut. Selon nous, le bombardement des places frontières ne produira aucun effet, si la population est peu nombreuse et si la garnison possède des abris en quantité suffisante.

On n'établira donc des ouvrages détachés qu'autour des places qui doivent servir de tête de pont simple ou double.

Dans ce cas, on rapprochera les ouvrages autant que possible de la place, afin de réduire au minimum la dépense et l'effectif de la garnison (1); en même temps, on supprimera le front de gorge pour soumettre le terre-plein au feu de l'enceinte et pour empêcher l'ennemi de contre-battre la place avec l'artillerie de ce front.

Lorsqu'un fortin doit occuper un point important du terrain situé à plus de 2,000 mètres du corps de place, on

---

(1) On doit encore rapprocher les ouvrages quand le terrain ne présente aucun emplacement favorable aux grandes distances. Ainsi, les nouveaux forts de Metz seront construits sur une hauteur située à 2,000 mètres environ de l'enceinte. Ces forts ne mettront donc pas la ville à l'abri d'un bombardement.

protégera sa gorge en établissant en arrière (de préférence sur le côté) une batterie qui portera ses feux sur le terre-plein simultanément avec ceux de l'artillerie du corps de place.

La forteresse de Lierre, dont la description sera donnée plus loin, offre un exemple de cette espèce de camp retranché — tête de pont. (Voir pl. V.)

IV

Les forts détachés sont de deux espèces :

1° Ceux qui ont pour objet de mettre une place à l'abri du bombardement, de disputer à l'ennemi un point important dans le voisinage de l'enceinte (1), de couvrir un pont, un faubourg, une écluse, une digue, et de diriger des feux de flanc ou de revers sur le terrain des attaques ;

2° Ceux qui font partie d'un camp retranché.

Les forts de la première espèce seront construits à la façon des petites places.

Leur espace intérieur n'étant pas encombré de bâtisses, on réunira en un groupe tous les bâtiments nécessaires à la défense (sauf ceux qui doivent occuper les remparts) et on en formera le *réduit*. C'est un moyen facile et peu coûteux d'augmenter la résistance des forts et de prévenir les effets des surprises ou des attaques brusques, si

---

(1) Lorsque ces points sont à portée de mitraille de l'enceinte (c'est-à-dire à moins de 800 mètres du chemin couvert), on y construit des ouvrages sans flanquement propre, appelés *ouvrages avancés*.

redoutables pour des postes isolés, défendus par de petites garnisons.

Quand le fort peut être attaqué d'un côté seulement, le réduit occupera le côté opposé; et quand l'attaque peut s'adresser à tous les fronts indistinctement, le réduit occupera le centre de l'ouvrage.

L'entrée du fort et celle du réduit se trouveront toujours du côté le moins exposé ou du côté par lequel des secours pourront arriver.

Les forts de la seconde espèce ayant pour objet principal de battre le terrain extérieur, on tracera leur front principal (*front de tête*) tangentiellement à la courbe convexe qui marque la limite du camp retranché, ou, en d'autres termes, *on fera en sorte que les prolongements du front de tête de chaque fort tombent à égale distance des forts collatéraux.* Quand ce principe sera observé, l'assiégeant ne pourra pas cheminer contre un fort, sans exposer les extrémités de ses attaques aux feux d'écharpe ou d'enfilade des forts voisins. Il ne pourra pas non plus ricocher le front de tête, sans que son artillerie prête le flanc à ces mêmes forts et aux batteries que l'assiégé construira, en temps de guerre, dans les intervalles du camp retranché.

Ce dernier avantage ne pourrait être obtenu par l'emploi du tracé bastionné dont les faces forment un angle d'environ 18 1/2 degrés avec le côté extérieur, ni par l'emploi du tracé polygonal, brisé en dehors, qui a été employé dans un grand nombre de cas en Allemagne et en Angleterre.

Au front de tête se rattachent deux *fronts latéraux* destinés à battre les intervalles des forts et à prendre d'écharpe les colonnes d'attaque ou les travaux d'approche dirigés contre les forts voisins. Il n'est pas nécessaire que ces fronts aient la même importance et, par conséquent, la même longueur que le front de tête.

. Le quatrième côté du polygone constitue le *front de gorge*. On le tracera de manière que les angles flanqués, à l'extrémité des fronts latéraux, ne soient pas inférieurs à 60 degrés.

Parmi toutes les conditions auxquelles doivent satisfaire les forts d'un camp retranché, la plus importante est *d'offrir le maximum de résistance aux attaques de vive force.*

L'assaillant cherchera, en effet, au moyen d'une grande concentration de feux, à détruire les défenses, à ouvrir une brèche, à désemparer l'armement, à rendre les terre-pleins inhabitables et à tuer le plus d'hommes possible ; puis, profitant du délabrement des fortifications et du désarroi de la garnison, il tentera l'assaut dans des conditions relativement favorables.

Ce mode d'attaque est le seul qui puisse offrir des chances de succès à l'ennemi, aussi longtemps que le camp retranché est défendu par une armée ou par un corps de troupes mobiles.

Nous ne reviendrons plus sur cette question, qui a été traitée d'une manière complète dans le chapitre VIII de nos *Études sur la défense des États* et à l'appui de laquelle nous avons invoqué des faits précis, les raisons produites par les ingénieurs les plus distingués, les arguments sans réplique de Vauban (dont les idées sur l'attaque des places n'ont pas vieilli) et les observations judicieuses faites par le général Niel à propos du siége de Sébastopol, observations d'où il résulte que, si les Russes avaient pu diriger de grandes sorties contre les travaux d'approche (1), les alliés auraient dû lever le siége.

Nous ne prétendons pas que l'ennemi sera dans l'impossibilité d'ouvrir des parallèles et de construire des batteries d'attaque ; mais nous croyons avoir démontré d'une manière irréfutable que la présence d'un corps de troupes mobiles dans le camp retranché l'empêchera de pousser ses travaux jusque sur le glacis des forts (ce qui constitue l'attaque pied à pied).

Il est donc certain que l'ennemi, plutôt que d'entreprendre un siége qu'il ne pourra pas conduire à bonne fin, cherchera à se rendre maître de quelques forts par des moyens expéditifs. L'emploi de ces moyens, dût-il lui coûter beaucoup de sang, serait encore très-avantageux pour lui, car, à la guerre, épargner du temps c'est épargner la vie des hommes.

Les généraux Paixhans, Valazé, Rogniat et Haxo sont d'avis que le seul mode qui offre des chances de succès en pareil cas est l'attaque de vive force, préparée par un feu redoutable d'artillerie. Ce feu pourra s'exécuter à découvert, avec des pièces de campagne ou derrière des épaulements, avec des pièces de siége établies sous la protection de quelques travaux éloignés.

Le dernier moyen est celui qui donne le moins au hasard ; il sera, par conséquent, employé de préférence lorsque

---

(1) L'enceinte n'étant pas à l'abri d'une attaque de vive force et la place n'ayant pas de camp retranché, les Russes n'auraient pu faire de grandes sorties sans fournir à l'ennemi l'occasion de se jeter dans la place en poursuivant les troupes battues.

l'on ne pourra pas continuer les travaux d'attaque jusque sur le glacis des forts.

Ceci nous conduit à la conclusion suivante :

Il faut que les ouvrages détachés soient constitués de manière que les batteries éloignées de l'assiégeant ne puissent pas désorganiser leur défense et préparer les voies à une attaque de vive force.

L'application de ce principe exige de larges fossés pleins d'eau ou de hautes escarpes protégées contre les feux plongeants de l'attaque, — des batteries flanquantes indestructibles de loin et à l'épreuve de la bombe, — des remparts soustraits au ricochet, — des traverses casematées, — des abris pour les troupes de garde, — un armement complet et un bon réduit.

On verra plus loin, par la description de quelques types de forts détachés, comment ces conditions peuvent être remplies.

En attendant, nous croyons utile d'appeler l'attention du lecteur sur le rôle que l'artillerie doit jouer dans la défense des camps retranchés.

Nous avons proposé, dans nos *Études*, de composer l'armement des forts de quelques pièces de gros calibre établies à demeure sous des voûtes ou sous des blindages, derrière des masques en fer ou dans des coupoles, — et d'un grand nombre de pièces mobiles pouvant être transportées rapidement à bras d'hommes d'un point à l'autre. Pour abriter ces pièces et leurs servants pendant les fortes canonnades, auxquelles il serait imprudent de répondre, on construira, à proximité des batteries, quelques traverses blindées ou casematées.

Cette façon de retirer les hommes et les canons, au moment où l'ennemi ouvre le feu de ses batteries, a été très-vivement critiquée.

Cependant, il n'est pas difficile de prouver qu'elle donnera de meilleurs résultats que le mode de défense suivi jusqu'à présent et auquel on continue de donner la préférence. En effet, quand l'artillerie du fort aura combattu énergiquement la construction des batteries de l'attaque, et quand celles-ci, nonobstant ses feux, seront parvenues à démasquer un assez grand nombre de pièces pour écraser le fort sous une grêle de projectiles, quel avantage obtiendrait la défense en essayant de lutter contre une artillerie aussi formidable? Ne serait-ce pas faire le jeu de l'ennemi que de lui offrir ainsi, bénévolement, des hommes à tuer et des canons à détruire?

En pareil cas, il n'y aurait qu'une chose à faire, ce serait de diriger contre les batteries de l'attaque une grande sortie des troupes campées ou d'établir, derrière des épaulements préparés d'avance, toute l'artillerie de la réserve mobile du camp.

Cette artillerie, ouvrant son feu en même temps que celle du front de tête du fort, pourra peut-être réduire au silence les bouches à feu de l'attaque.

En dehors de ce moyen et des grandes sorties, il n'y a rien de pratique.

La prudence conseille donc de cacher les défenseurs et les canons d'un fort, plutôt que de les faire agir, dans les moments où l'artillerie ennemie a conquis une grande prépondérance. Laissons celle-ci épuiser ses projectiles et sa poudre contre nos remparts silencieux et déserts, auxquels elle ne fera aucun mal ; puis, mettons rapidement nos pièces en batterie quand son feu se ralentira ou quand, s'imaginant avoir produit un grand effet, il lancera ses colonnes à l'assaut.

Pour seconder éventuellement l'artillerie du front de tête, on construira sur les côtés du fort, dans le prolongement du front de gorge et dans les intervalles du camp retranché, de puissantes batteries qu'occuperont les pièces de la réserve mobile du camp retranché.

Ces batteries, se trouvant sous la protection des forts, il sera difficile de les attaquer et facile de les reprendre. On les tracera de manière qu'elles ne gênent pas l'action des fronts latéraux et que l'ennemi ne puisse pas s'y loger ou s'en servir contre les forts. (Voir les planches IV, XIII, XIV et XVI.)

La sûreté des forts exige que les batteries flanquantes soient à l'abri de toute insulte, car c'est surtout à ces batteries que l'attaque s'adressera.

La caponnière du front de tête est plus menacée que les autres, parce que l'on peut contre-battre de loin les pièces qui défendent son fossé. On devra donc prendre de grandes précautions pour empêcher que l'ennemi ne s'en empare.

Les fronts latéraux, qu'il est impossible de soustraire à l'enfilade, seront protégés au moyen de traverses et de batteries casematées. Il sera nécessaire aussi de leur donner des parados, pour les mettre à l'abri des feux de revers (1).

---

(1) Ces feux deviendront surtout redoutables quand l'un des forts voisins sera tombé au pouvoir de l'ennemi.

Rien ne donne plus de sécurité ni plus de force à un ouvrage extérieur qu'un bon réduit. On peut même dire que la présence de cet ouvrage suffit pour rendre l'attaque de vive force impossible.

En effet, quand les troupes assaillantes, au moment où elles débouchent sur le rempart du fort, sont exposées au feu rapproché d'un ouvrage intact et à l'abri de l'escalade, tout n'est pas perdu et la garnison peut encore repousser l'ennemi. Ce dernier, pour se maintenir dans le fort, est obligé de s'y loger sous le feu du canon du réduit, opération qui exige l'emploi d'engins et de matériaux dont ne peuvent pas se munir des hommes obligés d'escalader un mur ou de traverser un fossé à la nage. Le réduit a d'autres propriétés encore : il assure à la garnison un point d'appui et, au besoin, un lieu de refuge, ce qui double sa force morale et lui permet de défendre la brèche jusqu'au dernier moment ; il surveille les ponts, en interdit l'accès à l'ennemi (1) ; enfin, il donne aux troupes campées le moyen de tenter dans de bonnes conditions un retour offensif, aussitôt que le fort est évacué. N'eût-il que cette seule propriété, le réduit serait, pour tout ouvrage extérieur, d'une nécessité absolue, car il est de principe que *les forts d'un camp retranché doivent se prêter à une défense successive et prolongée.*

Contrairement à ce principe, on a construit dans plusieurs places, et notamment à Paris, des forts détachés sans réduits.

---

(1) A ce point de vue, tout réduit qui ne déborde pas le front de gorge est défectueux.

Pour atténuer cette faute, on a dit que les réduits, loin d'exiger un second siége, tombent généralement le jour même de la prise du fort, soit parce que l'ennemi peut s'y introduire pêle-mêle avec la garnison, soit parce que celle-ci n'est pas disposée à les défendre énergiquement. Mais cette objection ne s'applique qu'à de mauvais réduits sans flanquement, pouvant être mis en brèche de loin ou n'ayant pas une hauteur d'escarpe suffisante pour résister à l'attaque de vive force.

Quant au moral de la troupe, nous sommes d'avis qu'il ne sera pas affecté par l'abandon du fort, si l'on a soin de donner au réduit une garnison spéciale, qui ne partage ni les fatigues ni les dangers de la défense extérieure. Et, alors même qu'on négligerait cette précaution, il ne faudrait pas encore désespérer de la défense, car il existe dans l'histoire des siéges plusieurs exemples de réduits ou retranchements disputés énergiquement par des soldats qui avaient vaillamment payé de leur personne dans les combats antérieurs. A Dantzig, un blockhaus de place d'armes rentrante résista pendant huit jours à tous les efforts de l'assiégeant, logé sur la crête du glacis; à Saragosse, des couvents et des églises, convertis en postes retranchés, offrirent une résistance plus longue que n'avait été celle de la place dont elles formaient le réduit; et, tout récemment encore, le même fait s'est reproduit dans la défense de Puebla.

Le réduit doit battre tous les points du rempart et de la plaine intérieure du fort, afin que l'ennemi, après avoir conquis l'enveloppe, ne trouve aucun endroit où il puisse se mettre à l'abri des feux de la plate-forme.

Le tracé polygonal satisfait plus facilement à cette condition que le tracé bastionné, dont les lignes brisées fournissent de nombreux couverts à l'ennemi.

Il importe que l'escalade du réduit présente les plus grandes difficultés et soit même impossible. Ce but est atteint quand le réduit se compose d'une tour fermée. On ne peut, en effet, pénétrer dans un réduit de cette espèce que par les embrasures, opération tellement difficile et périlleuse qu'elle rebuterait les meilleurs soldats et ne réussirait pas une fois sur cent.

Les tours avec cour intérieure offrent, sous ce rapport, moins de sécurité, parce que, très-souvent, on met leur plate-forme supérieure en communication avec la cour, à l'aide d'escaliers ou de rampes; mais rien n'empêche de supprimer ces moyens de communication et de se prémunir contre les attaques de vive force, en crénelant le mur intérieur du réduit.

Après le revêtement, aucun obstacle ne contribue davantage à la défense du réduit qu'une galerie crénelée de contrescarpe.

Cette galerie, qui ne devra pas nécessairement être parallèle à l'escarpe, procurera au fossé un excellent flanquement de revers et obligera, par conséquent, l'ennemi à s'en rendre maître par la mine, avant d'attacher le mineur à la tour ou de tenter l'escalade.

On peut se demander s'il est utile de donner au réduit un fossé plein d'eau.

Nous penchons pour la négative. Voici nos raisons :

1° Le fossé plein d'eau entraîne à une augmentation de dépense considérable;

2° Il expose les locaux à une cause permanente d'humidité, d'autant plus fâcheuse que le réduit doit servir de caserne en temps de paix ;

3° Il facilite la tâche du mineur assiégeant ;

4° Il prive la garnison d'un emplacement utile pour abriter momentanément des troupes ou des chevaux contre les feux plongeants de l'ennemi ;

5° Il rend les communications du réduit avec le fort plus difficiles et plus dangereuses.

Lorsque le fossé est plein d'eau, l'assiégeant, n'ayant aucun retour offensif à craindre, peut renverser le mur de masque d'une des voûtes de la contrescarpe et construire la digue du passage en une seule nuit, à l'aide des matériaux qu'il aura rassemblés dans cette galerie. L'attachement du mineur se fera, dès lors, dans les meilleures conditions, le travail ne pouvant être contrarié que par des obus, des pierres ou des grenades lancés du haut de la tour et contre lesquels il est facile de s'abriter.

Lorsque, au contraire, le fossé est sec, la garnison du réduit peut tomber à l'improviste sur les mineurs chargés de percer l'épais mur de revêtement de l'escarpe, et chercher même à pénétrer dans la galerie de contrescarpe, par l'ouverture que l'assiégeant y a pratiquée.

La plate-forme du réduit doit être armée de canons à l'épreuve de la bombe, pour qu'elle ne soit pas désorganisée par les feux verticaux, au moment où l'ennemi s'emparera du fort.

Il n'est pas nécessaire que ces canons aient des vues sur la campagne, leur but principal étant de battre l'intérieur de l'ouvrage ; mais, dans les terrains aquatiques, il arrivera souvent que la grande hauteur du glacis (nécessaire pour couvrir l'escarpe) obligera de donner à la plate-forme un commandement de 5 à 6 mètres sur l'enveloppe du fort. Alors le réduit jouera le rôle de cavalier, sans qu'il en résulte un avantage marqué pour la défense.

Ce cas s'est présenté à Anvers, où les réduits ont un commandement de 6 mètres environ sur le front de tête des forts.

Pour obliger l'ennemi à faire le siége du réduit, après qu'il se sera emparé du fort, il ne suffit pas que, d'aucune de ses batteries extérieures ni d'aucun point de ses logements intérieurs, il puisse battre l'escarpe du réduit ; il faut, en outre, qu'il lui soit impossible d'y faire brèche, en construisant des batteries à la gorge du fort.

Cette opération, en effet, quoique difficile et même impraticable dans certaines conditions, peut, dans d'autres, être exécutée sans danger, si l'attaque parvient à prolonger le couronnement du front de tête jusqu'aux extrémités des fronts latéraux (1).

Or tous les réduits construits jusqu'à ce jour, excepté ceux des forts du nouveau camp retranché d'Anvers, peuvent être détruits ou mis en brèche du côté de la gorge, soit par une attaque régulière, soit par des batteries de campagne qui, profitant de l'obscurité de la nuit, de l'éloignement de l'armée défensive, ou d'un combat livré autour du fort, viendraient s'établir de ce côté.

---

(1) Ce cas ne peut se présenter que lorsque les forts sont trop faiblement soutenus par les troupes du camp retranché pour que l'attaque pied à pied (continuée jusque sur le glacis) devienne impossible.

Nous avons corrigé ce défaut, en enveloppant la gorge de nos réduits d'un redan qui ne laisse à découvert aucun point de leur escarpe.

Les forts d'un camp retranché ne sont, à proprement parler, que de grandes batteries inattaquables de vive force, occupant le front d'une armée retranchée. Leurs garnisons, proportionnées à ce rôle, ne sont pas assez nombreuses et n'ont pas assez de ressources pour faire des sorties et porter la défense en avant du fossé.

Ce soin sera laissé aux troupes campées, dont la mission est d'empêcher le siége régulier et l'attaque d'emblée des forts, par des retours offensifs auxquels souvent plusieurs brigades prendront part.

Dans ces conditions, le chemin couvert serait inutile et même dangereux.

« Les hommes qui occuperaient ce dehors, dit le géné-
» ral Todleben, pourraient, en cas d'attaque du fort,
» empêcher l'ouverture d'un feu puissant d'artillerie et de
» mousqueterie (1). »

D'un autre côté, si l'assaillant s'emparait du chemin couvert et poursuivait son avantage, il pourrait se mêler aux défenseurs et pénétrer avec eux dans le fort. « Un
» pareil événement, dit le général d'Arçon, est d'autant
» plus à craindre que, pendant la crise de l'attaque,
» les feux des défenseurs du dedans sont nécessaire-
» ment paralysés par la crainte de nuire à ceux du
» dehors. »

---

(1) Extrait du *Journal des Ingénieurs russes*.

Ajoutons que si la retraite des défenseurs du chemin couvert se faisait par le fossé, elle empêcherait les pièces flanquantes d'agir, et que, si elle s'opérait par l'extérieur, elle offrirait peu de sûreté.

On se bornera donc à établir, sur le front de tête des forts, un simple couloir pour surveiller les abords de l'ouvrage pendant la nuit.

Sur les fronts latéraux on réservera, entre le bord du fossé et la crête du glacis, l'espace nécessaire à la construction de larges barbettes que viendront occuper les pièces de campagne ou les pièces de la réserve mobile, quand l'ennemi cherchera à forcer le passage entre deux forts. Ces pièces seront très-utiles, parce qu'elles tireront derrière un épaulement indestructible et qu'elles pourront agir simultanément avec celles des batteries hautes des fronts latéraux, dont le commandement sur la campagne est d'environ 9 mètres.

Un chemin couvert en avant du front de gorge peut, dans certains cas, faciliter l'entrée des troupes de secours ou des détachements (1) qui, après avoir opéré en avant ou dans les intervalles des forts, seront poursuivis et serrés de près par l'ennemi. Cette considération suffit pour justifier la construction de ce chemin couvert qui, du reste, ne présente, au point de vue de la défense, aucun des inconvénients que nous avons reconnus au chemin couvert du front de tête.

Lorsque les fossés sont secs, il importe d'établir, à la

---

(1) Il s'agit ici de détachements tirés, non pas de la garnison du fort, mais de l'enceinte ou du camp retranché.

gorge du fort, des rampes qui permettent aux troupes campées de se jeter sur le flanc des colonnes d'assaut ou de combattre, à l'arme blanche, les hommes qui tenteraient l'escalade du fort.

Tout fort détaché doit avoir une porte par laquelle les défenseurs de l'ouvrage puissent se retirer sans traverser le réduit.

Aux grands forts on donnera deux entrées.

La sûreté du réduit exige que cet ouvrage ait une communication directe avec le camp retranché.

Il est également utile que le réduit communique avec le fort, mais, dans ce cas, de grandes précautions doivent être prises pour que l'assaillant ne puisse pas s'y introduire de vive force.

Les petits ouvrages avancés ou détachés n'ont souvent qu'une seule entrée. Alors, pour respecter le principe de l'indépendance des communications, on fait déboucher le pont unique dans un tambour en maçonnerie, construit à la gorge du réduit. Une ou deux portes conduisent de ce tambour dans l'intérieur de l'ouvrage.

Pour favoriser les retours offensifs, il est indispensable que le réduit batte les ponts de la gorge.

C'est, en effet, sous la protection des feux du réduit que ces ponts devront être rétablis, lorsque l'assaillant les aura détruits.

Dans un grand nombre de cas, les ingénieurs n'ont pas tenu compte de ce principe, sur l'importance duquel nous aurons l'occasion d'insister quand nous donnerons la description des forts d'Anvers.

Le réduit n'eût-il d'autre utilité que de surveiller et de

défendre les communications, il serait encore indispensable à tous les ouvrages détachés, quelles que fussent leur grandeur et leur importance.

CHAPITRE IV.

Principes généraux de la fortification.

SOMMAIRE :

Principes généraux de la fortification. — Nécessité d'abandonner les tracés angulaires (tenaillés et bastionnés). — Dissertation sur le tir à ricochet. — Effets constatés pendant le siége de Sébastopol. — Principes fondamentaux de la fortification : assurer le flanquement au moyen de l'artillerie. — Former autant que possible deux étages de pièces flanquantes, dont l'un au moins soit casematé. — Propriétés remarquables de la *mitrailleuse*. — Application de cette bouche à feu à la défense des places. — Caponnières métalliques. — Le profil doit être réglé de telle sorte qu'il offre des garanties suffisantes contre l'escalade et que les escarpes, les batteries casematées et, en général, toutes les maçonneries importantes soient à l'abri des feux rasants et des feux plongeants de l'attaque. — Hauteur qu'il convient de donner aux revêtements d'escarpe. — Avantages et inconvénients des escarpes détachées. — Opinion du général Todleben. — Il importe que les batteries flanquantes ne puissent pas être réduites au silence avant l'époque du siége où elles doivent agir. — Assurer une grande supériorité à l'artillerie de la défense, surtout vers la fin du siége. — Montalembert a émis sur ce point des idées plus justes que ne le sont celles de Vauban. — On soutient à tort que l'artillerie de la défense ne peut jamais avoir une supériorité marquée sur celle de l'attaque. — La défense de Sébastopol fournit un argument décisif en faveur de l'emploi d'une grande masse d'artillerie. — Avantages que procurent à la défense les appareils éclairants. — Moyen de combattre avec succès les batteries éloignées de l'attaque. — Utilité d'un armement mobile. — Réflexions du général De Blois. — Inconvénients du tir d'embrasure ; supériorité du tir à barbette. — Affûts de place ; défauts qu'ils présentent. — Affût de Redlichkeit. — Affûts à roues excentriques. — Affûts proposés par le général Chasseloup, par le capitaine Moncrieff et par le colonel de Puthaux. — Organisation des remparts ; conditions à remplir. — Profil à deux étages de feux, proposé par le colonel du génie Rodriguez de Quijano. — Divers types de traverses. — Dispositif proposé par le général Tripier. — Expériences faites à Brasschaet et à Newhaven, sur la pénétration des projectiles dans les terres. — Organisation des remparts, appropriée à l'emploi d'affûts analogues à celui de Moncrieff. — La défense active doit être favorisée par un système de communications larges, faciles, sûres et bien couvertes. — Établir avec soin, dans toutes les places, mais particulièrement dans les petites places, les défenses du fossé et les contre-mines. — Régler le commandement des ouvrages de telle sorte que l'artillerie du corps de place batte efficacement la campagne. — Mettre, autant que possible, les troupes et le matériel à l'abri des feux verticaux. — Opinion de Vauban sur ce point. — Preuves tirées des relations des sièges de la citadelle d'Anvers et de Sébastopol. — Combiner le tracé et le relief de la fortification, de façon que l'on ne puisse pas, des points dangereux du terrain, plonger dans l'intérieur des ouvrages. — Défauts que présente la théorie du défilement telle qu'elle est enseignée dans l'école de Metz. — Organiser la défense intérieure pour diminuer les dangers des surprises et pour empêcher que la place ne tombe tout entière au pouvoir de l'ennemi, après un assaut réussi. — Conditions auxquelles doivent satisfaire les ouvrages à défense intérieure. — Nécessité de laisser derrière les remparts de larges espaces libres pour les opérations de la défense. — Rôle des citadelles. — Résumé. — *Appendice* : Principes appliqués par le général Todleben à la construction et à l'amélioration des places.

Pour que la défense soit à la hauteur de l'attaque, il convient d'appliquer les principes suivants :

1ᵉʳ PRINCIPE.

Abandonner les tracés angulaires (tenaillés ou bastionnés) pour adopter les tracés rectilignes ou polygonaux.

La supériorité de ces derniers tracés a été démontrée dans l'*introduction*.

Nous ne reviendrons que sur une seule de leurs propriétés, la moins contestable de toutes, et qui, cependant, n'est pas encore admise dans certaines écoles. Cette propriété est : *De soustraire, mieux qu'aucun autre tracé, le corps de place au tir d'enfilade.*

Pour en diminuer l'importance, le général Noizet dit (t. I, p. 172 de ses *Principes de Fortification*) : « L'expé-
» rience des siéges a montré que le ricochet était rarement
» aussi terrible qu'on l'avait jugé dans les premiers temps
» de son invention, et que de simples traverses, élevées
» pendant le siége, pouvaient suffire pour en arrêter les
» ravages (1). »

Cette opinion est partagée par le commandant de Villenoisy, professeur de fortification à Metz. On lit, en effet, dans sa réfutation de l'ouvrage du général De Blois : « Le
» ricochet, dirigé par Vauban, a produit les plus puis-
» sants effets; mais, depuis ce grand homme, on n'en a
» presque point fait usage... C'est que le ricochet
» exige une précision et un sang-froid bien rares,... etc. »

D'après M. de Villenoisy, l'introduction des canons rayés n'est pas favorable à l'emploi du ricochet, « parce que ces
» canons donnent aux projectiles une rotation perpendicu-
» laire à la trajectoire, d'où résulte à chaque bond une
» déviation normale qui s'accroît énormément au moindre
» obstacle, tandis que les boulets ronds suivent tous les

---

(1) Le même auteur dit, t. I, p. 151 : « On pourrait donc encore avoir intérêt soit à
» briser les parapets des faces des bastions pour rompre le ricochet, si *dangereux dans*
» *les siéges*, etc. »
Il y a évidemment contradiction entre ce passage et celui que nous venons de transcrire.

» contours des trajectoires, s'ils sont animés d'une faible
» vitesse (1). »

Le général De Blois n'a pas eu de peine à réfuter cette objection.

Pour ce qui concerne la précision nécessaire au ricochet, il est d'avis « qu'en de certaines limites, l'irrégularité
» de ce tir contribue à en accroître les effets. Fidèle aux
» prescriptions de Vauban, dit-il, l'artillerie n'a jamais eu
» la pensée d'abandonner un genre de tir si redoutable, et
» qu'il ne faut pas manquer d'employer toutes les fois que
» les défauts de la fortification permettent d'y recourir. On
» sait, en effet, que l'extinction des feux d'une face par le
» tir de plein fouet exige un nombre de canons à peu près
» double de ceux qui garnissent la face, tandis qu'il suffit
» d'un canon contre quatre (2) pour en détruire l'artillerie
» par le ricochet. »

« Aujourd'hui, ajoute le général, on apporte à ce tir
» plus d'intérêt que jamais, depuis que l'on a constaté que
» le canon de 12 rayé donne, malgré la déviation de ses
» projectiles, des effets de justesse, de choc et d'explosion
» *bien supérieurs* à ce que l'on obtenait des boulets et des
» obus. »

... « Le tir d'enfilade d'un petit nombre de canons

---

(1) Les mêmes idées sont exposées et développées dans le *Résumé des leçons* données à l'école de Metz *sur l'attaque et la défense des places*. Parlant du ricochet, le professeur dit : « On en fait peu usage dans les sièges ; on s'en servira moins encore à l'avenir, » car l'artillerie rayée ne permet guère d'employer cet énergique moyen de destruc-
» tion. »

Voir également les *Études historiques sur la fortification*, par le commandant Prévost, p. 280.

(2) Proportion indiquée par Bousmard.

» de 12 rayés suffira pour imposer silence aux remparts
» (ricochables), en bien moins de temps qu'il n'en a fallu
» jusqu'ici ; car, indépendamment de sa supériorité des-
» tructive, cette nouvelle pièce se manœuvre avec la rapi-
» dité du canon de campagne, et tire quatre fois aussi vite
» que les anciens canons et obusiers de siége...

» Nous sommes persuadés que le tir d'enfilade est le
» *fléau des remparts* (1). »

Tel était aussi l'avis de Bousmard, qui voulait courber les flancs et les faces des bastions, dans l'unique but de les soustraire au ricochet.

Plus récemment, le général Prévost de Vernois a fourni le meilleur argument en faveur de cette thèse, en citant l'exemple du siége de Turin, de 1706. Ce siége, dit-il, prouve « que l'artillerie de la place, *si elle n'est pas rico-*
» *chée ou si elle n'est ricochée qu'en partie*, peut prendre
» et conserver la supériorité sur l'artillerie assiégeante,
» quand même elle n'aurait en batterie qu'un moindre
» nombre de pièces (2). »

Il est fort étrange que Prévost de Vernois, le général Tripier, qui reproduit, en l'approuvant, ce même passage, et de Gaubert, qui dit : « On doit *avant tout* soustraire aux
» coups de ricochet les défenseurs et les pièces sur lesquels
» repose la défense ; » il est fort étrange, disons-nous, que

---

(1) Voir le *Moniteur de l'Armée*, 1er avril 1866.

(2) « Car, ajoute-t-il, ces pièces sont abritées derrière des parapets plus solides et
» qui ne sont pas faits, comme les batteries de l'assiégeant, avec la terre fraîchement
» remuée ; elles peuvent avoir, de plus, l'avantage d'être posées sur affût de place et de
» ne pas offrir aux coups de l'ennemi des embrasures toujours faibles et faciles à
» détruire. »

ces ingénieurs n'aient pas conclu à l'adoption du tracé polygonal, qui offre le maximum de garanties contre le tir d'enfilade.

Quant au palliatif des traverses que le général Noizet présente comme un remède efficace, il est constaté que le ricochet mou porte, entre ces obstacles, des projectiles animés d'une vitesse suffisante pour tuer les servants et détruire le matériel.

Du reste, ce n'est pas seulement par le choc direct que les projectiles agissent contre les pièces, les affûts et les hommes, ils sont encore dangereux par les éclats qu'ils produisent lorsque l'explosion a lieu dans le talus des traverses.

Supposons que l'on sépare les pièces par des traverses assez hautes pour que les projectiles rasant la crête d'une de ces traverses pénètrent dans le talus de l'autre, à plus de 2 mètres au-dessus du terre-plein; ces projectiles dès lors n'atteindront rien dans leur course, et cependant ils produiront des dégâts, parce que l'explosion, grâce à la fusée percutante, aura lieu à une petite profondeur dans les terres. Quelques éclats seront projetés dans l'intervalle des deux traverses; d'autres, s'élevant plus haut, atteindront les intervalles voisins, et le plus petit nombre sera lancé en dehors de la batterie.

Les traverses sont, par conséquent, un palliatif insuffisant contre le ricochet; elles ont, en outre, l'inconvénient d'affaiblir la puissance offensive des remparts, en absorbant une grande partie de leur terre-plein.

S'il pouvait y avoir le moindre doute sur l'efficacité du tir d'enfilade, nous citerions les relations du siége de Sébastopol, desquelles il résulte clairement que, dans l'opinion des généraux alliés, le peu de succès de leur artillerie doit être attribué à ce fait que de petites parties seulement de l'enceinte pouvaient être battues d'enfilade. Ces parties étaient les faces des bastions que l'empereur Nicolas avait fait construire autour de la ville en 1834.

« Nous ferons remarquer, dit le général Niel (p. 46),
» que, par suite de la configuration du terrain et du tracé
» des ouvrages, presque toutes les parties de l'enceinte
» échappaient au ricochet et que les alliés n'ont pu faire
» qu'un usage fort restreint de ce tir, qui *ordinairement*
» *assure en peu de temps à l'artillerie de l'attaque la supé-*
» *riorité sur celle de la défense.* »

La même remarque est consignée dans l'*Historique du service de l'artillerie*, rédigé d'après les documents officiels, par le général Auger : « Le tracé de la fortification étant
» en ligne droite, avec des prolongements tombant dans
» des ravins profonds ou coupant nos tranchées à de trop
» grandes distances, nous n'avions pu faire qu'un usage
» très-restreint du tir à ricochet. Les bombes paraissaient
» avoir le plus d'efficacité et avoir occasionné le plus de
» pertes à l'ennemi. »

Quatre heures suffirent, dans la journée du 17 octobre, pour réduire au silence les batteries françaises, auxquelles on avait donné un tracé bastionné. La batterie n° 5, qui formait la face droite de ce tracé, était enfilée par le *bastion de la quarantaine* (n° 6), pendant que le bastion *du mât* (n° 4) et le bastion *central* (n° 5) l'attaquaient de front (1).

---

(1) Le bastion n° 6 était à 1,700 mètres de la batterie; les bastions n°s 4 et 5, à 1,000 et 1,100 mètres.

Le général Todleben signale, dans plusieurs parties de sa relation de la défense, la faiblesse des batteries qui occupaient les faces des bastions.

Il attribue (1) le succès des Anglais, dans la canonnade du 17 octobre, à cette circonstance que, « battant directe-
» ment quelques-unes des faces des ouvrages russes, ils
» pouvaient en même temps prendre en rouage et à revers
» les faces contiguës. »

« Les batteries de la *montagne verte*, dit-il (p. 352),
» étaient celles qui nous causaient le plus grand dommage ;
» elles *prenaient d'enfilade* la face gauche du bastion n° 3
» et battaient d'écharpe la face droite du bastion n° 4. On
» fut contraint d'élever une traverse pour chaque pièce. »

En rendant compte de la situation du bastion *du mât* (n° 4), à la date du 3 novembre 1854, le général Todleben dit : « Ce bastion subissait chaque jour de *terribles dégra-
» dations*, par l'effet du tir concentré des batteries de siége ;
» et, quoique les dommages fussent immédiatement réparés
» sous le feu même de l'ennemi, et les pièces d'artillerie
» démontées, remplacées par d'autres à l'instant même ;
» quoique les vides causés par la mort, dans les rangs de
» la garnison, fussent aussitôt comblés par de nouveaux
» combattants, il faut cependant reconnaître que les forces
» de la défense du bastion n° 4 touchaient à leur agonie. »

Il résulte de l'ensemble de ces faits et de ces témoignages, que la fortification soustraite au ricochet aura toujours une grande supériorité sur celle qui ne l'est pas.

---

(1) *Défense de Sébastopol*, p. 343.

Ne pouvant contester ce point, quelques ingénieurs de l'école française ont cherché à démontrer que la fortification bastionnée offre, sous le rapport du ricochet, autant et même plus de garanties que la fortification polygonale. Mais cette démonstration devait échouer, parce qu'elle était appuyée sur des arguments inadmissibles. On en jugera par l'extrait suivant d'une brochure publiée, en 1868, par le général du génie Mengin-Lecreux.

« Non-seulement, dit-il, le tracé polygonal, n'est pas à
» l'abri du ricochet ou de l'enfilade, mais *il y est plus* exposé
» que le tracé bastionné, parce que, dans ce dernier, la
» courtine, du moins, échappe au ricochet, tandis que, dans
» l'autre, ce long côté en ligne droite est on ne peut
» mieux disposé pour être ricoché avec avantage. »

S'il était vrai que la courtine du front bastionné ne peut pas être ricochée, le général Mengin-Lecreux aurait raison; mais il s'en faut bien que cela soit. Vauban, dans son *Traité des siéges et de l'attaque des places* (1), indique le moyen de ricocher la courtine et insiste à plusieurs reprises sur les avantages de ce tir. Les planches qui accompagnent le texte (2) représentent des batteries enfilant les courtines et d'autres les prenant à revers. Il nous semble étrange que le général Mengin ignore ce fait ou qu'il n'en ait pas tenu compte. Son observation, du reste, ne s'ap-

---

(1) Voir l'édition de 1829, p. 160.

(2) La planche 14 représente la courtine du front d'attaque de l'hexagone enfilée obliquement par derrière, au moyen des batteries de la première parallèle, servant à ricocher les faces des demi-lunes collatérales.

En avant de la seconde parallèle se trouvent deux batteries à ricochet établies dans le prolongement même de la courtine.

plique qu'aux polygones d'un petit nombre de côtés, les seuls qui puissent être ricochés lorsqu'on emploie le tracé à caponnières.

2ᵉ PRINCIPE.

Assurer le flanquement au moyen de l'artillerie et, autant que possible, par un double étage de feux, dont l'un au moins soit casematé.

Ce principe n'est pas admis par l'école française, qui entend régler la longueur de la ligne de défense sur la portée efficace des petites armes.

Sous ce rapport, elle est restée fidèle aux préceptes de Cormontaingne, qui disait : « Les flancs ou défenses ne » sauraient être trop près de ce qu'ils doivent avec de la » mousqueterie, qui est toujours préférable au canon. »

Les anciens ingénieurs n'étaient pas tous de cet avis, puisqu'on trouve, dans les places construites par eux, et notamment à Anvers (témoin l'enceinte espagnole, démolie en 1866), des courtines de 480 mètres de longueur, flanquées par des casemates.

Le premier qui, en France, critiqua ce dispositif fut le chevalier de Ville. Ses idées ont été trop facilement acceptées par l'école française, qui a eu le tort d'y rester fidèle jusque dans ces derniers temps.

« Au delà de 300 mètres, dit le général Noizet, un » homme, s'il est caché surtout dans une tranchée, devient » un but trop peu apparent pour la plupart des yeux. »

Selon lui, la ligne de défense de la demi-lune devrait avoir 190 mètres au plus. « C'est déjà, dit-il, une *très-grande* » *concession* d'avoir admis une aussi longue ligne de » défense que 250 mètres. »

Le général Tripier est du même avis. « Les lignes » de défense, dit-il, ne peuvent pas dépasser 300 mètres, » pour la sécurité de la place. » (P. 215.)

Pour le général Prévost de Vernois, c'est une « aberration monstrueuse » de vouloir porter la longueur du front bastionné à 400 ou 500 mètres.

Les ingénieurs français invoquent à l'appui de leur thèse, un argument qui a été formulé par Noizet, dans les termes suivants : « Quand on construit une place, on doit toujours » supposer qu'on aura des hommes pour la défendre, et ces » hommes étant tous armés de fusils, on est sûr de pou- » voir faire usage de la mousqueterie pour le flanquement » du corps de place; tandis qu'on n'est pas certain » d'avoir à un moment donné, ou assez de canons pour » armer tous les flancs, ou assez de canonniers pour les » servir (1). »

Cet argument est justifié par la situation précaire des flancs dans le tracé bastionné, situation que Vauban a parfaitement caractérisée (2), mais qui n'est point commune à tous les flancs et dont, par conséquent, on ne peut

---

(1) *Principes de fortification*, t. I, p. 129.
(2) « A l'égard des flancs du corps de place, quoique les échappées du ricochet les » prennent par derrière et les batteries directes par devant, et les bombes et les » pierres par tous les côtés, il n'est pas inutile de leur préparer à chacun un ricochet » de 3 pièces ; car s'il y a beaucoup de canons dans la place, les assiégés pourront » tant rechanger qu'ils trouveront le moyen d'en substituer quelques pièces à celles qui » seront démontées. » (*Attaque des places*, édition de 1829, p. 129.)

pas se prévaloir pour soutenir que, dans tous les tracés, la ligne de défense doit être réglée sur la portée du fusil.

Un ingénieur français, M. de Gaubert, a indiqué la vraie raison pour laquelle la longueur de la ligne de défense a été réglée sur la portée du fusil. « Si, dans le sys-
» tème bastionné, dit-il, les ingénieurs ont basé la longueur
» des lignes de défense sur la portée de la mousqueterie,
» *c'est parce qu'ils ne pouvaient compter sur l'artillerie de*
» *la place, réduite au silence dès la deuxième parallèle* (1). »

Le colonel du génie espagnol Rodriguez de Quijano donne une autre raison, moins importante, mais également admissible. « Le relief des batteries de flanc, dit-il, et leur
» situation l'une vis-à-vis de l'autre, sont les motifs pour
» lesquels la défense des fossés ne peut se faire avec la
» mitraille. Le cône suivant lequel elle s'éparpille, enve-
» loppe nécessairement le bastion opposé. C'est là une des
» causes de l'insistance de l'école française à soutenir
» comme principe que le fusil doit être l'arme essentielle
» de la fortification. » (Voir annexe n° 2.)

Ce faux principe sera donc maintenu en France aussi longtemps qu'on appliquera le tracé bastionné.

Quand les flancs sont casematés et soustraits aux feux des batteries éloignées, on est toujours sûr d'avoir des canons et des artilleurs pour défendre les fossés ; or l'un des grands avantages de la fortification polygonale est d'admettre des flancs jouissant de cette propriété.

Le tir à mitraille produit des résultats qui justifient son

---

(1) *Examen critique*, etc., p. 45.

emploi de préférence à la mousqueterie, dans le flanquement des ouvrages permanents. Il exerce une grande influence sur le soldat, naturellement enclin à exagérer les effets du canon comme il exagère ceux des contre-mines (parce qu'il connaît moins bien ces effets que ceux du fusil dont l'usage lui est familier). Tel combattant hésitera, reculera même devant une pièce chargée à mitraille, qui bravera sans sourciller le feu de vingt fusiliers. C'est un fait d'expérience qui s'explique, du reste, par les ravages que cause la mitraille dans une colonne d'assaut.

Un autre effet utile de l'artillerie flanquante est de briser les échelles, dans une attaque de vive force, et de percer les matériaux de sape, dans une attaque pied à pied.

Le temps est proche où tous les ingénieurs reconnaîtront que la mousquerie des flancs est insuffisante pour arrêter une colonne d'assaut ou pour empêcher l'exécution d'une sape, d'une digue ou d'un pont.

En 1866, un ingénieur français (M. Ratheau) écrivait dans le *Spectateur militaire* :

« On se refuse encore à regarder le flanquement par
» l'artillerie comme le seul efficace, mais nous sommes
» convaincu que l'on y arrivera. Que peuvent, en effet,
» quelques coups de fusil partant d'un flanc pour arrêter
» une colonne d'assaut bien lancée ? Il faut pour cela un
» effet terrifiant, pour ainsi dire, qui la fasse hésiter et
» tourbillonner sur elle-même : le tir à mitraille est seul
» capable de le produire. »

Les batteries basses flanquantes ont plusieurs propriétés qui les rendent nécessaires. Elles sont moins exposées aux feux de l'attaque ; le cône de mitraille partant de ces batteries n'enveloppe point le parapet de la ligne flanquée, et les trajectoires sont le maximum d'espace dangereux. « La gerbe » de mitraille qui, partant du flanc du bastion, frappe le » fossé près de la brèche, sous l'inclinaison d'un vingtième, » fera nécessairement moins de mal que le feu de la capon- » nière, qui sera rasant dans toute l'étendue de son tra- » jet (1). »

Les batteries flanquantes hautes sont également fort utiles. Elles dominent la contre-batterie et elles permettent de diriger des feux plongeants sur les travaux du passage et sur les sapes dans le fossé.

Pour donner aux flancs toutes les propriétés désirables, on les composera donc de deux étages de batteries, dont l'un au moins sera casematé.

Une arme nouvelle, et dont on pourra tirer un excellent parti pour la défense des fossés, est la *mitrailleuse*. Pouvant lancer de grosses balles, voire même des biscaïens, avec une vitesse suffisante pour briser les échelles et percer les matériaux de sape, cette petite pièce conviendra surtout pour flanquer des lignes de peu d'étendue, comme le sont en général celles des redoutes et des forts détachés (2).

Les mitrailleuses ont tous les avantages inhérents à une grande mobilité, et leur masse est cependant suffisante pour empêcher le recul.

Il résulte de là quelques propriétés remarquables :

---

(1) Le général De Blois. (Voir la *Revue militaire française*, fév. 1869, p. 317.)

(2) Déjà en 1833, le capitaine belge Faschamps avait proposé une mitrailleuse composée de 50 canons de fusil que le mouvement d'une manivelle faisait partir l'un après l'autre. C'est probablement le point de départ de l'idée qui a fait, depuis, beaucoup de chemin en Amérique et en France.

1° On peut les établir dans des locaux et dans des galeries qui n'ont pas assez de largeur pour recevoir des canons ;

2° Quand le pointage a été fait exactement, la pièce continue de tirer avec la même justesse, jusqu'à ce que le but se déplace ;

3° La nuit, sur des objets fixes, elle donne autant de précision que le jour ;

4° On peut imprimer à la pièce un mouvement latéral pendant le tir et produire ainsi une véritable nappe de balles.

La mitrailleuse Gatling, de petit calibre, a été employée avec succès dans la dernière guerre d'Amérique. Les fédéraux s'en sont servis dans les lignes fortifiées du James-River et sur les bateaux à vapeur du Mississipi, pour repousser les attaques des guérillas. Grâce aux cartouches métalliques, on peut tirer 1,000 coups de cette arme sans la nettoyer.

Le colonel Claxton a inventé une mitrailleuse plus portative, qu'il appelle « infanterie mécanique ; » elle est montée sur une espèce de brouette et pèse, y compris 750 cartouches, environ 80 kilogrammes. Le nombre de canons est de 6, le calibre de 11 millimètres et la charge de 1/4 (6 grammes). Le tireur est abrité en partie au moyen d'une plaque en acier fixée sur le coffre à munitions. Cinquante de ces mitrailleuses font autant d'effet qu'un bataillon de 1,000 hommes.

Les mitrailleuses du système français et du système Montigny se composent de canons de fusil accolés au nombre de 20 à 30. Elles lancent 1,500 balles par minute, à 1,200 ou 1,300 mètres, et 4 hommes suffisent pour les manœuvrer (1).

En 1866, on a essayé au fort Monroë, dans la Virginie, une mitrailleuse Gatling, concurremment avec un obusier de rempart de 24 (2). La mitrailleuse se composait de 6 canons en acier de 1 pouce de diamètre, lançant des balles de plomb du poids de $0^k,0127$. Elle pesait, y compris son affût, 364 kilogrammes. Chaque canon recevait une cartouche métallique portant 15 balles, non compris la balle cylindroconique, placée à la tête de la cartouche. Le rapporteur de la commission d'expérience dit : « Je considère la mitrail» leuse comme une arme supérieure à l'obusier de rem» part de 24, pour la défense des fortifications, attendu » que 80 à 100 gargousses ou cartouches à balles peuvent » aisément être tirées par cette nouvelle arme en une » minute et demie, ce qui fait une décharge de 1,200 à » 1,600 projectiles, tandis qu'avec l'obusier de rempart de » 24, quatre coups seulement peuvent être tirés dans le » même espace de temps, ce qui donne pour la mitraille » 192 projectiles, et pour les boîtes à balles environ 700. » La mitrailleuse Gatling serait surtout efficace pour » repousser un assaut, attendu que les assaillants n'au» raient pas même une seconde de répit entre les » décharges. »

Un tir exécuté à 1,000 mètres avec des balles pleines de 240 grammes, sur une cible et de $3^m,64$ de surface,

---

(1) Il s'agit ici d'une mitrailleuse modifiée. La mitrailleuse primitive lançait par minute 360 balles en six salves.

(2) La pièce sur son affût pesait 687 kilogrammes.

a donné le résultat suivant : 92 coups par minute et 50 projectiles dans la cible.

Les mitrailleuses pourraient être établies dans de très-petites caponnières en fer, d'une épaisseur suffisante pour résister au feu de la contre-batterie.

On obtiendrait le même résultat en cuirassant une caponnière ordinaire, armée de canons, mais la dépense serait beaucoup plus élevée.

Dans les petits forts dont le flanquement est toujours difficile à assurer, et pour lesquels on n'alloue pas, en général, des sommes importantes, il serait avantageux de construire des caponnières mobiles en tôle de fer, que l'on mettrait à l'abri des feux, en les retirant sous des poternes en maçonnerie (1). Au moment où leur intervention deviendrait nécessaire, soit pour repousser une attaque de vive force, soit pour combattre les derniers travaux de l'assiégeant, on les ferait rouler en avant de l'escarpe sur de forts rails scellés dans des blocs de granit (2).

Le résultat serait encore plus complet si la batterie cuirassée, après son mouvement de translation, était en état de pivoter rapidement sur elle-même. On pourrait alors soustraire les flancs de la batterie aux pièces de

---

(1) Ce résultat serait encore mieux atteint si la caponnière était remisée dans un local de la contrescarpe, d'où on la retirerait au moment de l'attaque.

On pourrait aussi descendre la caponnière sous le plafond du fossé et la faire remonter au moyen d'une presse hydraulique, quand le moment serait venu. Mais, dans la pratique, l'une et l'autre dispositions présenteraient des difficultés et des inconvénients qui nous empêchent de les recommander.

(2) Dans ces conditions, la caponnière ne devrait pas même être à l'épreuve de la bombe. Aux forts exposés seulement à l'attaque de vive force, il suffirait de donner des caponnières pouvant résister à la mousqueterie.

couronnement, par un quart de conversion et les remettre dans leur position naturelle, par un mouvement en sens contraire (opéré au moment où l'assiégeant pénétrerait dans le fossé pour donner l'assaut ou pour construire ses derniers travaux).

3ᵉ PRINCIPE.

Régler le profil de la fortification de telle sorte qu'il offre des garanties suffisantes contre l'escalade et que les escarpes, les batteries casematées et en général toutes les maçonneries importantes soient à l'abri des feux plongeants de l'attaque.

Ce principe est justifié par de nombreuses expériences prouvant que l'artillerie rayée peut faire brèche à un revêtement, quelle qu'en soit la nature (détaché, terrassé ou en décharge), aussi longtemps que l'angle de chute ne dépasse point 9 1/2 degrés (correspondant à une inclinaison d'un sixième).

Quelques ingénieurs voudraient qu'on adoptât l'angle de 14 degrés (correspondant à une inclinaison de 1/4); mais, pour atteindre un mur sous cette inclinaison, on devrait, ou bien diminuer les charges au point de rendre les projectiles presque inoffensifs contre la bonne maçonnerie (1), ou

---

(1) Les expériences de Juliers ont prouvé qu'à 1,200 pas un projectile est encore dangereux pour les maçonneries, lorsque la charge est réduite à 1,24 du poids du projectile. Aux distances de 800 à 1,800 pas, les batteries de brèche, armées de canons prussiens, atteignent les revêtements sous un angle de chute qui ne dépasse pas 10 degrés.

— 225 —

bien éloigner considérablement les batteries, ce qui diminuerait la pénétration et la justesse du tir. Sous ce rapport, les expériences françaises ne concordent pas entièrement avec celles faites en Prusse. Il a été constaté, en effet, à l'île d'Aix (en 1863 et 1864), que, pour qu'une brèche soit praticable, il faut atteindre l'escarpe au moins au milieu de sa hauteur (1), et que le plus grand angle sous lequel on peut encore tirer avec efficacité, à des distances comprises entre 670 et 1,220 mètres, est de 10 degrés pour la pièce de 12 et de 12 degrés pour la pièce de 24. Les angles de chute correspondants sont de 12° et de 14° 20′.

Mais comme l'assiégeant pour faire brèche doit atteindre la moitié de la hauteur du revêtement, on se contentera (à moins qu'il ne s'agisse de couvrir des murs de masque d'une faible épaisseur) d'abaisser le cordon des maçonneries, sous la crête de la masse couvrante, d'une quantité égale au sixième de la distance qui sépare ces deux lignes (2).

Le général Tripier prétend (3) que, pour satisfaire à cette condition importante, il faudra sacrifier les casemates et les galeries d'escarpe. Mais nos projets lui prouveront que cette assertion n'est pas fondée.

Quand l'ennemi peut faire brèche de loin au corps de

---

(1) Cette proportion doit nécessairement varier avec la nature du profil. Lorsqu'on ne peut pas couvrir l'escarpe tout entière, on doit laisser une large berme entre le cordon et le pied du talus extérieur, pour empêcher la chute du parapet et le comblement partiel du fossé.

(2) Les profils du nouveau front d'étude de Metz ne satisfont pas à cette condition, puisque le cordon de l'escarpe du bastion (situé à 40 mètres en arrière de la crête du glacis) ne se trouve qu'à 3 mètres sous le plan de cette crête (1/13 au lieu de 1/6).

(3) *La fortification déduite de son histoire*, p. 177.

place, il évite les difficultés que présentent le transport des pièces par les tranchées ou à travers champs et l'exécution des travaux du couronnement, « que l'on a toujours la » plus grande peine à faire lorsque la place a conservé du » canon (1). »

Les brèches pratiquées à distance, dit le général Tripier, démoralisent la garnison, facilitent l'attaque de vive force, augmentent les difficultés de la surveillance et affaiblissent l'action de l'artillerie, en ce sens qu'on perd ou qu'on doit retirer les pièces qui se trouvent derrière les parties éboulées du rempart.

Ces brèches sont surtout dangereuses quand l'assiégeant a une grande supériorité numérique, parce qu'alors l'attaque à la Coehoorn offre des chances de succès.

Il ne suffit pas que le profil oppose une grande résistance aux batteries de l'assiégeant, il faut encore qu'il mette la place à l'abri de l'attaque de vive force.

Nous avons exposé, dans le chapitre XIV de l'*Essai sur la défense des États*, les raisons qui permettent de considérer un large fossé plein d'eau comme un obstacle infranchissable.

L'escarpe revêtue n'est une nécessité que dans le cas où les fossés sont secs, et encore cette nécessité n'existe-t-elle alors que pour les fossés du corps de place.

On n'est pas d'accord sur la hauteur qu'il convient de donner à l'escarpe.

L'école française, invoquant l'autorité de Vauban et de

---

(1) *La fortification déduite de son histoire*, p. 181.

Cormontaingne, fixe cette hauteur à 10 mètres ou 30 pieds.

Le général Prévost de Vernois est plus exigeant. Il ne pense pas que l'enceinte de Paris avec ses escarpes de 10 mètres soit à l'abri d'une attaque de vive force.

Le commandant de Gaubert soutient que des murailles de 11 mètres et même de 11^m,50 sont insuffisantes : il demande donc 12 mètres (1).

C'est une exagération qui provient, croyons-nous, de ce que l'on considère le revêtement comme étant le seul ou tout au moins le principal obstacle à une attaque de vive force. Or l'histoire des siéges prouve, d'une part, que des revêtements d'une hauteur considérable ont été facilement escaladés quand les feux de flanc étaient éteints, et, d'autre part, que des demi-revêtements ou même des talus en terre ont arrêté les meilleures troupes, quand les flancs avaient conservé une partie de leur artillerie.

On doit conclure de ces faits que ce ne sont pas les hautes murailles qui mettent les places à l'abri de l'escalade, mais bien les feux de flanc et les feux directs. Toutefois, un demi-revêtement de 5 à 6 mètres de hauteur augmentera beaucoup les difficultés de l'attaque, parce que l'assaillant devra se munir d'échelles ou renverser l'escarpe par la mine ou à coups de canon.

---

(1) Le commandant Prévost est moins exigeant : « En reculant les parapets, dit-il (p. 393), et en mettant en avant des escarpes des masses de terre telles que la partie supérieure des maçonneries soit seule détruite et qu'il reste encore 5 ou 6 mètres de hauteur de mur, on peut consentir à laisser voir à l'assiégeant la magistrale, à lui laisser suivre de l'œil le progrès des fissures et même des éboulements qu'y produira son tir.

Cette opinion conduit logiquement à la suppression des hautes escarpes, puisqu'il serait peu conforme au bon sens et aux principes d'économie de construire des murs pour en faire démolir une partie par les batteries éloignées de l'attaque.

Ce demi-revêtement, composé d'une rangée de voûtes, procurera, en outre, aux défenseurs de la place, des abris, des locaux pour les vivres, les matériaux, etc.; il sera également très-utile pour les habitants, quand l'ennemi bombardera la ville.

Le demi-revêtement oppose, sans doute, moins de difficultés à l'escalade que le revêtement entier, mais, d'un autre côté, il résiste mieux au tir en brèche, de loin comme de près.

Lorsqu'on veut augmenter la difficulté de l'escalade, on établit au-dessus des voûtes un mur détaché de $2^m,50$ à $3^m,50$ de hauteur. Cette combinaison semble préférable au mur entièrement détaché, qui offre moins de solidité (à cause des vibrations du sol) et dont la garnison ne peut tirer aucun parti pour mettre ses troupes et ses munitions à l'abri de la bombe.

Cependant, quelques ingénieurs nient ces inconvénients ou en contestent l'importance. (Parmi ceux-ci, nous citerons le général Todleben.) Ils n'admettent pas que les vibrations du sol puissent renverser ou disloquer des murs bien construits; et, pour ce qui regarde les abris voûtés, ils préfèrent les établir à l'intérieur des remparts, où ils sont mieux protégés et plus à portée de la garnison.

Nous avons signalé tous les avantages que présentent les escarpes détachées (1). (Voir p. 162 et 163 du tome I de nos *Études*.) Mais nous hésitons à nous prononcer pour

---

(1) Les escarpes détachées avaient déjà des partisans en France avant l'apparition du livre de Montalembert. Le colonel Augoyat nous apprend, en effet, que l'ingénieur Baudouin les recommande dans divers mémoires datés de 1740, 1744 et 1749.

une application générale de ces escarpes, lesquelles ont, selon nous, l'inconvénient d'offrir peu de résistance au tir en brèche et de favoriser les attaques enveloppantes. Il est juste, cependant, de faire observer que cet inconvénient est compensé, jusqu'à un certain point, par la difficulté plus grande qu'oppose l'escarpe détachée à l'escalade et par la diminution de dépense qui résulte de son emploi (50 pour cent environ).

Les circonstances décideront, par conséquent, de la préférence à donner à l'une ou à l'autre espèce de revêtement. En tout cas, le mur détaché nous semble préférable à l'escarpe terrassée de Vauban et de Cormontaingne, et à l'escarpe moitié terrassée, moitié en décharge, du nouveau front d'étude de l'école de Metz (1).

« Le mur détaché, dit le général Todleben, permet de
» réparer les parties éboulées du parapet, ce que l'on ne
» peut pas faire dans le cas d'une escarpe ordinaire.
» Quant à l'idée de Montalembert et de Carnot, d'appro-
» prier les murs détachés au feu de la mousqueterie, elle
» est loin d'être heureuse. Il est fort douteux, en effet, que
» l'assiégé puisse s'y tenir pendant l'attaque, à cause des
» éboulements du parapet et des projectiles qui rouleront
» sur le talus extérieur. »

» Le revêtement détaché doit jouer seulement un rôle
» passif, en procurant à la défense les avantages suivants :
»   1° Tenir lieu, comme obstacle, d'une haute palissade ;

---

(1) Ce mur est terrassé sur 5 mètres de hauteur à partir du fond du fossé. Les 5 mètres restants sont en décharge, pour offrir plus de résistance au tir en brèche et aux feux plongeants des batteries éloignées.

» 2° Retenir les éboulements que produiront dans le
» parapet les projectiles de l'ennemi, et rendre ainsi plus
» facile la réparation de ces éboulements;

» 3° Empêcher que le fossé ne soit comblé sur toute sa
» largeur et privé de flanquement (1). »

Bien que ces réflexions s'appliquent à l'escarpe entièrement détachée, on peut les invoquer en faveur de l'escarpe demi détachée, laquelle n'est, à proprement parler, qu'un mur de ronde.

Vauban, dans sa *Défense des places,* approuve hautement cette combinaison, tant pour faciliter la surveillance que pour empêcher les terres du parapet de tomber au pied du revêtement : « jamais, dit-il, dans ce cas, le parapet
» ne suit tout à fait la chute du revêtement (2). »

Souvent on pourra remplacer le mur de ronde par une haie ou par des buissons d'épines, comme Vauban l'a fait à Neuf-Brisach.

4ᵉ PRINCIPE.

Construire et protéger les batteries flanquantes de telle sorte qu'on ne puisse pas les réduire au silence avant l'époque du siège où elles doivent agir (le couronnement du chemin couvert ou le passage du fossé).

Ce principe n'a pas besoin d'être démontré.

---

(1) Note en réponse à une critique du tracé polygonal, publiée dans le *Journal des ingénieurs russes,* par le colonel Froloff.

(2) Ce sont les mêmes raisons qu'avait fait valoir l'ingénieur italien Castriotto.

Nous avons vu, dans l'*introduction,* que, pour y satisfaire convenablement, on doit employer le tracé polygonal, non-seulement parce qu'il offre plus de garanties contre l'enfilade (1), mais parce qu'il permet de descendre les batteries flanquantes jusqu'au niveau du plafond, lequel peut être abaissé à volonté, le tracé polygonal n'exigeant aucune relation constante entre la profondeur des fossés, l'étendue des fronts et la hauteur des remparts.

Toutes les fois qu'une batterie flanquante ne sera pas à l'abri du tir à grande distance, on devra la protéger, soit par un masque à la Bousmard, soit par des plaques de fer, soit par tout autre moyen.

5ᵉ PRINCIPE.

Assurer une grande supériorité à l'artillerie de la défense, surtout à la dernière époque du siége, supériorité résultant du nombre des bouches à feu, de la puissance des calibres, de la bonne organisation des batteries et de la mobilité du matériel.

Les écrits de Vauban prouvent que le chef de l'école française n'appréciait pas à sa juste valeur l'importance de l'artillerie dans la défense des places. Il cachait les pièces

---

(1) Une batterie qui enfile une face d'ouvrage peut également réduire au silence la batterie qui flanque cette face, à moins que ce ne soit une batterie de revers. A Berg-op-Zoom, en 1747, une batterie à ricochet élevée contre l'une des faces de la demi-lune du front d'attaque, fit brèche au corps de place et renversa dans le fossé les pièces qui flanquaient cette face.

ou ne les faisait agir que timidement, au début du siége, et attendait, pour les engager sérieusement, que l'ennemi fût arrivé assez près du chemin couvert pour masquer le feu de ses batteries éloignées.

Conformément à ces idées, il recommandait :

1° « De ne point ouvrir les embrasures, que l'on ne voie
» l'ennemi placé, observant de ne jamais opposer directe-
» ment aux siennes, mais toujours les prendre de biais,
» autrement son canon aurait bientôt démonté celui qui
» leur serait opposé. »

2° « De descendre le canon de dessus les barbettes pen-
» dant le jour et l'y remonter pendant la nuit, *dès que*
» *l'ennemi commencera à tirer.* »

3° « De préparer quantité de nouvelles batteries prêtes
» à déboucher, qui auront des vues biaises sur celles de
» l'ennemi et sur la tête de ses ouvrages, » quand l'assiégeant sera à portée du chemin couvert. (P. 129 et 186, édit. de 1829.)

Ces recommandations expliquent pourquoi Vauban ne voulait donner aux places de cinq fronts qu'un armement de 50 canons et 24 mortiers, et aux places de dix fronts qu'un armement de 100 canons et 54 mortiers.

Était-ce par principe ou par nécessité qu'il établit ces bases, qui ont été admises depuis, grâce à l'autorité de son nom, en France et dans la plupart des pays? Nous croyons la dernière hypothèse seule admissible. « Un des
» cachets distinctifs de l'école française, dit le commandant
» Prévost (1), est de permettre de défendre ou d'attaquer

---

(1) Ouvrage cité, p. 185.

» une place avec des ressources restreintes en artillerie,
» non pas, comme on l'a dit, par système arrêté ou pré-
» conçu,... mais parce que l'expérience avait prouvé qu'à
» l'époque dont il s'agit ici, il était difficile d'espérer avoir
» autant de canons et de mortiers qu'on l'aurait désiré. »

En effet, comme Vauban avait hérissé la France d'une triple ligne de places fortes et que de son temps l'on comptait les points fortifiés par centaines, il fallait bien que l'on réduisît l'armement des places à des proportions insuffisantes, à moins d'épuiser les ressources du Trésor et d'employer comme artilleurs et servants les trois quarts de l'armée française. Si les Allemands se prononcèrent, dès la fin du xviie siècle, en faveur d'un système de fortification qui admettait un armement plus fort, ce fut en grande partie parce que, ayant moins abusé des places fortes, ils pouvaient répartir le même nombre de bouches à feu entre un plus petit nombre de points fortifiés.

Le faux principe de la défense rapprochée excluant la défense éloignée, et de la mousqueterie substituée à l'artillerie pour le flanquement du corps de place, est donc issu du système stratégiquement inadmissible, qui avait prévalu, en France, pour la défense du territoire. Ainsi très-souvent une faute en provoque d'autres, qu'il est d'autant plus difficile de redresser qu'on les a présentées comme des *principes,* voire même des *axiomes*.

Voilà, selon nous, la raison qui explique et justifie même jusqu'à un certain point les idées de Vauban sur le rôle subordonné de l'artillerie dans la défense des places.

Sous ce rapport, Des Houlierres était plus avancé que lui, puisqu'il disait, en 1675, dans son *Discours sur la*

défense des places : « Le gouvernement doit faire dégorger
» des embrasures en tous lieux qu'il jugera nécessaires
» pour opposer, s'il est possible, un plus grand nombre
» d'artillerie aux batteries des ennemis.

» Et, comme dans les combats et dans les batailles
» troupes contre troupes, l'avantage demeure le plus sou-
» vent à celui qui tire le dernier, le contraire arrive dans
» les siéges, de l'artillerie à l'artillerie, où celui qui prime
» ordinairement (c'est-à-dire, sans doute, *au début*) a l'avan-
» tage. »

Il est à remarquer qu'à l'époque où ce discours fut écrit, le tir à ricochet et les parallèles n'étaient pas encore inventés et que, par conséquent, la défense se trouvait dans des meilleures conditions qu'en 1706.

Vauban n'avait pas compris que, pour lutter avec succès contre les batteries et les travaux éloignés de l'attaque, il était nécessaire de mettre l'artillerie des remparts à l'abri des feux d'enfilade et des feux verticaux.

Montalembert fut le premier qui arriva à cette conclusion logique et qui opposa victorieusement les résultats de l'expérience aux raisons qu'avaient données Cormontaingne et Fourcroy, pour soutenir que l'artillerie doit jouer un rôle secondaire dans la défense des places. Mais ses projets, défectueux sous plusieurs rapports, ne réalisaient qu'imparfaitement ses idées, d'une justesse frappante. Les défauts qu'ils présentaient furent habilement et même perfidement exploités par ses ennemis, de sorte que l'œuvre du célèbre réformateur demeura longtemps stérile.

Aujourd'hui la vérité s'est fait jour, et rien ne pourra plus en arrêter le progrès.

Les ingénieurs français eux-mêmes ont dû se rallier à l'opinion des Allemands et des Suédois, à qui Montalembert avait emprunté l'idée-mère de son système (1).

Déjà en 1805, le général du génie Kirgener disait :
« Nous sommes convaincu que le seul moyen à opposer à
» l'assiégeant est de chercher à le bien découvrir, non pas
» avec quelques pièces espacées de loin en loin et en prise
» à tous les projectiles, mais avec plusieurs étages de feu
» bien abrités du ricochet et des bombes ; et nous répé-
» tons que c'est là le seul et unique moyen qui, combiné
» avec un tracé avantageux, puisse borner les progrès
» de l'attaque et braver l'immense artillerie qu'elle em-
» ploie (2). »

L'opinion du général Kirgener est, du reste, parfaitement d'accord avec celle qu'énonçait Bousmard en 1797 :

« L'artillerie est le principal agent de la défense des
» places. Arme de plus longue portée que toute autre, seule
» elle peut être employée dans le commencement du siége.
» Seule capable d'efforts puissants, il n'y a qu'elle qui puisse
» percer les tranchées, endommager les épaulements des
» batteries assiégeantes, en démonter l'artillerie, raser les
» parapets des sapes, en balayer la tête. En un mot, arme
» exclusive de l'assiégé tant que l'ennemi est loin de lui,

---

(1) Quand Montalembert visita la Suède, il y trouva des applications du tracé de Blondel, qui ressemble beaucoup à sa fortification perpendiculaire ; il y trouva aussi des tours casematées, à plusieurs étages de feux.

Pour ce qui regarde le rôle prépondérant de l'artillerie dans la défense des places, l'idée lui en fut suggérée par Rimpler, Landsberg et d'autres ingénieurs de l'école allemande.

(2) *Analyse de l'ouvrage intitulé : Réflexions sur l'art moderne de fortifier :* brochure sans nom d'auteur, attribuée au général Kirgener, qui fut tué à Bautzen en 1813.

» elle est encore son arme la plus utile et la plus redou-
» table quand il est près (1). »

Tout récemment, en 1866, le général du génie Tripier s'exprima dans les termes suivants :

« Nous sommes à une époque où l'on peut dire que la
» fortification moderne, qui, à l'origine, a été faite par le
» canon, doit l'être aussi pour le canon. On ne trouverait
» plus personne pour raviver ces discussions longues et
» passionnées, pour ou contre, qui ont duré pendant presque
» toute la seconde moitié du xviiie siècle, entre l'école
» allemande et l'école française.

» L'école allemande avait parfaitement raison dans la
» thèse qu'elle soutenait, que l'on doit donner le plus grand
» développement aux feux de l'artillerie et que les formes
» de la fortification doivent en être la conséquence. »

« La balle oblige l'ennemi à ouvrir des tranchées,
» mais c'est le boulet qui fait donner de l'épaisseur à leur
» parapet. La balle agit contre l'individu isolé sur lequel
» on ne peut pas tirer un boulet; dirigée par l'œil, elle ne
» donne rien au hasard ;... elle joue un rôle important dans
» les sorties, où quelques hommes armés de pelles et de
» pioches peuvent faire plus de besogne pour combler les
» tranchées qu'une batterie de plusieurs pièces; enfin, elle
» est très-dangereuse pour les canonniers des batteries de
» l'attaque, qui, à cause du peu d'élévation de la genouil-

---

(1) Le général Rogniat reproduit cette opinion dans son *Mémoire sur l'armement des places*, et il y ajoute le commentaire suivant : « C'est ainsi que Bousmard annonce le
» rôle important que l'artillerie est appelée à jouer dans la défense des places, et son
» opinion est celle de la plupart des militaires ; aussi regarde-t-on généralement comme
» d'un haut intérêt d'armer les places le plus avantageusement possible. »

» lère, sont exposés à ses coups sur presque toute leur
» hauteur (1). »

Il ne peut donc plus être question de nier la prépondérance de l'artillerie dans la défense des places, et le mot de Montalembert : « *L'artillerie est tout dans les siéges,* » est devenu une réalité (2).

Aussi n'est-ce pas sur ce terrain que la discussion s'est établie entre les partisans de la fortification polygonale et ceux de la fortification bastionnée.

Les ingénieurs français qui ont critiqué le chapitre XII de nos *Études sur la défense des États,* traitant de l'emploi de l'artillerie dans la défense des places, ont soutenu que jamais les batteries de l'assiégé ne peuvent écraser celles de l'attaque.

Nous réfuterons d'abord cette objection, puis nous répondrons au général De Blois, qui nous reproche d'avoir dit que l'on doit assurer à la défense la supériorité des feux « surtout à la fin du siége. »

On ne nie pas que, dans les grandes places et dans quelques cas exceptionnels, l'artillerie de la défense puisse acquérir une certaine supériorité sur celle de l'attaque; mais on prétend que même alors elle ne parviendra pas à retarder l'avancement des travaux d'approche. Ceux qui soutiennent cette opinion ont naturellement des faits de

---

(1) *La fortification déduite de son histoire,* p. 167 et 172.

(2) Il n'y a pas bien longtemps encore, le Comité de l'artillerie française était d'avis qu'un équipage de 175 bouches à feu suffit pour assiéger une place de premier ordre. L'attaque de Sébastopol, qui obligea les alliés à mettre en batterie 803 bouches à feu, a montré combien cette évaluation était fausse.

Les siéges de Constantine, de Rome et de Puebla ont été également entrepris avec trop peu d'artillerie.

guerre à nous opposer. Voyons quels sont ces faits et comment ils les ont interprétés :

« Il ne faut pas perdre de vue, dit le général Prévost de
» Vernois (1), que la marche de l'assiégeant depuis la
» première parallèle jusqu'au glacis, si la terre est facile à
» remuer, est presque invariable ; qu'elle n'exige que le
» même nombre de jours à peu près, quelque intense que
» soit le feu de la place, ainsi que le démontre le siége de
» Tortose. »

C'est, en d'autres termes, l'opinion qu'exprimait Fourcroy lorsqu'il disait : « De ce que le canon renverse les
» remparts les plus solides, il ne s'ensuit pas qu'il renverse
» également les tranchées et en arrête le progrès.

» De ce que la mousqueterie ne peut renverser les
» tranchées, il ne s'ensuit pas qu'il soit plus facile de les
» avancer sous ce feu que sous celui du canon. Nous savons
» même par expérience que le feu de mousqueterie est, en
» ce cas, beaucoup plus meurtrier que le feu du canon,
» comme étant bien *autrement fourni* (2). »

Nous voulons en finir une bonne fois avec ce ridicule paradoxe, constamment reproduit par les adversaires de Montalembert et si formellement démenti par les exemples du siége de Turin, en 1706, des siéges de Dantzig, en 1807 et 1813, et du siége de Sébastopol, en 1854-1855.

Voyons d'abord quelle idée se fait le général Prévost du siége de Tortose, l'éternel exemple de ceux qui n'admettent pas

---

(1) *De la fortification depuis Vauban.* Paris, 1861.

(2) Cela prouve que l'expérience de Fourcroy se rapportait à des places défendues par une artillerie insuffisante.

que le canon puisse ralentir la marche des travaux d'attaque.

« Dans la guerre de la Péninsule, dit-il, Tortose (en
» 1810) n'a résisté que 13 jours aux attaques vigoureuses
» et savantes du général Rogniat, quoique la garnison,
» forte de 11,000 hommes, soutenue par une population
» fanatique et prodigieusement exaltée, fût presque égale
» en nombre à l'armée assiégeante *et que les approches*
» *fussent battues par* 175 *bouches à feu,* auxquelles il ne
» fut pas riposté par un seul coup de canon jusqu'à l'époque
» de l'établissement des batteries de brèche. »

Si l'on s'était donné la peine de contrôler ces chiffres, tant de fois cités, on aurait reconnu qu'ils n'ont aucune valeur. Le général De Blois a prouvé, en effet, au moyen de la relation de Rogniat et du plan des attaques, que le nombre des pièces qui battaient les approches n'était que de 22, bien que l'armement total s'élevât à 177 bouches à feu.

Il n'est pas vrai non plus que la mousqueterie arrête mieux la marche des sapes que le canon.

Le célèbre ingénieur Landsberg, qui avait assisté à 20 siéges, était d'accord avec Speckle et Pagan, que ce ne sont pas les fusillades qui retardent les approches. Il raconte qu'au siége de Gand, en 1708, la garnison faisait un feu terrible de mousqueterie, mais que cette fusillade ne l'empêcha pas d'avancer, sans perte d'hommes, de cent pas en trois ou quatre heures. C'est donc en invoquant sa propre expérience qu'il prétendait que les places doivent être défendues avec une nombreuse artillerie (1).

---

(1) Voir Mandar, p. 571.

Depuis le siége de Sébastopol, il ne peut plus y avoir doute :

1° Sur la possibilité d'assurer à l'artillerie de la défense, dans les grandes positions défensives, une supériorité marquée sur l'artillerie de l'attaque ;

Et 2° sur la possibilité d'arrêter à coups de canon ou de ralentir considérablement les travaux d'approche.

Cependant M. de Villenoisy n'admet pas cette conclusion (voir sa réponse au général De Blois) :

« L'expérience acquise à Sébastopol prouve, dit-il, que, malgré le feu le plus violent d'artillerie, les tranchées peuvent être rapidement conduites jusqu'à 250 ou 300 mètres de l'enceinte. »

Le général Mengin-Lecreux est du même avis. « L'expérience, dit-il, a prouvé que la première parallèle, à la distance de 600 mètres des chemins couverts, s'exécute presque toujours sans perte, et la deuxième, à 300 mètres, avec peu de perte et sans grande difficulté, *quelle que soit la force de l'artillerie de la place*. Les siéges de Turin et de Dantzig ne prouvent rien contre ces faits ; celui de Sébastopol, pas davantage.

» La cause de ces faits, c'est que les tranchées s'exécutent pendant la nuit ; qu'à la distance de 600 mètres, l'assiégé ne voit pas le travail et même, le plus souvent, ne s'en aperçoit pas, et qu'il en est presque de même à 300 mètres, où l'on établit généralement la deuxième parallèle (1). »

Telle est aussi l'opinion du général Tripier, bien qu'il

---

(1) *Observations sur l'ouvrage de M. le général De Blois*. Paris, 1867, p. 50.

cite le siége de Sébastopol comme une preuve *incontestable* de la justesse des idées de Montalembert sur le rôle de l'artillerie dans la guerre de siége. « Aux attaques de
» gauche, dit-il, en 13 jours on est parvenu de la première
» parallèle, qui était à 600 mètres du bastion du *mât*, à la
» dernière parallèle, à 150 mètres de ce saillant; elle était
» ébauchée; on a pu la compléter, mais on n'a jamais pu en
» déboucher en sape; le canon russe ne l'a pas permis. »
(P. 172.)

Malgré ces témoignages, nous prétendons qu'à Sébastopol, l'artillerie a joué un rôle important, même contre les travaux éloignés de l'attaque. Les faits suivants le prouvent :

Le 17 octobre 1854, jour de l'ouverture du feu, les batteries françaises, établies à 1,200 mètres environ de la place, furent réduites au silence après quatre heures de tir (1).

L'artillerie de la place opposa tant de difficultés à la construction de la batterie n° 22 (2), commencée le 20 juin 1855, au pied du mont Sapoun, à 750 mètres du petit redan, que cette batterie ne put ouvrir son feu que le 1er septembre. Elle exigea le déplacement de 3,000 mètres cubes de terre et l'emploi de 20,000 journées de travailleurs.

N'est-ce pas une preuve des plus remarquables de la puissance de l'artillerie et des retards qu'elle oppose à la marche des attaques?

---

(1) Ces batteries étaient armées de 41 pièces de gros calibre et de 8 mortiers. Les Russes y opposèrent 60 pièces de même calibre et 4 mortiers.

(2) Cette batterie devait recevoir 3 pièces de gros calibre et 2 mortiers à plaque.

Les relations des généraux Niel et Auger mentionnent d'autres faits que nous citerons textuellement, à cause de leur importance :

« La destruction de la batterie n° 4 (le 17 octobre) ayant
» permis à l'ennemi de concentrer toute son action sur la
» batterie n° 5 (établie à 1,150 mètres de la face droite du
» bastion du *mât*), elle fut en peu de temps complétement
» ruinée et mise hors d'état de combattre. »

Le 18, on répara la batterie; cependant l'assiégeant ne parvint pas à remettre en état 3 pièces de 24.

« La lutte recommença le 19 au matin et dura un peu
» plus longtemps que le 17 ; mais les coups d'écharpe et
» d'enfilade bouleversèrent encore à tel point les embrasures
» et les merlons que, vers midi, la batterie était à peu près
» réduite au silence. »

La batterie n° 6, construite près des ruines du fort Génois, devait contre-battre, à la distance de 1,600 et de 1,700 mètres, le bastion de la Quarantaine et la petite batterie de 2 pièces placée au-dessous. « Elle était armée
» de canons de 50 et de canons obusiers de 80; aux 17 et
» 19 octobre, ayant à lutter seule contre une soixantaine
» de bouches à feu, elle avait été *écrasée* et *supprimée*. »

Les Russes *rasèrent* une partie du parapet de la première parallèle, « qui dut être refait *à plusieurs reprises*. » Le 20 octobre, « le canon de la place fit deux ou trois trouées
» dans la parallèle, » qui était alors complétement achevée.

Le même jour, « le cinquième boyau (en avant de la
» première parallèle, à 500 mètres environ du bastion du
» Mât) a été pour ainsi dire *battu en brèche* de deux à
» quatre heures de l'après-midi... Dans le septième boyau,

» sept hommes ont été blessés et presque tout ce qui
» se trouvait sur la berme, fusils, vêtements et outils, a été
» brisé... Les boulets ont fait une trouée dans le huitième
» boyau. »

Après le 10 juillet, on essaie en vain, pendant plusieurs jours, de construire une gabionnade à gauche de la batterie n° 53, à 120 mètres environ de la lunette Schwartz. « L'artillerie russe, par le seul effet de ses boulets, par-
» vient quelquefois à recombler la tranchée avec les terres
» du parapet. »

A cette même attaque, du 12 au 30 juillet « les travail-
» leurs, au nombre de 100 à 150 par nuit, non compris
» deux brigades d'une vingtaine de sapeurs chacune, ne
» font que réparer les dégradations produites par le feu de
» la place. »

A l'attaque de droite (le 24 juillet), « les Russes, tirant à
» très-petite portée et avec du gros calibre sur les chemi-
» nements, les bouleversent en peu de temps partout où ils
» peuvent les bien découvrir, même quand on forme le
» parapet de trois rangs de gabions. »

... « Il nous est impossible, dit le général Niel, de
» relier directement les deux attaques (de Malakoff et du
» petit redan). Nous ne pouvons pas non plus, ni sur la
» droite ni sur la gauche, soutenir nos têtes de sape par
» des places d'armes; car, dès que l'artillerie des fronts
» collatéraux découvre nos cheminements, elle les détruit
» immédiatement. On est donc réduit à cheminer en pointe
» sur deux bastions d'une place défendue par une armée
» nombreuse; mais, heureusement, l'ennemi n'emploie contre
» nous que de petites sorties. » (P. 357.)

« Le travail d'une nuit n'était le plus souvent que le réta-
» blissement de celui de la nuit précédente. » (On était alors
à 175 mètres environ de l'ouvrage Malakoff, et on cher-
chait à déboucher vers l'emplacement de la septième et
dernière parallèle.)

« Dans la nuit du 28 au 29 juillet, on tente, à deux re-
» prises, de relever la gabionnade du cheminement avancé
» sur l'ouvrage Malakoff, mais chaque fois elle est aussitôt
» renversée dans la tranchée; on essaie alors d'établir sur
» ce point un parapet sans gabions, formé d'assises succes-
» sives de sacs à terre, et on parvient à exécuter ce travail
» sur une longueur de 5 mètres; on répare et on épaissit le
» parapet des deux amorces de la sixième parallèle que le
» canon de la place avait fortement endommagé; mais les
» projectiles de l'ennemi ayant empêché de relever la ga-
» bionnade à la tête de l'amorce de droite, on a dû, comme
» devant l'ouvrage Malakoff, établir le parapet tout entier
» en sacs à terre, et on a exécuté ce travail sur 7 mètres
» de longueur.

» Dans la nuit du 29 au 30 juillet, on essaie encore
» une fois de rétablir le cheminement sur l'ouvrage Malakoff;
» on le déblaie sur 4 mètres de longueur et on lui donne
» 1^m,80 de profondeur, pour que les travailleurs y soient
» couverts par la fouille elle-même; mais le travail fait a
» été comblé au jour par le canon de la place, qui a rejeté la
» terre dans la tranchée. Il n'a pas été possible de réparer
» le parapet de la coupure de la route; les boulets boule-
» versaient les gabions à mesure qu'on les remettait en
» place. »

On est obligé de donner trois rangs de gabions à quelques amorces de la sixième parallèle, « pour obtenir de » suite un parapet résistant; » aux autres amorces, il a suffi de doubler les gabions.

Dans la nuit du 4 au 5 août, on répare les parapets des cheminements sur les glacis de l'ouvrage Malakoff, et ceux de l'amorce, à gauche de la sixième parallèle. Ces parapets avaient été complétement bouleversés pendant la journée, malgré les trois rangs de gabions.

La nuit suivante, on prolonge de 20 gabions, que l'on double, l'amorce de droite de la sixième parallèle; « mais » l'artillerie de la place dirige sur ce point un feu telle- » ment vif qu'on doit faire cesser le travail. »

Cependant, la sixième parallèle ne s'achève point; chaque jour détruit le travail de la nuit précédente. « Il faut » se résigner, dit le maréchal Niel, à attendre, pour ter- » miner cette parallèle, que nos batteries nouvelles aient » amorti les feux de l'artillerie de la courtine. »

Ces batteries ouvrent leur feu le 17 août. A partir de ce moment, l'artillerie de l'attaque domine celle de la défense et elle conserve sa supériorité jusqu'à la fin du siége.

Les travaux marchent mieux dès lors, quoique toujours fortement contrariés. Chaque jour, on perd aux deux atta- ques de droite, de 80 à 280 hommes (tués ou blessés) (1).

Le 25 août, au matin, l'artillerie de l'attaque ayant peu tiré, afin de pouvoir réparer ses batteries, la défense pro- fite de ce répit pour bouleverser les travaux que la nature

---

(1) Le nombre des travailleurs qui furent employés aux attaques de droite, du 1er août au 7 septembre, était, en moyenne, de 58 sapeurs et de 439 soldats d'infan- terie par jour, de 70 sapeurs et de 515 soldats d'infanterie par nuit.

du terrain n'avait pas permis de construire assez solidement. « Devant l'ouvrage Malakoff, le boyau de gauche et
» la place d'armes à sa tête n'existent pour ainsi dire plus,
» et le cheminement de droite est détruit aussi ; la plupart
» des gabions sont renversés et quelques-uns incendiés par
» des projectiles creux. Les nouveaux cheminements devant
» le petit redan sont aussi complétement bouleversés et,
» comme devant l'ouvrage Malakoff, la garde de tranchée
» a dû les évacuer. On travaille pendant toute la journée
» à fermer les plus grandes brèches que le canon de la
» place a faites dans les parapets des tranchées et à rétablir
» les communications. »

Dans la nuit du 27 au 28, « la vivacité du tir de la place
» oblige à suspendre le travail (à l'amorce de droite de la
» septième parallèle) vers minuit, après des pertes sensibles
» parmi les travailleurs et la garde de la tête de sape. »

Dans la nuit du 31, le feu contre les têtes des cheminements « est tellement vif, que presque tous les travailleurs
» ont été tués ou blessés. »

Dans la nuit du 3 au 4 septembre, on relève devant le petit redan, sur 25 gabions de longueur, le parapet de l'amorce de droite de la septième parallèle, complétement effacé par le canon de la place.

Lorsque l'on compare l'état d'avancement des travaux des deux attaques de la droite, au 15 juillet et au 8 septembre, jour de l'assaut, on voit que ces attaques n'avaient avancé que de 145 mètres devant l'ouvrage Malakoff et de 115 mètres devant le petit redan (1).

---

(1) Distances mesurées en ligne droite et non suivant les sinuosités des tranchées.

Les attaques de la gauche avaient marché plus lentement encore ; mais, de ce côté, le retard provenait surtout des galeries de mines que les Russes avaient poussées en avant du bastion du Mât et de la redoute Schwartz. Sur la droite, au contraire, les seuls obstacles à l'avancement des travaux étaient la nature rocailleuse du terrain et la puissance de l'artillerie russe. Cette dernière a exercé une influence considérable, non-seulement sur les attaques de la droite des Français, mais encore sur celles de la gauche et sur les cheminements des Anglais contre le grand redan. Le général Niel n'affirme pas que cette influence a été prépondérante, mais il le donne à entendre dans sa note finale.

« Si l'enceinte, dit-il, avait été pourvue de bonnes
» escarpes revêtues, s'il avait fallu y faire brèche pour
» pénétrer par des passages difficiles en arrière desquels
» nos têtes de colonnes auraient rencontré une armée,
» Sébastopol eût été une forteresse inexpugnable.

» Le 8 septembre, en effet, jour du dernier assaut, on
» n'avait exécuté, après les plus grands efforts, que les
» cheminements qui précèdent le couronnement du chemin
» couvert ; on n'était donc pas encore entré dans la période
» des travaux les plus difficiles et les plus meurtriers d'un
» siége, et il n'y avait pas lieu de s'y engager, puisque les
» fossés et les parapets de l'enceinte n'étaient pas infran-
» chissables. »

Les arguments que fournit le siége de Sébastopol, en faveur de l'emploi d'une grande masse d'artillerie, eussent été sans nul doute bien plus concluants, si les Russes avaient eu, pour tirer sur les têtes de sape, des canons rayés de gros calibre. Ces derniers, en effet, lancent des projectiles explosifs à 2,000 mètres de distance, avec plus de justesse qu'on n'en obtient, à 200 mètres, avec les canons lisses, tirant des projectiles pleins.

Nous croyons cependant qu'il sera difficile, même avec l'artillerie nouvelle, de retarder considérablement la marche des travaux éloignés de l'attaque (1); c'est pourquoi nous avons posé comme un principe, que la défense doit surtout chercher à obtenir la supériorité de l'artillerie aux dernières périodes du siége. Le général De Blois nous en fait un reproche, « Pourquoi, dit-il (p. 334, t. I), ne pas assurer » cette supériorité dès la première époque du siége? » M. Brialmont semble ici s'être laissé égarer à la suite de » l'ancienne école française, qui ne s'inquiète pas de ce qui » se passe en dehors de la *zone du génie.* »

Ce reproche n'est pas mérité.

Le journal du siége de Sébastopol prouve qu'à part certaines batteries (surtout le n° 22) dont les épaulements furent plusieurs fois détruits par la défense, les travaux éloignés de l'attaque n'éprouvèrent que de faibles retards et des dommages peu importants.

La relation de la défense est d'accord, sur ce point, avec la relation de l'attaque. On y lit, page 523 :

« Si partout, malgré toutes les mesures qui avaient été

---

(1) Quand le général Niel dit : « Souvent la tranchée, commencée péniblement et avec » de grandes pertes pendant la nuit, était bouleversée dans le jour par le canon de la » place, avant qu'on eût pu épaissir son parapet, » il entend parler surtout des cheminements rapprochés.

» prises à Sébastopol et malgré le feu violent de l'artillerie,
» on ne réussit pas à ralentir la marche des cheminements
» de l'ennemi (exécutés en octobre et novembre 1854), cela
» provient de ce qu'il est très-difficile, dans les nuits som-
» bres et à des distances considérables, de préciser exacte-
» ment le lieu où l'ennemi poursuit ses travaux et de
» deviner l'heure propice où il fait la relevée de ses
» travailleurs, afin de saisir ce moment pour ouvrir le feu
» contre lui et entraver ainsi ses progrès.

» De plus, l'expérience a démontré qu'une artillerie même
» très-puissante ne peut point arrêter les cheminements se
» trouvant encore au delà de 200 pas de distance; plus
» près et avec une attention soutenue, on peut déjà suivre
» exactement tous les travaux, à mesure que l'assiégeant
» les entreprend. »

Ce raisonnement et les faits constatés jusqu'à ce jour nous ont donné la conviction que l'artillerie de la défense, tout en combattant les travaux éloignés de l'attaque, doit s'attacher surtout à obtenir une grande prépondérance sur celle de l'assiégeant, dans les dernières périodes du siége. Peu importe qu'on arrête les travaux de loin ou de près, pourvu qu'on les arrête. Or toutes les chances sont pour l'assiégé, quand les cheminements approchent du glacis. Alors, en effet, la plupart des batteries éloignées de l'assiégeant seront obligées de cesser le feu pour ne pas atteindre ou inquiéter les travailleurs et les gardes des tranchées. L'assiégé, au contraire, pourra tirer de tous les points qui ont vue sur les attaques, sans causer aucun préjudice à ses troupes.

C'est uniquement aux grandes distances que l'artillerie

de l'attaque peut acquérir l'avantage du nombre, puisque rien ne limite le choix ni l'étendue de ses positions. Les emplacements de ses batteries se resserrent et deviennent moins favorables à mesure que les travaux avancent.

L'artillerie de la défense se fortifie, au contraire, graduellement, parce qu'elle domine et enveloppe de plus en plus les batteries de l'attaque.

Il est à remarquer, du reste, que la zone dans laquelle l'artillerie de la défense peut acquérir une prépondérance marquée sur celle de l'attaque s'est beaucoup étendue depuis l'invention des canons rayés et l'emploi des foyers à lumière électrique, qui permettent d'éclairer les abords d'une place dans un rayon de 1,000 à 2,000 mètres.

Bousmard ne dirait plus aujourd'hui : « L'assiégé ne peut
« guère arrêter une sape pleine pendant la nuit, parce que
» le sapeur s'y trouve à l'abri des balles et que l'artillerie
» de la place ne distingue pas suffisamment les têtes de
» sape pour pouvoir espérer de les ruiner par des boulets. »

Pour faire ressortir toute l'importance des appareils éclairants, il nous suffira de rappeler qu'au témoignage du général Rogniat, « la sape ne peut faire aucun progrès
» lorsque l'artillerie frappe chaque dix minutes un des trois
» gabions de la tête ou le gabion farci. »

« Arrêter la marche des sapes pleines pendant le jour,
» réduire ces sapes à ne marcher que de nuit, c'est-à-dire
» sept ou huit heures sur vingt-quatre, et, par conséquent,
» concourir puissamment à augmenter la durée du siége,
» dès le moment que l'assiégeant est forcé de cheminer à la
» sape pleine, » tel est le résultat que Rogniat espérait

obtenir en augmentant considérablement l'armement des places (1).

L'emploi des foyers à réflecteurs paraboliques ne laissera plus même à l'assiégeant la ressource de travailler sans trop de dangers une partie de la nuit. Il pourra sans doute profiter des mêmes découvertes, mais il en tirera moins de parti ayant affaire à des batteries préparées d'avance et pourvues de tout ce qui est nécessaire pour résister à ses moyens d'attaque. Ainsi, tout conspire, depuis quelque temps, à augmenter l'importance de la défense.

Le plus grand service que puisse rendre l'artillerie de la place, au début du siége, sera d'empêcher ou de retarder l'établissement des premières batteries. C'est, en effet, sous la protection de ces batteries que l'assiégeant doit pousser en avant ses travaux d'approche.

Il faudra donc que l'assiégé prenne toutes les dispositions nécessaires pour assurer à ses batteries une supériorité marquée sur celles de l'assiégeant.

Ce n'est pas en tirant continuellement avec toutes les bouches à feu de l'armement qu'il obtiendra cette supériorité. Les dégâts ordinaires des batteries sont faciles à réparer; l'attaque et la défense de Sébastopol en offrent la preuve. Pour obtenir un résultat important, il faut, à certains moments, diriger sur une seule batterie toutes les pièces qui peuvent l'atteindre. Sous le feu concentré de cette

---

(1) Cormontaingne avait limité à 58 bouches à feu l'armement du front attaqué de l'hexagone; Rogniat en plaçait 174 sur les faces des demi-lunes et des bastions du dodécagone ayant des vues sur les attaques.

masse d'artillerie, les parapets seront rasés, les pièces démontées, les magasins à poudre détruits. Alors l'interruption du feu sera réelle et le siége éprouvera de longs retards. C'est le seul moyen d'obtenir en peu de temps, et sans grande consommation de poudre, des effets supérieurs à ceux que produisent les canonnades ordinaires, batterie contre batterie.

Pour réaliser ce système de défense sans tenir l'artillerie constamment exposée aux feux de l'attaque, nous avons proposé (voir notre *Essai sur la défense des États*) d'admettre dans l'armement un certain nombre de pièces mobiles et de construire, sur les remparts, des traverses casematées sous lesquelles on retirera ces pièces, lorsqu'elles devront cesser momentanément leur feu.

Nous entendons par pièces mobiles, des canons rayés de 12 sur affût de siége, pouvant être transportés à bras d'hommes à de petites distances (depuis les traverses jusque sur les plates-formes, et réciproquement). Ces pièces, devant agir en masses et pendant peu de temps, on les établira sur des barbettes, ce qui permettra de les serrer davantage et de leur donner un plus grand champ de tir.

Le général De Blois n'approuve pas cette proposition. « L'idée de promener l'artillerie sur les remparts, dit-il, » doit paraître inexécutable à ceux qui savent que chaque » canon, quelque mobile qu'il soit, doit être suivi d'un poids » considérable de munitions, sous peine de devenir inu- » tile. »

Cette objection tombe quand les remparts sont organisés comme ils doivent l'être, c'est-à-dire quand, à portée de toutes les batteries, se trouvent de petits magasins à poudre et à projectiles, établis sous le parapet ou dans les traverses.

Le général De Blois fait encore une autre objection contre l'emploi de pièces mobiles. « Les calibres de 12 ne
» ne sont pas suffisants, dit-il, pour faire un tort grave aux
» batteries de l'attaque; le tir à barbette est trop dange-
» reux pour les servants, et l'affût de siége ne vaut pas
» l'affût de place, dont le grand avantage est de permettre à
» l'épaulement qui le couvre d'avoir une hauteur suffisante
» pour bien abriter les canonniers. »

Nous ferons remarquer, d'abord, que les avantages de la mobilité du matériel ont été signalés avant nous par des artilleurs d'un grand mérite, et qu'ils avaient déjà frappé Vauban, qui était, sous bien des rapports, en avance sur son siècle. Cet illustre ingénieur disait : « Dès que le
» canon de l'ennemi commencera à tirer, il faudra des-
» cendre le nôtre de dessus les barbettes pendant le jour,
» et l'y faire remonter pendant la nuit (1). »

Dans un autre endroit de sa *Défense des places*, il divise les batteries en deux sortes : « les unes sont *mobiles*, sujettes
» à changement, telles sont les barbettes et celles à qui
» l'ennemi vous oblige pendant le cours d'un siége par les
» prises qu'il vous donne en portant mal le sien; les
» autres, etc. » (P. 179.)

En 1675, la même idée avait été préconisée par des Houlières, dans un discours longtemps attribué à Vauban. « Je souhaiterais, dit-il, qu'un gouverneur changeât sou-

---

(1) *Défense des places*, p. 186.

» vent son canon, pour obliger l'ennemi de faire plusieurs
» batteries inutiles; qu'il combattît seulement les plus
» faibles et les logements qui lui deviendraient incom-
» modes dans la suite, etc. »

La défense de Rome, en 1849, a fourni un bel exemple de l'utilité des batteries mobiles. On lit, en effet, dans la relation du siége par le général Vaillant :

« Quand, après de sérieuses difficultés, nous nous étions
» mis en mesure de combattre les pièces qui nous tourmen-
» taient le plus, l'artillerie romaine se hâtait de les trans-
» porter sur d'autres points. Elle employa ainsi très-effica-
» cement son matériel de campagne. »

Choumara, pour augmenter l'effet de l'artillerie, avait imaginé de rendre le parapet mobile; mais l'impossibilité d'exécuter de grands travaux de terrassement, sous le feu de l'ennemi, est attestée par des faits nombreux, Nous n'en citerons qu'un seul : En 1693, une batterie de 15 mortiers empêcha la construction d'un retranchement intérieur dans le bastion d'attaque de Charleroi. Vauban, qui dirigeait le siége, n'avait pas attendu ce résultat pour reconnaître la nécessité des retranchements permanents : témoin le tracé de Landau, qui date de 1687 (1).

Le général Tripier a donc raison de condamner la mobilisation du parapet. « S'il y a quelque chose à mobiliser,
» dit-il, c'est le canon et non le parapet qui l'abrite. »

L'école de Metz admet également, dans une certaine limite, la mobilisation de l'armement. On lit, en effet, dans

---

(1) Voir la *Défense des places*, p. 247, où Vauban démontre qu'il est impossible de construire de bons retranchements sous le feu de l'ennemi.

le *Résumé des leçons sur l'attaque et la défense* : « Lorsque
» l'assiégeant emploie la sape pleine, il faut tirer assidû-
» ment sur les gabions farcis, en employant de *petites pièces*
» *mobiles*, qui produisent un effet suffisant et peuvent être
» aisément dérobées aux coups de l'ennemi. »

Pour ce qui regarde l'efficacité des petits calibres, il est prouvé par de nombreuses expériences, faites en Allemagne et en Belgique, que le canon rayé de 12, employé comme pièce à démonter, produit d'excellents résultats contre les batteries de siége construites au moyen de terres fraîchement remuées. L'utilité de cette bouche à feu sera d'autant plus grande qu'on pourra la multiplier davantage. La place qu'elle occupe en barbette n'est, en effet, que le tiers de celle qu'occupent les pièces de gros calibre abritées par des traverses.

Sans doute, le tir à barbette offre des inconvénients, mais il n'est réellement dangereux que lorsqu'on l'emploie contre des batteries rapprochées que la mousqueterie peut appuyer. Or c'est surtout contre les batteries éloignées que nous proposons d'en faire usage. Les dangers sont alors moins grands que ceux résultant du tir ordinaire. Cela provient de ce que les embrasures placent les bouches à feu dans un rentrant qui, servant de point de mire à l'attaque, facilite le pointage le jour, et le rend possible encore la nuit (grâce à l'échancrure qui se dessine sur le ciel), quand il n'y a pas de brouillard et que l'obscurité n'est pas complète.

Les merlons, près de l'embrasure, ne présentent qu'un onglet mince que les projectiles traversent facilement et qui a juste l'épaisseur nécessaire pour enflammer la fusée.

D'un autre côté, les obus qui atteignent les joues et le fond de l'embrasure projettent dans la batterie de nombreux éclats.

Enfin, l'on n'est pas encore parvenu à donner aux joues un revêtement qui résiste bien au feu et au souffle des pièces de gros calibre.

Lorsqu'on tire à barbette, les seuls coups dangereux sont ceux qui atteignent le haut de la plongée et ceux qui frappent directement les servants. Or ces coups, dans les luttes aux grandes distances, ne sont pas aussi nombreux que les coups qui traversent les parties minces des merlons, passent par l'embrasure, frappant le fond et les joues.

Le tir à barbette est devenu, du reste, plus facile et moins dangereux depuis que l'introduction du mode de chargement par la culasse a permis de supprimer toutes les manœuvres qui se faisaient à la bouche du canon.

Une autre circonstance favorable à l'emploi de ce tir est l'abandon presque général de la fortification rasante. En effet, lorsque le corps de place a un commandement élevé, il suffit que les servants se tiennent à la crosse de l'affût pour être à l'abri des coups directs. Le pointeur seul est alors exposé.

Afin de diminuer encore les dangers de ce tir, nous avons proposé :

1° De construire, sur la plongée, des traverses de 1 mètre de hauteur, disposées de manière à ne pas restreindre le champ de tir des pièces ;

2° De ménager, en avant du parapet, une berme de $1^m,50$ à 2 mètres de largeur, sur laquelle on plantera une haie de broussailles.

Les traverses sur le parapet (voir B, fig. 9, pl. I) mettront les servants à l'abri des feux d'écharpe et couvriront en même temps les pièces contre les feux directs, lorsqu'on devra cesser momentanément le tir.

Vauban atteignait ce but en couvrant les barbettes « par » deux ou trois rangées de gabions pleins de terre ou de » fumier, de 4 pieds et demi de diamètre sur autant de » hauteur (1). »

On pourrait également employer, au même usage, des sacs à terre, en ayant soin, toutefois, de les réunir par un réseau de fils de fer, afin de prévenir la dispersion des sacs par l'explosion des projectiles (constatée à Juliers, en 1860).

Quant à la haie de broussailles, elle permettrait de faire, à l'insu de l'ennemi, des mouvements de troupes et de matériel sur les barbettes ; mais sa plus grande utilité serait de dérober les pièces aux vues des batteries de l'attaque, sans opposer le moindre obstacle au pointage et au tir des batteries de la défense. On peut, en effet, lorsqu'on est seulement à 7 ou 8 mètres en arrière d'un mince rideau de broussailles, voir distinctement ce qui se passe au delà et tirer un grand nombre de coups à travers les branches, sans détruire le masque. C'est un fait qui a été observé souvent dans la guerre de campagne, lorsque les batteries étaient placées à la lisière d'un bois ou derrière des haies vives.

A cause de la grande étendue de leur champ de tir et de la possibilité de serrer davantage les pièces, les batteries

---

(1) *Défense des places*, p. 186.

à barbette conviennent mieux que les autres pour repousser les attaques de vive force. C'est ce que la défense de Kars, en 1855, a prouvé d'une manière évidente (1).

Le tir à barbette ne doit être employé contre les batteries rapprochées que si l'on peut, en serrant les pièces de la défense, leur assurer une grande supériorité sur ces batteries. Alors le résultat sera si prompt, que les pertes resteront au-dessous de ce qu'elles seraient dans un tir d'embrasure continué plus longtemps. On pourrait, du reste, pour ces cas exceptionnels, revêtir les servants de cuirasses qui protégeraient seulement la poitrine (2).

Le tir à barbette a été longtemps en faveur. Il fut préconisé par Albert Durer, Castriotto, de Ville et toute l'école italienne. Castriotto avait proposé des plates-formes mobiles à 5 ou 7 roues, assez élevées pour que les pièces, montées sur ces plates-formes pussent tirer au-dessus du parapet. Lorsque Vauban eut inventé le tir à ricochet, on s'aperçut que les pièces en barbette étaient trop exposées. Pour mieux les garantir, on abaissa les plates-formes et, dès ce moment, on employa presque exclusivement le tir d'embrasure. C'est donc dans l'intérêt du matériel, bien plus que dans celui du personnel, que ce dernier tir a été généralisé. Nous sommes, sur ce point, de l'avis du général Tripier, qui dit : « Le tir d'embrasure expose tout autant » au feu direct des tirailleurs. » Il a, de plus, l'inconvénient de restreindre le champ de tir, de faire connaître

---

(1) Voir nos *Études sur la défense des États*, t. II, p. 17 et suivantes.

(2) Ne serait-il pas possible de faire une cuirasse avec un prolongement de forme convexe qui protégerait la tête et dans lequel on percerait deux trous pour le pointage?

l'emplacement exact des bouches à feu, de rendre plus difficile et plus lente l'évacuation de la fumée, d'offrir à l'ennemi des merlons pouvant être détruits par des pièces établies en dehors du champ de tir de la batterie, de diminuer enfin le commandement de l'artillerie sur la campagne et de rendre dangereuse la circulation sur les remparts en arrière des pièces.

Le seul avantage des embrasures est de protéger mieux les servants contre les feux d'écharpe et de créer, en quelque sorte, des fenêtres par lesquelles ils peuvent étudier le terrain et observer ce qui se passe au dehors.

Cet avantage suffit-il pour compenser les nombreux inconvénients que nous venons de signaler ? Nous ne le croyons pas, et la Commission anglaise qui dirigea les expériences de Newhaven, en 1863, ne le croyait pas non plus, puisqu'elle conclut « qu'il y a lieu d'examiner si l'on » ne doit pas prohiber d'une façon absolue la construction » des embrasures. »

Malgré les observations de M. le général De Blois, nous persistons à croire que les affûts de place doivent être employés seulement pour les pièces de gros calibre, protégées par de hautes traverses ou établies sur des remparts non ricochables.

L'illustre défenseur de Sébastopol a signalé les défauts de ces affûts dans les termes suivants :

« Pendant toute la durée de la défense, et à partir du
» premier jour du bombardement, l'artillerie du bastion
» n° 6 fut toujours mise en désordre et ne put prendre à la
» défense une part assez active, quoiqu'elle fût très-forte

» par le nombre de ses pièces de gros calibre et qu'elle
» n'eût eu à subir que les feux comparativement faibles
» de deux batteries françaises n°s 1 et 6, et, plus tard, de
» la seule batterie n° 1. Ce qui arriva à ce bastion *prove-*
» *nait uniquement de ce que les bouches à feu étaient mon-*
» *tées sur des affûts de place élevés, avec châssis mobile.*
» Les inconvénients de cette façon de monter les pièces, et
» qui s'étaient manifestés, comme on l'a déjà dit, dès les
» premiers jours du bombardement, étaient maintenant
» devenus évidents. Il suffisait que quelques éclats de
» bombe, ou même un seul de ces éclats, frappassent le
» châssis, pour mettre en désarroi tout ce mécanisme com-
» pliqué; et, d'un autre côté, le remplacement des bouches
» à feu démontées, ainsi que la réparation des châssis et
» des plates-formes, ne pouvaient se faire qu'avec beaucoup
» de lenteur et devenaient même souvent tout à fait impos-
» sibles. Il n'en fallut pas davantage pour que l'artillerie
» ennemie eût toujours le dessus sur celle du bastion
» n° 6. »

Le nouvel affût de place français (en bois ou en fonte) ne se trouve pas dans de meilleures conditions. La rupture d'une seule des trois pièces dont il se compose le met hors de service, et son défaut de stabilité dans le tir l'a fait surnommer l'*affût sauterelle*.

Le général Todleben est grand partisan de l'affût marin, qui est léger, simple, solide, facile à réparer, qui coûte peu et occupe peu de place; mais, en revanche, cet affût a un grand recul, exige beaucoup de servants et des embrasures profondes.

Sous ce rapport, l'affût de siége est préférable pour les

calibres moyens, et l'affût de place pour les gros calibres, mais seulement quand le tracé des ouvrages ou de hautes traverses les mettent à l'abri de l'enfilade.

Il serait fort utile que l'on inventât un affût sur roues, facile à transporter, qui permît de tirer au-dessus d'un parapet de 1^m,50 de hauteur et dont les roues ne seraient pas en prise aux feux directs de l'assiégeant. Ce même affût, employé pour le tir d'embrasure, réduirait à 60 centimètres la hauteur des merlons et diminuerait ainsi de beaucoup les inconvénients de ce tir.

Les artilleurs prussiens sont arrivés à un premier résultat qui satisfait à quelques-unes des conditions du problème. Ils ont exhaussé de 40 à 50 centimètres les encastrements des tourillons de l'affût de siége, en établissant sur les flasques une armature en fer qui ne diminue pas sensiblement la stabilité de l'affût. Faute de mieux, nous nous contenterons de cette solution et nous établirons, en conséquence, toutes nos barbettes à 1^m,50 sous la ligne de feu.

Le problème ne sera résolu complétement que le jour où l'on aura trouvé un affût simple, solide et peu coûteux, qui permette de tirer au-dessus d'un épaulement de 2^m,50 de hauteur, sans exposer la pièce plus longtemps au feu de l'ennemi qu'il n'est nécessaire pour la pointer et y mettre le feu.

Déjà à la fin du siècle dernier, ce problème avait été posé et résolu partiellement.

En 1775, à La Haye, Corneille Redlichkeit proposa, pour la défense du chemin couvert, un affût qui permettait de tirer au-dessus du glacis et qui s'abaissait par l'effet du recul. Il fonctionnait au moyen de cordes et de contrepoids (1).

Le système des roues excentriques, produisant l'exhaussement de la pièce au moment de la mise en batterie, date de la même époque (2). Gassendi en parle et il l'attribue au colonel Lagrange.

On a proposé de remédier aux inconvénients de cette espèce de roues, par une addition ABC en forme d'aile (voir fig. 2, pl. VII), appliquée à la bande de roue ou par un moyeu ovale avec trou d'essieu excentrique.

Dans tous ces systèmes, on n'obtient par le recul qu'un faible abaissement de la pièce et on augmente beaucoup les difficultés du transport et de la mise en batterie. On doit avoir pour chaque affût une paire de roues ordinaires, excepté lorsque l'exhaussement est produit au moyen de l'addition en forme d'aile.

Le général Chasseloup, dans ses *Extraits de mémoires*, publiés à Milan en 1805, décrit un affût plus ingénieux et plus facile à mettre en batterie. « Le problème de trouver » un affût pour tirer sans embrasure, dit-il, c'est-à-dire qui » élève la pièce quand on veut tirer et que le recul abaisse » quand elle a tiré, m'avait déjà occupé en 1792 et en a » depuis occupé beaucoup d'autres. »

L'affût qu'il préconise est, à proprement parler, un petit affût de casemate monté sur un affût de siége légèrement modifié et relié à cet affût par des cordages. Il recule de

---

(1) Voir Scheel : *Mémoires d'artillerie*. Paris, 1795.
(2) Le moyeu était placé de manière que le grand rayon de la roue avait 1^m,08 de longueur et le petit rayon 0^m,49.

3 à 4 mètres sur une plate-forme inclinée en bois et on le remet en batterie au moyen de leviers.

« Sa grande propriété, disait le général, sera surtout
» d'être employé pour les pièces de 6 ou de 4 que l'on voudra
» placer dans les chemins couverts; avec quatre hommes,
» on tirera les pièces tantôt de plein-fouet par-dessus les
» palissades, tantôt à ricochet dans l'intérieur des places
» d'armes. »

Le gouvernement de la république italienne fit essayer cet affût (approprié à un canon de 32 piémontais), le 7 juillet 1803, à Milan. L'expérience réussit complétement. Elle prouva que, pour charger, pointer et tirer six coups, il fallait 32 minutes, et que le recul était de $3^m,49$.

Le général Chasseloup émit également l'idée (1) de rendre deux pièces solidaires au moyen d'amarres et de les disposer de telle sorte que le recul d'une pièce ramenât l'autre en batterie et l'élevât au-dessus du parapet.

Il résolut enfin un problème encore plus difficile en proposant, d'après le tracé du chef de bataillon Révéroni, un affût qui, pendant le chargement et le repos, était dans la casemate et qu'on élevait au-dessus pour tirer.

La casemate (voir fig. 6 et 7, pl. VII) établie à 20 mètres en arrière du parapet, était ouverte et l'embrasure se trouvait au niveau du terre-plein du rempart. Le recouvrement en terre de la casemate était limité par le prolongement de la plongée du corps de place.

En arrière de la voûte, il y avait un trou dans lequel descendait le contre-poids destiné à faire monter la pièce

---

(1) En 1793.

avec sa plate-forme (suivant des rainures courbes) jusqu'à la partie supérieure de la casemate.

Le recul de l'affût, après le tir, suffisait pour faire descendre la plate-forme par les mêmes rainures, sous la casemate.

Bien que ce dispositif n'ait pas été essayé, on peut affirmer qu'il ne satisfaisait point à toutes conditions exigées, tant sous le rapport de la stabilité de la plate-forme que sous le rapport de la rapidité du tir et de la simplicité de la manœuvre.

La question des affûts à contre-poids, permettant de tirer au-dessus du parapet et descendant derrière par l'effet du recul, fut abandonnée jusque dans ces derniers temps.

Un officier de l'artillerie de la milice écossaise, le capitaine Moncrieff, la reprit en 1863. Frappé des inconvénients que présente le tir d'embrasure (inconvénients qu'il avait pu constater pendant le siége de Sébastopol), il fit de nombreux essais qui le conduisirent à l'invention d'un affût très-remarquable (voir fig. 1, pl. VII) dont nous ferons ressortir les propriétés en traitant des batteries de côte. Il n'est pas douteux que le même type d'affût, considérablement simplifié, ne puisse être appliqué aux pièces de calibre moyen qui constituent l'armement des places fortes.

Un premier pas dans cette voie a été fait par le colonel de Puthaux, de l'artillerie française. L'affût qu'il proposa, en 1865 (1), est fondé sur le principe du contre-poids admis

---

(1) *Les constructions défensives rendues inabordables.* Mézières, 1865.

par Moncrieff, et qui avait déjà été appliqué par Redlichkeit en 1775. Les fig. 3 et 4, pl. VII, représentent cet affût, dont la description sera donnée plus loin. (Voir l'annexe n° 3, à la fin de l'ouvrage.)

DE L'ORGANISATION DES REMPARTS.

Une question importante, au point de vue de l'emploi de l'artillerie dans la défense des places, est l'organisation des remparts.

Il faut :

1° Qu'on puisse mettre en batterie sur les remparts le plus de canons possible;

2° Que les canons soient protégés contre les feux d'enfilade;

3° Que le transport du matériel et la mise en batterie ne présentent pas de difficultés ;

4° Qu'il y ait, à proximité des batteries, de petits magasins à poudre (1) et à projectiles chargés et des abris blindés ou voûtés, pour les pièces et les servants;

5° Que l'on puisse tirer dans plusieurs directions, sans avoir de grands travaux de terrassement à exécuter ;

6° Qu'il y ait, en arrière des batteries, un terre-plein bas où les défenseurs soient à l'abri des coups plongeants.

Les fig. 9, 10 et 11, pl. I, représentent trois dispositifs qui satisfont à la plupart de ces conditions.

---

(1) « Il faut diviser les magasins à poudre autant qu'il sera possible et les mettre en » différents lieux éloignés les uns des autres. » Vauban, *Défense des places*, p. 148.

Les deux premiers supposent l'emploi exclusif du tir d'embrasure; le troisième permet l'emploi simultané de gros canons tirant par embrasure et de canons moyens tirant à barbette. C'est celui qui admet le plus de pièces.

Le dispositif de la fig. 10 est préférable, pour le tir d'embrasure, au dispositif de la fig. 9. Ce dernier, en effet, n'a pas de traverses casematées. Les petites traverses en terre, qui séparent les pièces, sont suffisantes pour arrêter les éclats des projectiles, mais trop minces pour résister au tir d'enfilade, à moins qu'on ne soutienne leurs terres avec des planches ou des saucissons.

D'un autre côté, les projectiles tirés d'écharpe, éclateront dans les talus des traverses et rendront la batterie inhabitable (1).

Le dispositif en dent de scie de la fig. 10 favorise le tir oblique autant que le précédent, et il a, de plus, l'avantage de protéger les servants contre le tir à ricochet. Toutefois, ces dents de scie ne dispenseront pas de l'obligation de construire sur le terre-plein quelques hautes traverses casematées, pour mettre les servants et les pièces mobiles à l'abri des feux verticaux et pour défiler le terre-plein dans les cas où il serait soumis aux feux d'enfilade.

Pour faciliter le service et permettre l'emploi d'un armement mobile, on établira, à proximité des batteries, sous le parapet ou dans les traverses, de petits magasins à poudre et à projectiles. Les fig. 1, 2 et 3, pl. VIII, représentent

---

(1) Si l'on augmentait l'épaisseur des traverses, on perdrait trop de place et la puissance des remparts s'affaiblirait d'autant.

des magasins de cette espèce, construits ou proposés par les ingénieurs anglais (1).

On établira également, entre les pièces ou en arrière de leur plate-forme, des parabombes en gabions, dont les alliés ont fait un grand usage dans leurs batteries devant Sébastopol.

Toutefois, il faut prendre garde de n'établir derrière les pièces aucun obstacle rapproché qui arrête les projectiles de l'assiégeant. Cette condition est devenue très-importante depuis que l'artillerie se sert presque exclusivement d'obus à fusée percutante. Elle exclut absolument l'emploi de parados et de traverses contournant les plates-formes, comme l'étaient celles des Russes en Crimée (avant l'introduction des canons rayés).

Le général Tripier a proposé une organisation des remparts que nous croyons utile de signaler (voir pl. VIII, fig. 6). Elle se distingue de celle qui est généralement admise en France, par deux modifications heureuses. Au lieu de tenir tout le terre-plein à $2^m,50$ sous le plan de défilement passant par les crêtes, il l'abaisse de 1 mètre en arrière des pièces, pour mieux couvrir les défenseurs contre les feux plongeants. Il établit ensuite, entre toutes les pièces, des merlons-traverses disposés de manière à donner aux bouches à feu le champ de tir de 90 degrés, adopté en France pour les batteries de côte.

En réduisant les intervalles des pièces à 6 mètres, comme le propose le général, on obtient des merlons trop fai-

---

(1) On trouvera un intéressant article sur cette question, écrit par le colonel Owen, dans le t. XIV des *Professional papers of the royal corps of ingeneers*.

bles et l'on est obligé de revêtir leurs talus intérieurs (1).

L'auteur prétend, il est vrai, que des expériences faites à l'île d'Aix ont prouvé que le projectile de 24 rayé ne pénètre dans la terre qu'à $2^m,20$ ou $2^m,30$, y compris le diamètre de la chambre d'éclatement; mais ce résultat, qui s'explique peut-être par les faibles charges employées ou par l'infériorité relative des bouches à feu françaises, est en opposition avec les nombreuses expériences qui ont été faites en Angleterre, en Allemagne, en Russie et en Belgique.

En 1862, l'artillerie belge a tiré, au polygone de Brasschaet, contre un parapet en terre sablonneuse, construit depuis plusieurs années.

Le canon lisse de 24, placé à la distance ordinaire des batteries de brèche, a donné, avec la charge de 6 kil. (1/2), une pénétration de $3^m,32$. Le canon rayé de 24, à la même distance, avec la charge de $2^k,400$ (1/12), a donné une pénétration de $4^m,20$.

Les mêmes canons, tirés avec les mêmes charges à la distance de 800 mètres, ont donné $2^m,18$ et $2^m,33$ de pénétration.

En 1863, l'artillerie anglaise a tiré à Newhaven contre un parapet en terre argileuse, récemment construit. La batterie était à la distance de 1,060 yards.

Le projectile plein du 40 Armstrong, tiré avec 5 livres

---

(1) L'épaisseur est de $3^m,55$ au niveau de la plongée et de 3 mètres au sommet, quand on donne aux merlons la hauteur de 22 centimètres, admise en France (par une circulaire de 1852). Elle n'est plus que de $1^m,50$ au sommet, quand on élève le merlon à 1 mètre au-dessus de la plongée.

de poudre (1/8), a donné une pénétration de 16 pieds 4/10 ; le projectile plein du 70 Armstrong, tiré avec 8 livres de poudre, une pénétration de 17 pieds, et le projectile plein du 110 Armstrong, tiré avec 11 livres de poudre, une pénétration de 22 pieds.

Les pénétrations avec l'obus rempli de sable (Plugged shell) ont été respectivement de 13 pieds 13/100, 13 pieds 75/100, et 18 pieds 80/100.

Les expériences de Newhaven ont prouvé que, pour disperser les terres et battre les maçonneries en brèche, les canons rayés ont une grande supériorité sur les canons lisses, non-seulement à cause de la forme de leurs projectiles, mais parce que ces projectiles contiennent plus de poudre que ceux des canons lisses. Ainsi, l'obus de 68 lisse ne peut recevoir qu'une charge explosive de 2 1/2 livres, tandis que celui du 110 Armstrong à une capacité intérieure de 8 livres (1).

La Commission chargée de ces expériences a reconnu, en outre : 1° « que l'obus chargé pénètre, avant de faire
» explosion, aux deux tiers environ de la distance à laquelle
» s'enfonce l'obus non chargé du même calibre; 2° qu'il y
» a lieu de mettre en question si l'on ne doit pas prohiber
» d'une façon absolue la construction des embrasures; en
» tout cas, si on l'admet, il faudra laisser entre elles un
» merlon beaucoup plus grand que celui que l'on avait jus-
» qu'ici considéré comme suffisant; 3° que l'épaisseur de
» 7^m,62 (24 pieds), pour le parapet est un minimum,

---

(1) Le canon lisse de 68 pèse 95 quintaux, et le 110 Armstrong, 84 seulement.

» puisque, par un tir direct et concentré, on y fait brèche
» en peu de temps avec de gros calibres. »

Dans une expérience faite à Shoeburyness, le projectile plein du 110 Armstrong, tiré à 800 yards avec une charge de 12 livres, a donné une pénétration de 25 pieds. Mais, ici comme à Newhaven, le parapet soumis à l'expérience était en terre argileuse (*marsh-claij*).

Ces résultats prouvent que les traverses-merlons du général Tripier devraient avoir à leur base au moins 6 mètres d'épaisseur, dimension correspondante à un espacement de 10 mètres. (Voir pl. I, fig. 7.)

Le but principal de ces traverses est d'abriter les défenseurs contre les feux d'écharpe et les feux d'enfilade, bien plus redoutables que les feux directs dont le parapet les préserve suffisamment.

Le général Tripier attribue un autre avantage à ses traverses : « A cause de l'obliquité des coups qui les atteignent,
» on peut, dit-il, les revêtir en madriers. » Mais ce revêtement ne résisterait pas aux coups d'enfilade, qui atteindraient les madriers sous un angle d'environ 45 degrés.

Nous ferons remarquer aussi qu'en donnant aux pièces un champ de tir de 90 degrés, on affaiblit trop les merlons dans le voisinage de l'embrasure.

Il est vrai que le danger résultant des projectiles qui traversent les parties minces des merlons serait bien diminué, si l'on se servait de l'affût de place qui permet de tirer au-dessus d'une masse couvrante de $1^m,60$ à $1^m,70$ de hauteur; mais cet affût a tant d'inconvénients qu'on ne peut pas l'employer d'une manière générale.

L'artillerie et les servants ne seront efficacement protégés contre les feux directs de l'assiégeant que lorsqu'on aura inventé un affût de place solide, maniable et peu coûteux, offrant les avantages inhérents à l'affût de côte du capitaine Moncrieff.

Alors on pourra assurer aux pièces un champ de tir de 120 à 130 degrés, sans affaiblir la masse couvrante, et faire le pointage derrière le rempart, au moyen de repères tracés sur la plate-forme. Dans ces conditions, les pièces ne seront exposées aux coups de l'assiégeant que pendant les quelques secondes nécessaires pour y mettre le feu, et les servants auront toute la sécurité qu'il est possible de leur donner dans des batteries à ciel ouvert.

Nous traiterons cette question avec tous les développements qu'elle comporte, dans le chapitre relatif aux batteries de côte.

Il nous suffira d'ajouter ici que, dans le cas où l'on adopterait pour les places l'affût à contre-poids, on devrait organiser les remparts conformément aux indications de la fig. 1, pl. VII.

Lorsqu'on voudra donner à certaines parties du rempart deux étages de feux d'artillerie, sans recourir à l'emploi de contre-gardes, on adoptera le profil représenté par la fig. 5, pl. XXIII, dont les principales dispositions ont été empruntées à un mémoire du colonel du génie espagnol Rodriguez de Quijano.

L'étage casematé, construit au niveau du terre-plein du rempart, sert d'épaulement à la batterie haute, qu'on armera de canons sur affût Moncrieff ou sur tout autre affût analogue. En avant de la batterie casematée se trouve un passage de $1^m,50$ environ de largeur, dont le sol est au niveau du fond des embrasures des casemates. Ce passage séparant les murs de masque du parapet, favorise l'aérage des locaux intérieurs et préserve les caves à canon de l'humidité qui provient des terres. On y peut également placer, soit des fusiliers pour repousser une attaque de vive force, soit des observateurs pour diriger le tir de la batterie, par les indications qu'ils donneront sur les effets produits. Au besoin, on protégera ces observateurs au moyen de petits blindages en bois ou en fer.

Quand les objets à battre sont éloignés, les trajectoires de la batterie casematée passent au-dessus du parapet, et quand ils sont rapprochés, on construit des embrasures. Les déblais provenant de ce travail sont versés dans le passage. On y dépose également les terres et les matériaux nécessaires pour réparer les dégâts produits par le feu de l'ennemi. Enfin, dans ce même passage, on pratique une rainure destinée à éclairer et à ventiler les locaux inférieurs et à débarrasser les embrasures des décombres qui se détacheront des têtes de voûte et du mur de masque des casemates (1). Toutefois, cette dernière propriété ne compenserait pas l'inconvénient de l'humidité que produiraient dans le couloir X les eaux pluviales tombant dans le passage, sur la plongée et sur le talus extérieur des terres.

Nous proposerons, en conséquence, de remplacer la rainure continue par des cheminées d'aérage.

---

(1) L'auteur espagnol dit que ces rainures serviront encore « à défendre verticale- » ment le parement à partir des voûtes inférieures. » Voir le *Journal des Sciences militaires* de 1868.

Sans doute on n'évitera pas de la sorte l'accumulation des décombres dans les embrasures; mais, selon nous, pour obtenir un résultat satisfaisant, il importe bien moins de prévenir l'*accumulation* que la *production* des décombres, ce à quoi l'on arrivera en couvrant le mur de masque d'un bouclier en plaques de fer.

La construction des abris et des petits magasins à poudre et à projectiles a fait l'objet de nombreuses études de la part des ingénieurs anglais. Nous avons indiqué, planche VIII, les meilleurs types proposés ou exécutés par ces ingénieurs. La figure 1 représente un magasin à poudre établi sous une traverse, et la figure 2, un petit magasin à projectiles chargés, établi sous le parapet, pouvant contenir au besoin de la poudre. Ce magasin n'a pas de porte; l'homme qui délivre les projectiles s'introduit dans le porche par l'ouverture x, et celui qui les reçoit se tient à genoux devant cette ouverture.

La figure n° 3 représente un magasin à deux étages. Le local inférieur est divisé en deux: la partie n sert de porche et la partie restante de magasin à poudre; le local supérieur est utilisé comme magasin aux projectiles ou comme abri. Les munitions sont élevées ou descendues au moyen d'une poulie scellée dans la voûte au-dessus du *trou d'homme*, lequel a $0^m,85$ de diamètre.

6° PRINCIPE.

Favoriser la défense active par un système de communications larges, faciles, sûres et bien couvertes.

Ce principe est admis aujourd'hui par tous les ingénieurs.

On verra plus loin, par la description de quelques fronts polygonaux, comment il doit être appliqué aux petites places, aux places de moyenne grandeur et aux places à camps retranchés.

7ᵉ PRINCIPE.

Établir avec soin dans toutes les places, mais particulièrement dans les petites, les défenses du fossé et les contre-mines : deux moyens sûrs de prolonger la durée de la résistance, sans verser beaucoup de sang et sans faire une grande consommation de munitions.

C'est encore un principe sur lequel tous les ingénieurs sont d'accord.

La défense de Sébastopol offre une preuve concluante de l'utilité des contre-mines. Cette même défense a donné aux ingénieurs français la conviction que, si les fossés de l'enceinte avaient été revêtus et flanqués par des pièces casematées, jamais les alliés ne seraient entrés dans la place.

Nous n'avons pas besoin de faire observer que les contre-mines et les chicanes du fossé acquerront d'autant plus d'importance que la défense éloignée sera moins efficace et la défense rapprochée moins active. On devra, par conséquent, les appliquer avec plus de soin aux petites places qu'aux grandes, dont la force réside principalement dans l'étendue des ouvrages, la puissance de l'armement, l'importance de la garnison, les qualités militaires de la troupe, l'énergie et les talents du gouverneur.

8ᵉ PRINCIPE.

Régler le commandement des ouvrages de telle sorte que l'artillerie du corps de place batte efficacement la campagne.

Nous avons prouvé, dans l'*Introduction*, que ce principe ne peut pas être appliqué avec succès à la fortification bastionnée, à cause de la relation nécessaire qui existe entre l'étendue du front, la profondeur des fossés et le commandement du corps de place.

Le tracé polygonal n'eût-il d'autres propriétés que de soustraire mieux les remparts à l'enfilade et d'admettre un commandement qui permette de tirer au-dessus des dehors, il n'en faudrait pas davantage pour assurer à ce tracé une grande supériorité sur tous les autres.

9ᵉ PRINCIPE.

Mettre autant que possible les troupes et le matériel à l'abri de la bombe.

Ce principe est accepté depuis longtemps par les ingénieurs allemands, suédois, russes, belges, anglais, etc. L'école française, sous l'empire des idées de Cormontaingne et de Fourcroy, l'a seule méconnu jusque dans ces derniers temps. Cependant Vauban lui avait indiqué la bonne voie, dans sa *Défense des places*, qui est sa dernière œuvre, le résumé, en quelque sorte, de sa vaste expérience. « Il faut

» avouer, dit-il, que la fureur des siéges est parvenue à
» un grand excès par la quantité de canons, de bombes et
» de pierres qu'on y emploie, sans compter toutes les petites
» diableries que les ennemis appellent des obus et per-
» dreaux, qui accablent les fronts des places attaquées de
» bombes, pierres et grenades, y font un grand désordre,
» tuent et blessent beaucoup de monde en peu de temps et
» *abrégent considérablement la prise des places* (1). »

C'est la raison pour laquelle Vauban admit, dans ses tracés de Belfort, Landau et Neuf-Brisach, des tours et des flancs casematés et qu'il proposa, dans son *Traité de la défense des places* :

1° De construire, derrière les parapets des pièces attaquées, des blindages triangulaires en corps d'arbres inclinés, pour abriter les défenseurs contre les pierres et les demi-bombes ;

2° D'établir des huttes à doubles pans de bois, au pied du talus intérieur du rempart et pénétrant à moitié dans ce talus, pour soustraire les troupes de garde aux atteintes de ces mêmes projectiles ;

3° De créer des abris voûtés sous les traverses et sous la barbette de la demi-lune, sous les traverses et sous les flancs des bastions vides.

« On ne saurait, dit-il, avoir trop de souterrains dans une place... Quand on en pourra faire de maçonnerie sous les faces, les flancs et courtines des bastions, ou sous quelques autres parties des remparts, ou du dedans de la place,

---

(1) *Défense des places*, p. 119.

ils seront bons partout, selon les façons qu'on leur voudra donner »

Loin de continuer dans cette voie, les ingénieurs français revinrent aux errements de la vieille école, et s'y montrèrent fidèles au point que, dans les nouvelles enceintes de Paris et de Toulon, ils n'ont pas construit une seule batterie ni une seule traverse casematée et que, au témoignage d'un officier supérieur du génie français, il n'existait pas, en 1865, dans tout l'empire, une seule batterie blindée (1).

Napoléon disait, à Sainte-Hélène : « Le système des
» places est devenu très-faible par suite de l'énorme quan-
» tité de bombes et d'obus que l'on y envoie. Aucune des
» places anciennes n'est à l'abri; elles ne sont plus tena-
» bles. Les casemates, les magasins, les établissements à
» l'épreuve de la bombe, voilà désormais ce qui est indis-
» pensable. »

Si le général Chassé n'avait pas établi dans la citadelle d'Anvers un grand nombre de blindages pour suppléer à l'insuffisance des abris voûtés, la défense eût été considérablement abrégée. Et malgré ces blindages, les assiégés firent des pertes sensibles. « Les officiers d'artillerie hol-
» landais nous ont affirmé, dit le chef d'escadron Péri-
» gnon (2), que pour être sûrs de faire parvenir des muni-
» tions à une pièce, il fallait en envoyer par trois côtés à
» la fois (3). »

---

(1) *Examen critique de l'ouvrage du capitaine Mangin*, par De Gaubert. Paris, 1865. Voir p. 77.
(2) Le travail de cet officier a été publié dans le *Spectateur militaire*.
(3) Les Français ont lancé 20,000 bombes sur la citadelle.

Sans les abris en bois et en terre que le général Todleben fit construire pendant le siége de Sébastopol, en arrière de l'enceinte et dans les ouvrages indépendants qui servaient de points d'appui à cette ligne de défense, la place n'aurait pas résisté huit jours au feu terrible des alliés. Dans les derniers temps, les assiégeants avaient en batterie 814 bouches à feu dont 151 obusiers et 267 mortiers de divers calibres. Les rapports russes constatent que la garnison perdit 1,500 hommes dans la journée du 17 août, 1,000 hommes par jour jusqu'au 21 août et 500 à 600 hommes par jour du 22 août au 5 septembre. Du 5 au 8 septembre (jour de l'assaut), les Russes eurent 51 officiers et 3,917 hommes mis hors de combat, non compris les artilleurs, qui, certainement, furent les plus maltraités. Le feu enleva donc aux assiégés plus de 18,000 hommes en vingt et un jours. Dans cette période, les Français ne perdirent que 3,815 hommes.

Les grandes pertes des Russes provenaient de l'insuffisance de leurs abris (1) et de la nécessité où ils étaient de tenir de fortes réserves toujours prêtes à repousser l'assaut, lequel pouvait être donné sur toute l'étendue de l'enceinte, aucun de ses fronts n'étant à l'abri d'une attaque d'emblée.

Le général Paixhans avait donc raison de dire, il y a trente-huit ans : « Ce n'est pas seulement pour le repos
» qu'il faut des abris, c'est aussi pour l'action : il en faut
» à l'artillerie, si l'on veut qu'elle tire avant d'être détruite ;
» il en faut à l'infanterie, d'où elle se tiendra prête à s'élan-

---

(1) On n'avait pu construire des abris que pour une partie des troupes de garde ; les réserves n'en avaient pas.

» cer; il en faut à la défense vivante aussi bien qu'à la
» défense morte; *il en faudra bien plus impérieusement
» encore à l'avenir*, parce qu'à l'avenir la quantité des
» moyens de destruction, leur puissance, leur facile trans-
» port, les rendront encore plus redoutables. »

Le bombardement dont il s'agit ici est celui qui s'exécute pendant le siége en règle, comme moyen auxiliaire d'attaque.

« Ce bombardement, dit un ingénieur français (1), employé comme l'appoint d'une méthode régulière d'attaque, accélère la prise de la ville, soit d'une manière directe, en faisant intervenir une capitulation avant terme, soit d'une manière indirecte, en fatiguant la garnison et les habitants, en détruisant les approvisionnements et en facilitant ainsi les travaux réguliers du siége. »

Il est une autre espèce de bombardement que l'on emploie comme moyen principal d'attaque contre les places qui ne se trouvent pas dans des conditions à pouvoir résister longtemps, soit parce que les abris font défaut, soit parce que la population est mal disposée, la garnison faible, etc.

Pour combattre ce mode d'attaque, il y a d'autres mesures à prendre qui ont été indiquées et discutées dans le chapitre III.

---

(1) Le capitaine Ratheau. Voir les articles signés X., dans le *Spectateur militaire* de juillet et août 1866.

10ᵉ PRINCIPE.

Combiner le tracé et le relief de la fortification de telle sorte que l'on ne puisse pas, des points dangereux du terrain, voir dans l'intérieur des ouvrages.

Ce principe a beaucoup perdu de son importance depuis que l'artillerie possède le moyen de frapper, de loin et avec une remarquable précision, des objets parfaitement cachés à la vue des pointeurs. Il y a longtemps, du reste, qu'elle est en possession de ce moyen. Les expériences de Woolwich, faites en 1823, ne laissent aucun doute sur l'efficacité des feux plongeants exécutés avec d'anciens canons lisses tirant au-dessus d'une masse couvrante, glacis ou contre-garde. Et ceux qui n'admettent pas que les choses se passent à la guerre comme dans les polygones, doivent savoir qu'au siége d'Alexandrie, en 1797, les projectiles d'une batterie à ricochet de la deuxième parallèle, passant audessus d'une demi-lune et d'une contre-garde, allèrent frapper l'escarpe du corps de place (que les canonniers ne voyaient pas) et *y firent brèche* (1). On ne s'explique donc pas que les successeurs de Vauban aient pu élever à la hauteur d'une science ou tout au moins d'un procédé rigoureux, la fameuse théorie en vertu de laquelle un mur ou un objet quelconque est censé protégé contre les feux de l'artillerie, lorsqu'il ne dépasse pas un plan de défilement

---

(1) *Études historiques sur la fortification*, p. 267.

déterminé par la crête de la masse couvrante et par un point situé à 1^m,50 au-dessus de l'emplacement le plus favorable aux batteries de l'attaque.

Cette théorie, véritablement absurde (puisqu'elle suppose que les projectiles suivent une ligne droite), se trouve exposée dans les mêmes livres où l'on enseigne, d'après l'*Aide-mémoire à l'usage des officiers d'artillerie*, que
« le boulet d'une batterie à démonter, rasant la crête d'un
» parapet de 2^m,27 de hauteur, peut atteindre le terre-plein
» à 13 mètres en arrière, gardant encore la faculté de rico-
» cher, et à 6 ou 7 mètres en arrière, perdant cette
» faculté, mais pouvant encore, par son choc, tuer les
» défenseurs et dégrader le matériel. »

Sous ce rapport, l'artillerie nouvelle n'a rien modifié, si ce n'est la distance à laquelle un point cesse d'être dangereux.

L'ingénieur qui aujourd'hui prendrait encore au sérieux l'art du défilement, inventé par les successeurs de Vauban, ne pourrait plus rester dans le cercle de 800 mètres, qui limitait autrefois la zone des terrains dangereux pour les maçonneries; il devrait aller à la recherche de ses points suspects, dans un rayon trois et quatre fois plus grand.

Voici quels sont à cet égard les principes actuels de l'école de Metz (1) :

« Défiler un ouvrage, c'est le disposer de manière que
» les crêtes, ou, à leur défaut, des masses couvrantes spé-
» ciales en abritent l'intérieur *à la vue* des établisse-

---

(1) Extraits d'un résumé autographié des *Leçons sur l'application de la fortification au terrain*, par le commandant de Villenoisy.

» ments de l'ennemi jusqu'à une hauteur fixée ordinaire-
» ment à $2^m,50$.

» Le défilement des *coups* venant sous un assez grand
» angle, est utile pour les terre-pleins et les maçonneries;
» le défilement *à la vue* suffit pour les communications et
» toutes les parties des remparts qui ne sont occupées que
» passagèrement.

» On doit se défiler du terrain relevé à la hauteur pré-
» sumée des établissements de l'ennemi : 2 mètres au moins
» pour les points éloignés, 1 mètre 50 pour les tranchées,
» 1 mètre seulement pour les batteries sur les glacis et
» les travaux faits sur les plongées des ouvrages avancés.
» Dans la pratique, on arrive à une exactitude suffisante en
» supposant le terrain relevé uniformément de 2 mètres et
» les crêtes des remparts de 1 mètre.

» En général, on se contente de défiler le corps de place
» et les principaux dehors jusqu'à 2,200 ou 2,400 mètres;
» les ouvrages avancés à 1,500, les chemins couverts à 800.

» Les seuls points vraiment dangereux sont ceux où
» l'ennemi a intérêt à s'établir.

» S'il s'agit de maçonneries, on admet que les coups
» arrivant sous un angle moindre que 45 degrés, peuvent
» être négligés, ce qui détermine les limites latérales du
» terrain dangereux.

» La pente maximum du terre-plein est de 1/10.

» Il serait avantageux de se défiler des coups arrivant
» sous l'inclinaison maximum du sixième; mais il est rare
» que l'on ait la possibilité d'élever les masses protectrices
» assez haut pour cela.

» Le procédé de défilement employé est de mener par la

» *magistrale* (cordon de l'escarpe revêtue) un plan tangent
» au terrain *ou* un plan ayant l'inclinaison des coups dont on
» veut se garantir. Les crêtes couvrantes doivent être dans
» ce plan ou le dépasser. »

Il est évident que ce dernier procédé peut seul donner de bons résultats et que le défilement, par de simples plans tangents au terrain, n'a aucune valeur.

Selon nous, lorsqu'une place est bien adaptée au terrain, le défilement ajoutera peu à ses propriétés, et lorsqu'elle y est mal adaptée, le défilement ne fera disparaître aucun de ses défauts.

La seule règle que l'on puisse donner à cet égard est la suivante : *Éviter les emplacements dominés, et quand leur importance stratégique ou tactique exige qu'on les occupe, tracer les ouvrages de manière que les hauteurs dangereuses causent le moins de préjudice possible à la défense.*

Dans la plupart des cas, les hauteurs dangereuses devront être occupées par des ouvrages avancés ou détachés.

On objectera sans doute que le défilement, tel qu'on l'enseigne dans les écoles, ne produira jamais de mauvais résultats, par la raison qu'un rempart défilé dont le terre-plein est soustrait aux vues de l'ennemi, offrira toujours plus de sûreté à la défense qu'un rempart non défilé sur lequel on ne pourra, sans être observé, faire aucun mouvement de troupes ou de matériel.

Cela est évident ; mais si l'on considère que souvent, pour éviter une hauteur dangereuse, on a donné, aux faces des ouvrages, des directions qui affaiblissent leur action sur le terrain des attaques ; que d'autres fois on a altéré les propriétés des polygones, en créant des angles aigus pour éviter l'enfilade d'un point dangereux, et que, dans la plupart des cas, on a obstrué les terre-pleins de traverses et de parados qui morcellent la défense et entravent les mouvements de troupes ; quand on considère tous ces résultats fâcheux, on est amené à conclure que les principes du défilement ont fait plus de mal que de bien, et qu'il y a lieu de revenir aux méthodes plus rationnelles et plus simples de Vauban, qui n'avait pas besoin de plans cotés ni d'échelles de pente, pour appliquer judicieusement la fortification au terrain.

Voici la seule recommandation que fait à cet égard l'illustre ingénieur, dans sa *Défense des places* (p. 18) :

« Les commandements nuisibles aux places sont ceux qui
» se trouvent dans l'étendue de la portée du canon ; plus ils
» sont près, plus ils sont dangereux ; quand ils sont si près,
» le mieux est de les occuper par quelque bon ouvrage bien
» contre-miné, si l'on ne peut les raser, sinon se bien
» traverser contre ou s'en éloigner, en sorte que toutes les
» vues d'enfilade qu'ils pourraient avoir sur la fortification
» leur seraient bouchées par des traverses à preuve, placées
» à propos et capables d'en pouvoir rompre l'effet. »

11ᵉ PRINCIPE.

Organiser la défense intérieure pour diminuer le danger résultant des surprises, et pour empêcher que la place ne tombe tout entière au pouvoir de l'assiégeant, quand un de ses ouvrages est emporté d'assaut.

Nous ne chercherons pas à justifier ce principe sur lequel nous nous sommes longuement étendu dans le chapitre XXI de nos *Études sur la défense des États*, et qui n'est plus contesté aujourd'hui, si ce n'est par les disciples de Cormontaingne et de Fourcroy (1).

Parmi les ingénieurs qui l'ont admis en France, nous citerons Montalembert, Choumara et le général Prévost de Vernois. Ce dernier résume son opinion dans les termes suivants :

« Le raisonnement, d'accord avec l'exemple des siéges
» de l'antiquité et ceux tout récents du Caire et de Sara-
» gosse, prouvent que dans tous les temps la défense inté-
» rieure a été la plus puissante et la plus efficace. »

Les mémorables défenses de Berg-op-Zoom, de Sébastopol et de Puebla ont fourni un nouveau contingent de faits à l'appui de ce principe.

On sait que le général Todleben avait composé l'enceinte de Sébastopol d'une ligne continue de retranchements, appuyée à des ouvrages indépendants.

« Le terrain même, dit-il, indiquait les points de la ligne
» qu'il fallait fortifier de préférence aux autres, faire occu-
» per par des garnisons plus nombreuses et considérer
» comme points d'appui pour la défense de la ligne de nos
» ouvrages. Mais pour empêcher que l'ennemi, après avoir
» réussi à forcer les parties intermédiaires les plus faibles
» de cette ligne avant l'arrivée de nos réserves, — car on

---

(1) Vauban ne fut pas éloigné de l'admettre, s'il faut en juger par les réflexions qu'il fit sur le siége de Verdun, par son mémoire sur Casal et par ses fronts à tours bastionnées de Neuf-Brisach et de Landau. (Voir nos *Études sur la défense des États*. T. II, p. 338.)

» ne pouvait être assuré qu'elles arriveraient toujours à
» temps, — ne parvînt à tourner ces ouvrages, il était urgent
» de les garantir d'une attaque de ce côté ou de les fermer
» à la gorge. La défense gagnait à cela l'avantage impor-
» tant de pouvoir réduire, dans une notable proportion, le
» nombre de troupes placées sur l'enceinte fortifiée, en ren-
» forçant les réserves générales; et il résultait de ces dis-
» positions, d'un côté, que les pertes occasionnées par le
» feu devaient diminuer, et, de l'autre, que nous obtenions
» ainsi les moyens de repousser l'ennemi sur le point
» attaqué.

» *L'établissement sur la ligne de défense d'ouvrages fer-*
» *més à la gorge, était strictement conforme aux règles de*
» *la tactique et de la fortification, connues depuis longtemps*
» *et déjà sanctionnées par l'expérience* (1). »

Bien que l'école française n'ait pas, sur la défense intérieure, les mêmes idées que l'école allemande, les réflexions
faites par les officiers du génie français à propos du siège de
Sébastopol sont très-favorables aux points d'appui indépendants que le général Todleben avait créés dans l'enceinte,
et dont quelques-uns étaient de véritables ouvrages à défense
intérieure.

« Ce qui a causé la perte de la place, dit le général
» Mengin-Lecreux (2), c'est la faute grave commise par les
» ingénieurs de n'avoir pas isolé le fort Malakoff du reste
» de l'enceinte, par une coupure ou, ne l'ayant pas fait, de

---

(1) *Défense de Sébastopol*, p. 534 et 535.
(2) Voir ses *Observations sur l'ouvrage du général De Blois.*

» ne pas lui avoir pratiqué à la gorge une plus large
» ouverture. »

Cette opinion, conforme, du reste, à celle du général Niel, implique l'aveu que les ouvrages à défense intérieure peuvent, dans certains cas, empêcher une place d'être prise d'assaut, s'ils sont établis dans de bonnes conditions.

Pour qu'un ouvrage assure à la garnison le bénéfice de la défense intérieure, il faut :

1° Qu'il ne puisse pas être pris d'assaut en même temps que les parties voisines du corps de place ;

2° Qu'il soit séparé de l'enceinte par des coupures ;

3° Qu'il ait toujours les troupes, l'armement, les magasins, les abris et les munitions nécessaires à sa défense ;

4° Qu'il ne puisse être battu en brèche d'aucun point de la campagne ni des *dehors*.

Rien ne s'oppose à ce que les ouvrages de cette espèce prennent part à la défense éloignée. Ceux d'Anvers ont un commandement qui permet, dans les combats à grande distance, de tirer au-dessus du corps de place.

Le fort Malakoff n'était pas, dans l'acception rigoureuse du mot, un ouvrage à défense intérieure, puisqu'on y a donné l'assaut en même temps qu'au corps de place.

Sous ce rapport, la redoute Tchesmé, située derrière la courtine 4-5 (entre le bastion du *mât* et le bastion *central*), et surtout la redoute Rostislaff, située derrière la courtine 5-6 (entre le bastion *central* et le bastion de la *quarantaine*), étaient dans de meilleures conditions.

Le général Niel ayant fait observer « qu'à l'assaut du
» 8 septembre, la fermeture de la gorge de la redoute Korniloff (fort Malakoff) a été fort utile aux Français pour

» s'y maintenir, malgré tous les efforts des Russes, » quelques ingénieurs en ont conclu que les ouvrages à défense intérieure doivent être disposés de façon qu'on puisse les reprendre facilement. C'est une erreur. Si le fort Malakoff avait été séparé de l'enceinte, les Russes en seraient restés maîtres après l'assaut, et, par conséquent, loin d'avoir à le reprendre par une attaque contre la gorge, ils auraient pu s'y maintenir et faire même beaucoup de mal à l'ennemi. Il faut donc qu'un ouvrage à défense intérieure soit à l'abri de l'escalade de *tous les côtés*. Le général Todleben est d'avis que les seuls bons retranchements « sont des redoutes établies en arrière de l'enceinte, aux points les » plus importants de la ligne de défense (1). Ces ouvrages, » dit-il, favorisent une défense énergique de la brèche, et, » tout en empêchant l'assaillant de se répandre dans l'inté-» rieur de la place, ils donnent aux réserves le temps » d'approcher et de repousser l'assaillant, avec l'aide de » l'artillerie de leurs remparts (2). » Ils doivent être plutôt forts que nombreux. La multiplicité des ouvrages à défense intérieure est un défaut que n'ont pas su éviter Prévost de Vernois et Choumara. Tous deux, en effet, proposent de construire une redoute ou une tour casematée par bastion,

---

(1) Note en réponse à un article du colonel Froloff.

(2) La place de Candie, dont la mémorable défense de 1669 fit tant de sensation dans le monde, avait des redoutes derrière trois de ses bastions. Ce furent ces redoutes qui donnèrent a à Rimpler (témoin oculaire) une si haute opinion des ouvrages à défense intérieure.

On trouve des redoutes analogues, mais casematées, dans plusieurs projets de Landsberg, publiés vers 1718, et dans ceux d'Auguste II, roi de Pologne, auxquels Mandar assigne la date de 1737.

ce qui porterait le nombre des ouvrages indépendants à trois environ par kilomètre.

Dans la nouvelle place d'Anvers, les casernes, véritables ouvrages à défense intérieure (établis derrière le centre des fronts), se trouvent à un kilomètre l'une de l'autre. Il y en a six en tout, la place n'ayant que six fronts attaquables. On ne peut donc pas appliquer à ces ouvrages les objections fondées que fait le général Tripier à propos de l'idée de Choumara de « retrancher les bastions pour en faire des forts isolés (1). »

Une conséquence de l'emploi des ouvrages à défense intérieure est la nécessité de réserver, en arrière des fronts attaquables, de larges espaces libres pour les mouvements de troupes à exécuter au moment de l'assaut.

Il y a longtemps que nous avons signalé cette nécessité et fait ressortir les inconvénients des rues étroites, bordées

---

(1) Quant aux raisons que donne cet ingénieur pour repousser d'une manière générale la défense intérieure, il nous est impossible de les admettre. Les faits témoignent contre ces raisons et la théorie les condamne. « Chaque fois, dit le général, qu'une » large brèche, qu'on ne peut plus défendre, est ouverte dans le corps de place, on » peut la considérer comme perdue. » Rien de plus contestable que ce prétendu axiome. Les partisans de la défense intérieure sont dans le vrai quand ils disent : « *Une brèche* » *est toujours défendable avec des troupes pouvant s'appuyer à des ouvrages* » *indépendants, situés à proximité.* » Jusqu'ici aucun fait de guerre n'a prouvé qu'ils aient tort et beaucoup, au contraire, leur ont donné raison.

Sur ce point, ils peuvent, du reste, invoquer l'opinion de Vauban, qui, dans son mémoire de 1682 sur les améliorations à apporter à Casal, pose le principe suivant :

« Pour décider des hommes à défendre vigoureusement le sommet d'une brèche, il » faut qu'ils soient sûrs de ne pouvoir être emportés de vive force par une colonne d'as- » saut ; il faut donc qu'ils aient, derrière eux et tout près d'eux, un solide réduit ou » retranchement intérieur, non pas pour s'y réfugier eux-mêmes, mais pour se sentir » soutenus de près. Les feux éloignés, comme ceux des flancs, par exemple, ne peuvent » leur imposer la même confiance, parce qu'on compte beaucoup plus, à la guerre, sur » ce qui se fait près de soi que sur l'aide d'un voisin qui agit à distance. »

Cité par le commandant Prévost, p. 136.

de maisons qui, dans la plupart des places, longent les remparts (1).

En 1812, les défenseurs de Badajoz furent obligés de démolir les quartiers voisins du point d'attaque, pour agir offensivement contre les Anglais au débouché des brèches. L'année suivante, l'incendie des maisons situées en arrière des remparts éboulés de Saint-Sébastien empêcha les défenseurs de rester à leur poste. De pareils faits ne sont pas rares dans l'histoire des sièges.

On peut ranger dans la catégorie des dispositifs à défense intérieure les enceintes avec forts isolés que proposèrent Borgsdorf (1687), Sturm (1720), Rotzberg (1744), et le général suédois Virgin (1781) (2).

Ces forts présentent deux inconvénients : on peut y donner l'assaut sans pénétrer d'abord dans le corps de place, et, quand l'ennemi s'est emparé d'un seul, « il peut en faire » un solide point d'occupation par lequel il fera pénétrer du » dehors des troupes qui ne lui feront jamais défaut (3). »

On évitera ces inconvénients en établissant les ouvrages à défense indépendante *derrière l'enceinte*, sur les points les plus importants de la position.

Quelquefois, cependant, on pourra les intercaler dans l'enceinte même, comme l'était le fort Malakoff à Sébastopol. Ce cas se présentera lorsqu'on devra fortifier rapidement, ou avec des ressources insuffisantes, une ville ou une position

---

(1) *Principes généraux de la fortification des grands pivots stratégiques.* Bruxelles, 1856.

(2) Quelques places allemandes, construites au milieu du XVIIIe siècle, offrent des applications de ce dispositif : témoin, Schweidnitz.

(3) Objection du général Tripier.

située à proximité d'un grand pivot stratégique. Alors, ne pouvant mettre le corps de place à l'abri d'une attaque de vive force sur toute son étendue, on occupera les points les plus importants de son périmètre, au moyen d'ouvrages à défense indépendante, d'un profil respectable et prenant des revers tels sur les parties faibles de l'enceinte, qu'il soit impossible d'attaquer ces parties. Sans doute, quand un des forts sera pris, l'ennemi introduira par là ses troupes dans la place; mais, d'un autre côté, la garnison, s'appuyant aux forts restés intacts, combattra l'assaillant dans les meilleures conditions et pourra même le repousser au delà du fossé, ce qui est généralement impossible dans une place dépourvue de points d'appui intérieurs.

Le projet de fortification de Malines, dont il sera question dans le chapitre suivant, offre un exemple de ce dispositif.

A la défense intérieure se rattache naturellement la question des citadelles.

Le général Noizet assigne à ces ouvrages trois buts distincts :

« Maîtriser une ville nouvellement acquise ou dont la
» fidélité ne peut inspirer une entière confiance ; servir de
» refuge à la garnison, après la prise de la ville, pour lui
» permettre de soutenir un nouveau siége, ou, en cas
» extrême, si elle a épuisé toutes ses ressources dans la
» défense de la place, pour lui procurer encore une capitu-
» lation avantageuse ; enfin garder la clef d'une position
» importante, en abandonnant la ville à l'ennemi, lorsqu'on

» ne dispose pas d'une garnison assez forte pour la défendre
» à raison de sa grande étendue ou de l'imperfection de ses
» fortifications. »

Le premier et le troisième cas se présenteront très-rarement dans un État bien constitué. A l'égard du deuxième, nous ferons observer qu'une citadelle est utile non-seulement pour obtenir une capitulation honorable, mais encore pour soutenir le moral de la garnison à la fin du siége et rendre possible la défense opiniâtre des brèches.

Il est prouvé que les meilleurs soldats faiblissent au moment de l'assaut, quand ils n'ont pas de point d'appui ni de lieu de refuge. Les réduits, les retranchements (1), les citadelles et les ouvrages à défense intérieure sont justifiés par ce fait d'expérience, qui trouve, du reste, son explication dans la nature humaine, dont il faut toujours tenir compte, lorsqu'il s'agit de combinaisons où l'homme doit intervenir pour une grande part.

Il convient donc que toute position fortifiée ait au moins un point d'appui en arrière des fronts d'attaque, afin qu'on n'applique pas ce dangereux principe de Cormontaingne, en vertu duquel « une place doit capituler lorsque la brèche » est faite au corps de place et qu'il n'y a pas de bon » retranchement en arrière (2). »

Dans les petites places, ce point d'appui sera une grande

---

(1) C'est pour rendre possible la défense opiniâtre des brèches que Vauban jugeait nécessaire de construire des réduits dans les demi-lunes et des retranchements dans les bastions.

(2) Le même ingénieur disait : Lorsque les fossés sont secs et qu'il n'y a pas d'escarpe revêtue, « on est réduit à capituler dès que l'ennemi paraît sur le chemin couvert ; » autrement, on risquerait d'être emporté d'assaut. »

Avec cette théorie, Sébastopol n'aurait pas résisté quinze jours !

redoute ou une citadelle ; dans les places moyennes et les grandes places, une citadelle et plusieurs redoutes.

Les redoutes seront construites en arrière de l'enceinte et à proximité des points d'attaque, et les citadelles occuperont toujours l'endroit vers lequel la garnison pourra se retirer le plus facilement et avec le moins de dangers.

Il va de soi qu'une citadelle manquerait son but si elle pouvait être assiégée en même temps que l'enceinte (1).

La citadelle, dans les places qui ne sont pas organisées pour une défense intérieure, permet de soutenir l'assaut avec opiniâtreté. Un bel exemple en a été fourni par la défense de Saint-Sébastien, en 1813. La garnison ne comptait que 3,000 hommes; elle avait pour chef le brave général Rey. La population était hostile aux Français et tout portait à croire que la ville ne tiendrait qu'une quinzaine de jours.

La canonnade et le bombardement avaient été si violents que, des 800 maisons dont se composait la ville, il n'en restait que 8 intactes. La brèche fut praticable pendant un mois et elle avait, à la fin, 250 mètres de largeur. Les Français soutinrent neuf assauts, dont six au corps de place ; après le dernier, ils se retirèrent dans le château, où faute d'abris, de vivres et de munitions, ils déposèrent les armes le huitième jour. La durée totale de la défense fut de 73 jours.

En thèse générale, la citadelle doit être placée en arrière de l'enceinte ou intercalée dans les fronts qui ne peuvent pas être attaqués pied à pied. Si ces fronts sont disposés de telle sorte qu'elle puisse, sans inconvénient pour sa

---

(1) En 1677, Vauban prit Valenciennes en attaquant la citadelle. Turin fut attaqué de la même manière en 1706, mais avec moins de succès.

défense et sans inconvénient pour celle du corps de place, former saillie sur les fronts attaquables et prendre les cheminements en flanc ou à revers, elle aura le maximum de valeur. Mais ce cas se présente rarement.

Dans les places fortes qui renferment une population nombreuse, une citadelle est indispensable pour tenir cette population en respect, lorsque son intérêt parle plus haut que son patriotisme, ce qui arrive toujours dans les moments où le péril et la souffrance atteignent des limites extrêmes.

« Quand la bombe tombe sur une ville assiégée, dit Bous-
» mard, les amis de la Constitution et de la liberté ne sont
» bientôt plus que les amis de leurs maisons et de leurs
» boutiques. » Il en avait vu un triste exemple à Verdun, en 1792. La population, après douze heures de bombardement, voulut contraindre le lieutenant-colonel Beaurepaire à rendre la place; ce brave soldat, n'ayant pas le moyen de résister aux mutins et ne voulant pas trahir son devoir, se donna la mort.

Le gouverneur de Prague se trouva dans la même situation pendant le siége de 1757.

« Après vingt-deux jours de bombardement, dit le colo-
» nel Jones, la ville était entièrement détruite et les habi-
» tants voulaient forcer le gouverneur à se rendre, mais
» celui-ci resta fidèle à son devoir, fit pendre deux des
» principaux sénateurs et, par sa fermeté, donna lieu à la
» bataille de Kollin, qui obligea le roi à se retirer. »

Vauban redoutait ce même danger pour Paris, bien qu'il eût la plus haute opinion de la valeur et du patriotisme de ses habitants. On lit, en effet, dans son remarquable mé-

moire sur la fortification de cette capitale : « Et parce
„ qu'une ville de la grandeur de Paris, fortifiée de cette
„ façon, pourra devenir formidable, même à son maître, s'il
„ n'y était pourvu, deux citadelles à cinq bastions chacune
„ seraient construites dans la deuxième enceinte, savoir :
„ l'une sur le bord de l'enceinte, au-dessus de la ville, l'autre
„ au-dessous, dans l'endroit le plus propre; l'une tenant au
„ bord de la rivière d'un côté, et l'autre de l'autre; toutes
„ deux très-bien revêtues et accompagnées de tous les dehors
„ convenables comme aussi de tous les magasins, arsenaux,
„ souterrains et autres bâtiments nécessaires ; on pourrait
„ même ajouter *un réduit ou deux* dans les endroits de la
„ même enceinte les plus éloignés de la citadelle, s'il était
„ besoin; ces places bâties à profit et splendidement, sans
„ rien épargner qui fît tort à leur solidité, par la suite bien
„ garnies de canon, d'une douzaine ou deux de mortiers cha-
„ cune et de 14,000 à 15,000 bombes, avec toutes les poudres
„ et munitions nécessaires, il ne faudrait pas croire que
„ Paris se portât jamais *à rien qui pût blesser son devoir.* „

Les raisons de Vauban en faveur de l'établissement de deux citadelles eussent été, sans nul doute, admises par les ingénieurs français qui ont fortifié Paris en 1840, si d'importantes considérations politiques n'avaient obligé le gouvernement à tenir compte de l'esprit de la population, fortement surexcité par des manœuvres politiques. Tel était, à cette époque, l'empire des erreurs nées d'une défiance exagérée ou d'une hostilité habilement entretenue, que certains militaires, pour être agréables au peuple, soutinrent : « que les
„ forts détachés doivent être établis à une distance telle,
„ qu'on ne puisse pas s'en servir pour bombarder la ville, „

principe inadmissible à tous les points de vue. Il est inadmissible en théorie, parce que l'État, à qui incombe le devoir de défendre jusqu'à la dernière extrémité toute place importante (surtout quand cette place est, comme Paris et Anvers, une ancre de salut national), doit avoir aussi le droit et le moyen de tenir en respect une population égoïste ou pusillanime, qui tenterait de faire cause commune avec l'ennemi pour hâter le moment de la reddition. Il est inadmissible dans la pratique, parce que, pour empêcher le bombardement de la ville, on devrait établir les forts à 7,000 mètres de l'enceinte, ce qui donnerait au camp retranché des proportions exagérées sous le rapport de l'effectif nécessaire à la garde des ouvrages, comme sous le rapport de la dépense.

On objectera peut-être que, du moment où les forts détachés permettent de bombarder les villes, en cas de révolte, il n'est pas nécessaire de créer, pour ce même objet, des citadelles. Nous répondrons :

1° Que les citadelles n'ont pas seulement pour but de contenir la population, qu'elles servent encore à rendre possible une défense opiniâtre du corps de place et à favoriser, dans certains cas, la retraite de la garnison ou l'entrée des secours ;

2° Que, d'une citadelle rapprochée, on peut menacer ou attaquer la partie de la ville où l'insurrection a son siège, épargner tout le reste et agir par conséquent à coup sûr, sans commettre des dégâts inutiles.

Il n'en serait pas de même si l'on devait compter sur l'appui d'un fort situé à 4,000 mètres de l'enceinte. Comme effet moral, ce fort n'exercerait aucune influence sur la population, et, comme effet physique, ou bien il dépasserait le but qu'il est nécessaire d'atteindre, ou bien il ne produirait qu'un résultat insuffisant.

En effet, ne voyant pas ce qui se passe dans la ville, le commandant du fort, au lieu de menacer seulement le quartier où l'émeute aurait établi son siége, serait obligé de tirer au hasard sur la cité tout entière et de frapper ainsi les innocents en même temps que les coupables.

Du reste, il pourrait arriver que tous les forts fussent pris au moment où l'ennemi commencerait le bombardement de l'enceinte. L'action répressive de la garnison contre les habitants soulevés doit donc être assurée au moyen de citadelles et d'ouvrages à défense intérieure.

Le général De Blois voudrait que, pour diminuer les chances de soulèvement contre la garnison, l'État payât les dégâts résultant du siége et qu'il indemnisât les familles des citoyens morts pendant la défense.

Mais, tout en proposant ces mesures équitables et libérales, il est d'avis que l'État doit avoir des moyens plus efficaces pour arrêter et réprimer, au besoin, les séditions que la peur ou l'égoïsme peuvent fomenter dans les places assiégées.

« En échange, dit-il, des beaux priviléges concédés à la
» population d'être préservée par ses remparts des malheurs
» de l'invasion et d'être indemnisée de toutes ses pertes en
» cas de siége, on ne saurait contester à l'État le droit de
» prendre lui-même ses garanties contre un moment de
» faiblesse dont les suites pourraient être si regrettables.
» Il doit faire construire dans chaque place une bonne
» citadelle, destinée à protéger le gouverneur contre
» l'aveugle fureur des masses, à retarder ou empêcher la

» capitulation et, en même temps, à présenter de plus
» grands obstacles à l'assiégeant. »

Bien loin que les citadelles, à cause de ce rôle, doivent inspirer à la population une *juste défiance* ou une *sainte horreur,* comme on l'a prétendu souvent (et tout récemment encore en Belgique), elles sont, au contraire, favorables à ses intérêts, parce qu'elles *empêchent les bombardements,* cause ordinaire des soulèvements qui se produisent dans les places assiégées. Nous avons prouvé, en effet (page 175), que le droit de la guerre et le bon sens s'opposent à ce que l'on bombarde une place lorsque la garnison est bien pourvue d'abris et qu'elle a le moyen de tenir la population en respect. Ce rôle *préventif* des citadelles et des ouvrages à défense intérieure est le seul qu'il faille considérer; leur rôle *répressif* ne trouvera l'occasion de se manifester que dans les guerres civiles et lorsque les places tomberont au pouvoir d'un ennemi barbare : circonstances qui ne peuvent plus se présenter en Europe et dans les États régis par des constitutions libérales.

Pour résumer en peu de mots ce chapitre, nous dirons :

Une place bien construite est celle dont les défenses ne pourront être ruinées que par des batteries rapprochées ou par la mine, — qui assurera à l'artillerie toute son action sur le terrain des attaques, — qui procurera à la garnison de grandes facilités pour les sorties et les retours offensifs, — qui protégera efficacement le personnel et le matériel de la défense contre les feux verticaux, — qui permettra de conserver jusqu'à la fin du siége assez d'artillerie pour lutter avec succès contre les dernières batteries de l'attaque, — qui possédera quelques pièces flanquantes dont les contre-batteries ne pourront avoir raison, — et qui rendra possible une défense successive de l'enceinte, en offrant à la garnison des points d'appui après l'assaut.

Mais, quelque bonne que soit une forteresse et quelques ressources qu'on y ait accumulées, il ne faut jamais oublier que ce qui fait les belles défenses, ce sont les troupes dévouées et braves, les chefs intelligents et énergiques.

APPENDICE.

Principes appliqués par le général Todleben a la construction et a l'amélioration des places.

Le général Todleben a appliqué à la construction et à l'amélioration des places russes des principes qui diffèrent peu des nôtres et que nous croyons pouvoir résumer dans les termes suivants :

1° Donner au parapet 28 pieds d'épaisseur ;

2° Préserver le terre-plein des feux d'enfilade, par des traverses casematées, servant en même temps d'abris pour troupes et pour l'artillerie de campagne, destinée à agir au moment de l'assaut (par le tir à barbette) ;

3° Construire des locaux voûtés sous les remparts, pour mettre la garnison à l'abri de la bombe ;

4° Composer le terre-plein de ressauts, pour préserver les troupes des feux plongeants ;

5° Établir un grand nombre de larges rampes pour faciliter l'approche des colonnes de la réserve pendant la défense des brèches ;

6° Assurer le flanquement du fossé, en protégeant les

casemates des batteries et des caponnières, au moyen de masques d'embrasure;

7° Réduire la largeur du fossé à 16 ou 20 mètres, et augmenter la profondeur;

8° Revêtir les contrescarpes pour mettre les ouvrages à l'abri d'une attaque de vive force et construire des murs détachés au pied du talus extérieur du rempart;

9° Créer, si les circonstances l'exigent, une galerie de contrescarpe avec un système de contre-mines, dont une partie seulement sera exécutée en temps de paix;

10° Faciliter les retours offensifs, en établissant de bonnes communications entre l'intérieur de la place et la campagne. Dans ce but, construire plusieurs portes accolées débouchant sur des glacis en contre-pente ou sur de larges rampes, et renforcer dans ces parties la défense par de nouveaux ouvrages;

11° Établir une défense intérieure, en disposant des retranchements ou bien des redoutes centrales en arrière de l'enceinte, pour défendre la brèche et empêcher l'ennemi de se répandre sur le terre-plein, ainsi que dans l'intérieur de la place, avant l'arrivée des réserves.

CHAPITRE V.

Application de la fortification au terrain.

SOMMAIRE :

L'emplacement et le tracé des ouvrages de fortification sont déterminés aussi rigoureusement en terrain plat qu'en terrain accidenté. — Pour bien faire comprendre les principes qui régissent cette matière, il convient de les appliquer à des sites déterminés qui ne laissent rien à l'arbitraire. — *Première application : Anvers :* Tracé de l'enceinte. — Utilité de la citadelle du Nord ; tracé de cet ouvrage. — Emplacement et tracé des forts du camp retranché de la rive droite. — Batteries à construire dans les intervalles et sur les côtés de ces forts. — Travaux de défense de la rive gauche. — Emplacement et tracé des forts de cette rive. — Utilité du fort de la Tête de Flandre et de quelques ouvrages de l'ancienne place, conservés dans le nouveau dispositif. — Réduit défensif à construire autour de Zwyndrecht, pendant le siége. — Défense fluviale : emplacement et tracé des batteries destinées à assurer cette défense. — Nécessité du démantèlement des forts Lillo et Liefkenshoek. — Emplacement du barrage. — Défense des digues. — Inondations. — Nécessité de fortifier la digue de Wilmarsdonk. — Utilité du fort n° 9, en avant de Merxem. — Mise en état de défense du village de Schooten. — Communications et travaux accessoires. — Voies militaires et routes pavées à construire. — Travaux de mise en état de défense de la place et du camp retranché. — *Deuxième application : Lierre :* Description du site. — Tracé de l'enceinte. — Emplacement et tracé des ouvrages avancés. — Conditions auxquelles doivent satisfaire ces ouvrages. —

Troisième application : Termonde : Défauts que présente cette place. — Travaux nécessaires pour la compléter. — Nécessité d'établir une citadelle sur la rive gauche. — *Quatrième application : Malines :* Il suffit que cette position ait les propriétés d'une bonne place du moment. — Description du site. — Conditions auxquelles doivent satisfaire les travaux de défense. — Position à occuper entre la place et le Baerebeek. — Tracé des forts et des retranchements qui composent l'enceinte. — Inondations et travaux accessoires. — Mise en état de défense du village de Hombeek et de la tête du faubourg de Pasbrug. — Idées générales sur le rôle des troupes dans la défense de Malines.

Nous ne traiterons dans ce chapitre que de l'application de la fortification aux terrains aquatiques.

Bien que ces terrains se composent en général de plaines faiblement ondulées, la difficulté du tracé des ouvrages n'est pas moins grande que dans les terrains montueux. Ils présentent, en effet, des accidents particuliers (cours d'eau, marais, digues, inondations, etc.), qui règlent l'emplacement des ouvrages et la direction de leurs faces, à peu près aussi rigoureusement que les hauteurs et les ravins dans les terrains en horizon élevé.

C'est ce qui sera établi par les exemples que nous mettrons sous les yeux du lecteur.

Persuadé que les préceptes généraux sont insuffisants pour résoudre toutes les difficultés qui se présentent dans la pratique, et que les élèves ne peuvent les comprendre qu'en les appliquant à des cas déterminés, nous avons cru nécessaire de mettre sous leurs yeux quelques exemples choisis avec discernement.

Nous supposerons qu'il s'agisse de fortifier :

1° Une place à camp retranché, destinée à servir de pivot d'opération ;

2° Une place ordinaire, occupant un point important de la frontière ou d'une ligne de défense ;

3° Une place semi permanente ou mixte, ayant pour objet de défendre un point de passage obligé (sur un cours d'eau, par exemple), et pour la construction de laquelle on ne peut disposer que de ressources limitées.

Comme type de la première espèce, nous prendrons Anvers ; comme type de la deuxième, Lierre et Termonde, et comme type de la troisième, Malines.

1re APPLICATION.

ANVERS.

I

Occupons-nous d'abord du tracé de l'enceinte. (Voir pl. IV.)

Lorsqu'il fut décidé, en 1859, que la vieille enceinte d'Anvers serait démolie, on imposa deux conditions pour le tracé de la nouvelle enceinte :

1° Cette enceinte devait envelopper les faubourgs de Dambrugge, Saint-Willebrord, Berchem, Borgerhout et Saint-Laurent ;

2° Elle devait s'étendre au delà des nouveaux bassins et laisser à la disposition du commerce le coude que forme l'Escaut au nord de la place.

Il était évident, tout d'abord, que ces conditions auraient

pour résultat de créer un saillant entre Borgerhout et Deurne, et un autre en tête de Berchem.

Le premier offrait peu d'inconvénients, à cause de l'inondation qui peut être tendue en avant de Deurne; mais le second avait une grande importance, parce qu'il se trouve au centre de la partie attaquable de l'enceinte.

Il fallait, par conséquent, chercher un moyen de donner à ce saillant le maximum d'ouverture; on y parvint en faisant rentrer le saillant 4 dans le village et en portant les saillants 3 et 5 le plus loin possible. On fut cependant limité dans cette opération, au saillant 4, par la nécessité de respecter l'église de Berchem et les constructions qui l'entourent; aux saillants 3 et 5, par l'impossibilité (au point de vue financier) d'exproprier des châteaux et des maisons de campagne d'une grande valeur (1).

Tenant compte de cette impossibilité et considérant, d'une part, que l'on ne pouvait avancer le saillant 8 sans couper en deux ou sans englober le village de Deurne, et, d'autre part, que le plus grand éloignement du saillant 1 était déterminé par la condition de soustraire l'enceinte aux feux d'enfilade des batteries que l'assaillant pourrait établir à Burght, sur la rive gauche du fleuve, on arrêta le tracé de la planche IV comme étant celui qui conciliait le mieux les intérêts de la défense et ceux du Trésor.

L'intervalle qui sépare les saillants 1 et 8 est d'environ 7,500 mètres. Cet intervalle fut divisé en sept fronts de

---

(1) Il existe plusieurs châteaux et maisons de campagne en avant des saillants 2, 3, 4, 5, 6 et 7. Ces propriétés ne sont pas indiquées sur le plan.

900 à 1,100 mètres de longueur. Toutefois, par mesure d'économie, on décida que le front 1-2 serait remplacé provisoirement par un front en crémaillère (voir le tracé pointillé), reliant le saillant 2 à la vieille citadelle. Il en résulte une économie de 6 à 7 millions, représentant la valeur des bâtiments que renferme cette citadelle.

Depuis 1868, le Gouvernement a pris la résolution de démolir, dans l'intérêt du commerce (1), tout ce qui reste de l'ancienne place et de construire, avec le produit des terrains, le front 1-2 et les bâtiments militaires que cette démolition fera disparaître.

La direction générale des fronts au nord de la place était déterminée par l'emplacement du saillant 8, par la nécessité de passer entre Dambrugge et Deurne, et de réserver le coude de l'Escaut pour les établissements du commerce.

Si l'on avait porté l'enceinte au delà de Merxem, on aurait créé un point d'attaque (2) et donné à cette partie de la place un développement inutile au point de vue militaire comme au point de vue des intérêts civils dont on avait à tenir compte.

Une seule question restait à examiner.

Terminerait-on l'enceinte au Nord par une citadelle ou l'arrêterait-on simplement à l'Escaut?

L'auteur du premier avant-projet se prononça sans hésiter pour la construction d'une citadelle, qu'il appela *cita-*

---

(1) On pourra, grâce à cette démolition, prolonger les quais sur une étendue de 14 à 15 cents mètres et créer, au sud de la place, un nouveau quartier maritime, que la prospérité croissante du port rend de plus en plus nécessaire.

(2) Le plan montre, en effet, que l'inondation du nord ne s'étend pas au delà de Merxem.

delle du Nord, par opposition à l'ancienne, qui fut désignée depuis sous le nom de *citadelle du Sud*.

Voici les raisons qui justifiaient cette opinion.

Il était évident, dès 1859, que la vieille citadelle, située au milieu de la ville agrandie et sur un terrain favorable à la création de travaux maritimes, serait sacrifiée, tôt ou tard, aux intérêts du commerce, qui devenaient de jour en jour plus importants.

Cette citadelle était, d'ailleurs, mal placée par rapport à la nouvelle enceinte. Se trouvant dans un rentrant prononcé, elle n'exerçait aucune action sur le terrain en avant du front 2-3, lequel devenait, par ce fait, le front le plus faible de la place.

Il fallait donc prévoir la suppression de la citadelle du Sud et se demander si une enceinte de 13 kilomètres de développement pourrait être défendue sans une nouvelle citadelle.

Nous avons indiqué, dans le chapitre IV, les raisons qui ne permettent pas de résoudre cette question affirmativement.

Les ingénieurs dont l'opinion fait autorité reconnaissent que toute enceinte à grand développement doit avoir une citadelle qui permette à la garnison de faire son devoir jusqu'au dernier moment, *en soutenant l'assaut au corps de place*. Ils reconnaissent également qu'un ouvrage de ce genre est indispensable pour rendre la garnison indépendante de la population (1), surtout quand celle-ci se com-

---

(1) Elle est actuellement de 150,000 âmes et on peut prévoir qu'elle sera doublée avant 30 ans.

pose d'étrangers et de gens qui, par la nature de leurs occupations, ont le caractère peu belliqueux.

C'est la principale raison pour laquelle Vauban, si humain et si libéral dans ses rapports avec l'élément civil, voulait donner à l'enceinte de Paris deux citadelles, qui empêchassent la population « de se porter jamais à rien qui pût » blesser son devoir. »

Il faut remarquer, au surplus, que la place d'Anvers est ouverte à la gorge sur une étendue de 4,500 mètres et qu'elle exige, à cause de cela, des précautions exceptionnelles. Une flotte qui forcerait le passage à Calloo pourrait, en effet, se présenter devant la ville et tenter un débarquement ou, tout au moins, faire une diversion au moment de l'assaut. Pour empêcher toute tentative de ce genre, il faut non-seulement qu'on défende la rade avec de puissantes batteries, il faut encore que ces batteries soient à l'abri d'une attaque de vive force. La citadelle du Nord et l'arsenal en forme de redoute qui sera construit à l'extrémité du front 1-2 remplissent ce but. Ces ouvrages sont donc indispensables à la défense de la gorge de la place.

La citadelle du Nord est nécessaire à un autre point de vue.

La place n'est attaquable que par la rive droite. La garnison pourra donc, après la perte de l'enceinte, se retirer sur la rive gauche, soit pour y continuer la lutte, soit pour traiter avec l'ennemi dans des conditions favorables, comme le fit l'armée russe après l'abandon de la partie sud de Sébastopol.

Or cette retraite serait aussi difficile que dangereuse, si la citadelle du Nord n'existait pas.

En effet, le seul emplacement convenable pour des ponts militaires, est la partie du fleuve comprise entre cette citadelle et le fort n° 12 (Sainte-Marie).

S'ils étaient construits devant la ville, l'ennemi pourrait les battre de loin avant la prise de l'enceinte et les détruire ensuite, à coup sûr, dès qu'il se serait emparé du front 1-2 contigu aux fronts 2-3 et 3-4, contre lesquels l'attaque sera vraisemblablement dirigée.

D'un autre côté, on devrait, pour assurer la retraite, convertir la ville en tête de pont, en barricadant certaines rues et en occupant les maisons de celles qu'on laisserait libres pour le passage des troupes. C'est ce qu'a fait le général Todleben à Sébastopol, pour empêcher que les alliés, après l'assaut, ne se jetassent sur les ponts de la rade, et ne convertissent la retraite en une déroute complète.

Or la transformation de la ville en tête de pont aurait pour résultat d'attirer la lutte au centre d'une population que le devoir du gouverneur est de mettre à l'abri de tout danger et de toute dévastation inutiles.

On établira donc les ponts au nord de la rade et à une assez grande distance des fronts 8-9, 9-10 et 10-11, pour que l'ennemi ne puisse pas, de ces fronts, canonner les troupes pendant qu'elles traverseront l'Escaut.

Mais la retraite vers ces ponts serait compromise s'il n'y avait pas, au nord de la place, un ouvrage qui pût arrêter la poursuite et empêcher l'assaillant, maître de la place, de construire un pont devant la ville ou de jeter, au moyen de bateaux, ses troupes sur la rive gauche avant que les nôtres y fussent solidement établies.

Comme les fronts d'attaque seront compris entre les saillants 2 et 5 du corps de place, les troupes qui soutiendront l'assaut pourront s'écouler le long de l'enceinte et par les rues des faubourgs, vers le nord de la place, sans avoir à craindre une attaque en flanc (1) ou à revers (circonstance qui ne se présenterait pas si la citadelle était au sud de la place).

Au besoin, cette retraite serait favorisée par l'établissement de quelques ouvrages de campagne sur la rive gauche du *canal de jonction*, lequel forme, avec les nouveaux bassins, une excellente ligne de défense en avant de la citadelle.

Aussitôt que la retraite sera effectuée, on inondera, au moyen de l'écluse du Vosse-Schyn, tous les terrains compris entre la citadelle et le chemin de fer de la Hollande (2) (si l'on n'a pas jugé nécessaire de tendre cette inondation avant la retraite, pour couvrir le flanc gauche de nos colonnes).

Dès lors, l'ennemi ne pourra plus attaquer la citadelle du Nord du côté de la ville qu'en cheminant dans le rempart du front 11-12. Or ce mode d'attaque n'offrira aucune chance de succès (et ne sera, par conséquent, jamais tenté), si les fronts 1-7 et 7-6 de la citadelle du Nord sont fortement constitués et pourvus d'une puissante artillerie.

---

(1) On voit, par le tracé de la courbe 4 (qui marque la limite de l'inondation, à marée haute), que l'on pourrait, à la rigueur, tendre un blanc d'eau en arrière des fronts 8-9, 9-10, 10-11 et 11-12, et empêcher ainsi l'ennemi de se jeter sur le flanc gauche des troupes qui se retireraient par le terre-plein du rempart et par le chemin (exhaussé) de 30 mètres de largeur qui longe le talus intérieur du rempart, entre les saillants 8 et 12.

(2) Ces terrains sont à 2 mètres sous le niveau de la marée haute.

Ainsi, contrairement à ce qui a été soutenu par des gens mal renseignés ou dominés par des considérations politiques (1), c'est dans la bonne constitution et non dans la démolition des fronts intérieurs de la citadelle que réside la principale garantie de la population.

Plus, en effet, ces fronts seront redoutables, moins on songera à les attaquer régulièrement. Quant à l'attaque de vive force, elle ne réussirait pas mieux, les remparts étant précédés de fossés pleins d'eau de 160 mètres de largeur. Reste donc le blocus, mode d'attaque qui ne présenterait aucun danger pour la ville commerciale, et le bombardement, qui ne conduirait à aucun résultat, si la citadelle était pourvue d'un nombre suffisant d'abris (2).

Une fois la nécessité de la citadelle du Nord admise, il restait à examiner où serait établi cet ouvrage et quel tracé on y appliquerait.

Dans l'intérêt du commerce, qui réclamait une grande étendue de quais et un vaste espace pour la construction de nouveaux bassins, elle fut placée derrière et contre le village d'Austruweel. On ne pouvait l'établir au delà, à cause de ce village et, surtout, parce que la citadelle n'aurait plus eu d'action sur la rade devant la ville. Or nous avons vu plus haut combien il est important que cette rade soit battue, pour que l'ennemi ne poursuive pas nos troupes sur la rive gauche, ou ne les canonne pas à

---

(1) On est aujourd'hui convaincu que l'agitation qui s'est produite à Anvers, *après* la construction de la citadelle du Nord (fin de 1862), n'a été que le résultat d'une intrigue politique. La citadelle a été le prétexte bien plus que la cause de l'agitation.

(2) La plupart de ces abris seront construits pendant le siége, avec les bois qui se trouvent (en grandes quantités) dans les magasins et dans les chantiers du commerce.

grande distance avec des batteries construites le long des quais.

Dans le tracé de la citadelle, on eut égard aux conditions suivantes :

Il fallait un front pour battre la rade devant la ville, un pour battre l'Escaut en aval et un pour battre l'accès par lequel la retraite doit s'effectuer.

Le front 5-6, tracé autant que possible perpendiculairement à la rade, et le front 4-5, formant un angle presque droit avec la direction de la passe navigable, satisfont aux deux premières conditions.

Pour remplir la troisième, on ne trouva rien de mieux que de former un grand front tenaillé 1-7-6, dont l'une des branches bat d'enfilade le front 11-12 de l'enceinte et dont l'autre le prend d'écharpe. Toutes deux sont, du reste, dirigées de façon que les batteries de l'attaque ne puissent pas les ricocher.

Quand on eut ainsi déterminé les saillants 1 et 4, on ferma la citadelle au moyen des fronts 1-2, 2-3 et 3-4, qui battent les polders d'Austruweel et de Wilmarsdonck.

Si l'on n'avait pas été arrêté par l'impossibilité d'exproprier le village d'Austruweel, on aurait supprimé le front 3-4 et prolongé les fronts 2-3 et 4-5, pour augmenter l'action de la citadelle sur l'aval du fleuve.

Entre la citadelle et le saillant 8 de l'enceinte, il y avait place pour 5 fronts de 1,000 mètres. Nous décrirons plus loin (chap. IX) le système de fortification qui a été adopté pour ces fronts, de même que pour ceux de la citadelle du Nord, considérés les uns et les autres comme inattaquables pied à pied, à cause de l'inondation qui les couvre.

Quant aux autres fronts de l'enceinte, ils ont été tracés et constitués en vue d'une attaque pied à pied. On a donné le maximum de puissance aux fronts 3-4 et 4-5, qui, par leur saillie, reçoivent moins de protection des fronts voisins, et le minimum de puissance aux fronts 1-2 et 7-8, qui sont précédés de terrains inondables ou trop imprégnés d'eau pour qu'on y puisse faire des sapes.

Ces fronts seront décrits dans le chapitre VII.

II

Le camp retranché de la rive droite a été tracé conformément aux principes que nous avons exposés dans le chapitre III.

Voici comment ces principes ont été conciliés avec les nécessités résultant de la nature du site et du montant des crédits alloués.

On reconnut tout d'abord qu'il était indispensable d'établir un fort près de Vieux-Dieu ou de Moortsel, au point de croisement de la route de Lierre et du chemin de fer de Bruxelles. En conséquence, le fort 5 fut placé à gauche de Vieux-Dieu, dans l'angle de la route et du chemin de fer (1). Comme on n'était là qu'à 3,000 mètres de l'enceinte, il eût été préférable, au point de vue du bombardement, de porter le fort à 1,500 mètres plus loin, à droite ou à gauche de Moortsel, où le terrain se relève de 5 mètres environ;

---

(1) La gauche et la droite sont toujours prises par rapport aux défenseurs faisant face à l'ennemi.

mais alors le front du camp eût été masqué par les villages d'Edeghem, de Hoven et de Bouchout, qui auraient nui à l'action de l'artillerie et fourni des couverts rapprochés à l'assiégeant.

D'un autre côté, si le fort 5 avait été établi en F, on aurait dû porter les forts voisins en E et G pour satisfaire à ce principe essentiel : *les prolongements du front de tête de chaque fort doivent tomber près des forts collatéraux.*

Le camp retranché eût exigé alors 10 forts au lieu de 8, et 5 de ces forts se seraient trouvés à 5,000 ou 6,000 mètres de l'enceinte.

Si, pour éviter cette trop grande profondeur, on avait placé les forts H, I et K derrière la ligne qui joint les villages de Vremde, Wommelghem et Wyneghem, ces villages se seraient trouvés dans le rayon d'action des forts, ce qui aurait présenté de graves inconvénients.

Il suffit de jeter les yeux sur le plan pour reconnaître que les forts 1, 2, 3, 4, 5, 6, 7 et 8 constituent un meilleur camp retranché que les forts A, B, C, D, E, F, G, H, I et K :

1° Parce qu'ils sont à une distance plus convenable de l'enceinte (3,000 à 4,500 mètres, au lieu de 4,500 à 6,000 mètres);

2° Parce que dans la zone des feux d'artillerie de ces forts, il n'existe qu'un seul village, celui de Moortsel, tandis qu'il y en a quatre, plus considérables, dans le rayon des forts A, B, C, D, E, F, G, H, I, K ;

3° Parce qu'on diminue de 20 p. c. les frais de construction, les garnisons et le matériel, en faisant huit forts au lieu de dix.

L'emplacement du fort 5 ayant été déterminé d'après les

considérations que nous venons d'exposer, il s'agissait de savoir où seraient établis les forts extrêmes du camp retranché (les n°s 1 et 8).

Il parut tout d'abord évident que le n° 1 devait se trouver contre le fleuve, auquel s'appuie la droite du camp retranché. On le plaça en avant du village de Hoboken, sur un plateau situé à droite de la route de Boom. Il n'était pas possible de l'établir en arrière du village, dans la partie basse du terrain, et, si on l'avait porté en avant de son emplacement actuel, en P, par exemple, où le terrain se relève de trois mètres, on se serait trop rapproché du village de Hemixem; en même temps, on aurait dû avancer les forts 2 et 3 dans le ravin du Petit-Struys, à moins de créer, dans la ligne des forts, des rentrants et des saillants qui en eussent diminué la valeur.

Quant au fort 8, il parut nécessaire de l'établir sur la route de Turnhout, entre les inondations du Grand-Schyn et du Petit-Schyn. Ne pouvant le placer en avant de Wyneghem (pour les raisons indiquées plus haut), on le mit à 1,200 ou 1,500 mètres en arrière, pour donner à l'artillerie du front de tête un champ de tir suffisant.

Les emplacements des forts intermédiaires 2, 3, 4, 6 et 7 ont été choisis de manière à procurer au camp retranché les avantages d'une ligne convexe, sans rentrants ni saillants prononcés, et de manière aussi à éviter les expropriations trop coûteuses. Les environs d'Anvers abondent en maisons de campagne et en châteaux d'une grande valeur. On a dû tenir compte de cette circonstance presque autant que de la nature du terrain. Les forts ayant, du reste, un grand commandement (10 mètres) et le site étant peu accidenté, on n'a pas craint, pour éviter des expropriations coûteuses ou des saillants nuisibles, d'établir certains forts sur la pente d'un mamelon plutôt que sur le sommet. Il n'en est résulté aucun inconvénient, le terrain étant battu complétement dans un rayon de 2,500 à 3,000 mètres des forts.

III

TRAVAUX DE LA DÉFENSE DE LA RIVE GAUCHE.

Les terrains de la rive gauche, situés devant la ville, peuvent être inondés depuis le fleuve jusqu'aux villages de Melsele, Zwyndrecht et Burght. Il serait donc impossible de s'emparer de la place en l'attaquant de ce côté, mais on pourrait, du plateau de Burght, battre l'Escaut jusque devant la ville, prendre à revers le camp retranché de la rive droite et bombarder soit les établissements maritimes d'Anvers, soit une flotte qui se trouverait à l'ancre dans la rade.

Il faut donc, à tout prix, tenir l'ennemi éloigné de cette rive au moyen d'une ligne de forts.

Cette ligne est nécessaire encore pour les raisons suivantes : elle permet à la garnison d'Anvers d'opérer sur les deux rives du fleuve, de rester en communication avec Termonde et de recevoir jusqu'au dernier moment, des vivres du pays de Waes, si riche en grains, fourrages et bestiaux. Elle procure aux défenseurs un lieu de repos pendant le siége et un refuge après l'abandon de l'enceinte ; elle facilite enfin l'arrivée des secours, lesquels déboucheront vraisemblablement par la rive gauche, que nos alliés soient les Français, les Anglais ou les Hollandais.

On peut établir les forts de la rive gauche, en avant de Cruybeke et de Beveren, ou en avant de Burght et de Zwyndrecht.

Dans le premier cas, il faut quatre forts (L, M, N et O); dans le second, trois forts (13, 14 et Q) suffisent.

Nous donnons la préférence à cette dernière combinaison :

1° Parce qu'elle coûte moins ;

2° Parce que les forts L, M, N et O sont trop éloignés du centre de la ville (10 à 11 kilomètres), tandis que les forts 14, 13 et Q sont à la même distance de ce centre que les forts de la rive droite (7,500 mètres) ;

3° Parce que le fort 14, occupant le coude de l'Escaut entre Burght et Cruybeke, peut battre le fleuve en amont et en aval de Burght, ce qui est très-important ;

Et 4° parce que les forts 14, 13 et Q se relient plus facilement aux défenses maritimes, concentrées près de Calloo.

Le fort Q peut être remplacé avantageusement par une *digue défensive* tracée dans l'alignement des forts 13 et 12.

Cette digue assure aux défenseurs de la rive gauche une communication facile et bien couverte avec les batteries de côte, et elle permet de limiter l'inondation de manière à conserver les pâturages (si précieux pour le bétail), qui constituent les polders de Borgerweert et de Melsele (1).

---

(1) La surface que l'on soustrait ainsi à l'inondation est d'environ 2,000 hectares.

Les deux grandes places d'armes en forme de redan qui se trouvent au milieu de la digue et à son extrémité servent : l'une à battre la route (élevée au-dessus de l'inondation) qui va de Calloo au fort 12 et à couvrir les troupes que l'on doit tenir à proximité de ce fort, en cas d'attaque ; l'autre à battre de loin les approches du fort 13 et à donner des feux croisés sur le terrain situé en arrière du village de Melsele. Si ce dernier redan n'existait pas, on serait obligé, pour compléter le camp retranché de la rive gauche, d'établir en Q un fort ou tout au moins un ouvrage noyé.

Au point de vue de l'alimentation du bétail et de la salubrité des troupes, il est utile que l'inondation s'arrête à la digue défensive. Au point de vue de la défense des forts, c'est une véritable nécessité, parce que toutes les routes conduisant de la place aux villages de Burght et de Zwyndrecht, se trouvent à deux mètres environ *sous le niveau* de la marée. Par conséquent, si l'inondation était tendue complétement, on ne pourrait communiquer avec les forts que par les digues de l'Escaut, lesquelles sont impraticables à l'artillerie et à la cavalerie et d'un accès difficile, même pour l'infanterie, après une journée de pluie.

Les forts 13 et 14 ont été tracés de manière que l'ennemi ne puisse pas prendre le prolongement de leur front de tête sans trop se rapprocher des ouvrages voisins. Le même principe a été appliqué au tracé des forts de la rive droite.

Le fort 14 doit avoir un front battant l'aval et un autre battant l'amont du fleuve. On a pu satisfaire à cette condition sans modifier le tracé adopté pour les autres forts (1).

Des anciennes fortifications d'Anvers on a conservé : *sur la rive gauche,* le fort de la Tête de Flandre ; *sur la rive droite,* le fortin Deurne et la lunette Deurne, situés devant les saillants 6 et 7 de l'enceinte, et la lunette Kiel, établie contre la digue de l'Escaut.

Aucun de ces ouvrages n'est indispensable.

Le plus utile est le fort de la Tête de Flandre, qui renferme des logements et des magasins à l'épreuve de la bombe et qui, battant les routes et les digues de la rive gauche, empêchera l'ennemi de poursuivre l'armée belge lorsque celle-ci, après l'abandon de l'enceinte, sera obligée de passer l'Escaut.

A ce point de vue, son action se combine avec celle de la citadelle du Nord.

Le fort de la Tête de Flandre est utile encore pour garder l'écluse d'inondation du poldre de Borgerweert, écluse qui ne doit être ouverte qu'au moment où l'ennemi se dispose à suivre nos troupes sur la rive gauche.

Dans la prévision de la retraite de la garnison sur cette rive, on établira, pendant le siége, autour de Zwyndrecht, dans le polygone $r, s, t\ u, v$, des retranchements et des traverses auxquelles seront adossés des huttes et d'autres abris. Ces retranchements formeront un camp provisoire assez éloigné du fleuve et assez bien couvert pour qu'on n'y ait rien à craindre des batteries à longue portée que

---

(1) On ne doit pas modifier sans nécessité les formes et les tracés des forts. La simplicité et l'uniformité facilitent la défense et sont, par conséquent, un élément de succès.

l'ennemi établira sur la rive droite du fleuve, après la prise de la ville. Ce camp sera également très-utile pendant le siége, pour recevoir les troupes qui auront besoin de repos et les réserves qu'on devra tenir à portée des forts 13 et 14, en cas d'attaque par la rive gauche.

On prétend, il est vrai, que jamais la défense de la position ne sera poussée aussi loin et que, vraisemblablement, tout sera fini après l'assaut du corps de place.

Quelques-uns même ont soutenu que les défenseurs n'attendront pas cet assaut, dont les conséquences seraient trop fâcheuses pour la ville. Mais ces objections n'ont pas de valeur quand il s'agit d'une position qui doit servir de refuge à l'armée et de dernier boulevard à l'indépendance nationale.

L'enceinte, avec ses casernes défensives (qui sont de puissantes redoutes) et ses larges espaces libres en arrière des remparts, a été combinée de manière à offrir le maximum de résistance aux colonnes d'assaut. Sa défense pied à pied sera donc facile et d'une grande efficacité. Il n'existe pas en Europe une autre place qui, sous ce rapport, offre les mêmes garanties. L'abandonner quand l'ennemi aurait construit son dernier passage de fossé serait une faute grave. Les règlements militaires obligent d'ailleurs le commandant de la plus petite bicoque à soutenir un assaut avant de capituler; à plus forte raison, cette obligation existe-t-elle pour une place de premier ordre, sur laquelle la nation et l'armée fondent leurs plus chères espérances.

On ne doit jamais assigner des limites à l'héroïsme ni céder à des intérêts secondaires, quand il s'agit du plus important de tous, *être ou ne pas être!*

Les défenseurs de Saragosse, de Saint-Sébastien, de Puebla et de Sébastopol n'ont pas reculé devant les conséquences d'un assaut victorieux, et leur devoir n'a point fléchi devant la crainte de laisser derrière eux quelques ruines arrosées de sang humain.

Il en sera de même à Anvers, si le gouverneur de cette grande place est à la hauteur de sa mission et s'il sait tirer parti des ressources qu'elle présente, de la bravoure et du patriotisme de ses défenseurs.

IV

DÉFENSE FLUVIALE.

L'Escaut était défendu autrefois par de petits forts échelonnés le long du fleuve. Ces ouvrages, construits ou améliorés par les officiers du génie français durant les guerres de l'Empire, ont perdu toute leur importance depuis qu'il existe des navires cuirassés, armés de canons rayés de gros calibre.

Lorsqu'en 1859 on décida l'agrandissement général d'Anvers, beaucoup d'ingénieurs étaient encore partisans de la défense successive, c'est-à-dire d'une série de forts ou de batteries échelonnés le long des rives.

Nous avons toujours combattu cette opinion, à laquelle, du reste, les faits ont donné de nombreux démentis. (Voir le chapitre XVI traitant des batteries de côte.)

Il semble évident, à priori, que 200 canons concentrés sur une seule passe du fleuve arrêteront plus facilement une flotte que 200 canons défendant trois ou quatre passes.

Dans le cas particulier d'Anvers, l'observation de ce principe est d'autant plus importante que la défense de l'Escaut reposera en grande partie sur les obstructions qu'on créera au moment de la guerre. Or l'établissement de ces obstructions présentera de très-grandes difficultés, à cause de la marée et de la nature du fond, et la dépense qui en résultera sera très-considérable. On aura donc tout au plus le temps et les ressources nécessaires pour établir un seul barrage.

Ce barrage unique devra se trouver à une distance assez grande de la place pour que les navires qui jetteront l'ancre en aval ne puissent pas bombarder la ville. On a reconnu de tout temps que l'endroit qui satisfait le mieux à cette condition, et qui, en même temps, est le plus facile à défendre, est le coude du fleuve vis-à-vis de Calloo. C'est donc sur ce point que nous devons concentrer toutes nos batteries de côte, à l'exception de celles qui ont été jugées nécessaires pour protéger la gorge de la place. En conséquence, on démolira les anciens forts Lillo et Liefkenshoek qui, ne pouvant exercer aucune influence sur la marche d'une flotte, absorberaient inutilement une partie de nos ressources en hommes et en matériel. Nous croyons même que ces forts seraient nuisibles à la défense, parce que l'ennemi, après avoir détruit leurs faibles batteries, s'en emparerait de vive force et s'y établirait solidement, soit pour appuyer ses attaques ultérieures, soit pour couper nos communications avec la mer (1).

---

(1) Si la Belgique avait une marine, ce danger serait moins à craindre, car nous pourrions alors reprendre les forts par les mêmes moyens.

L'occupation de Lillo et de Liefkenshoek permettrait à la flotte ennemie de sortir

Voyons maintenant quels travaux de fortification exige la passe de Calloo, sur laquelle doivent être concentrées toutes les défenses éloignées du fleuve (les défenses rapprochées étant concentrées sur la rade, devant la ville).

Il suffit de jeter un coup d'œil sur le plan pour reconnaître que les emplacements des forts 11 et 12 sont déterminés par la direction de la passe navigable.

Ces points ont, du reste, été occupés de tout temps par des batteries qui portaient les noms de la Perle et de Sainte-Marie.

Il en est de même du saillant de la rive droite, situé vis-à-vis de Sainte-Marie, où se trouvait autrefois le fort Saint-Philippe.

Bien que ce dernier point n'offre aucun emplacement favorable pour une batterie d'enfilade, il sera nécessaire d'y établir un ouvrage fortement constitué, pour appuyer l'une des extrémités du barrage et pour défendre le fleuve avec des feux croisés. Cet ouvrage battra, du reste, efficacement *le travers* et, sous ce rapport, il ne sera pas moins dangereux pour une flotte ennemie que les forts 11 et 12, qui battent l'Escaut d'enfilade. Le tir à ricochet a perdu, en effet, de son importance, depuis l'introduction des navires cuirassés et des canons rayés de gros calibre ; nous le prouverons dans le chapitre traitant des batteries de côte.

Indépendamment de ces ouvrages de défense, on construira, entre les forts 11 et 12, une batterie basse, en pro-

---

momentanément de l'Escaut sans lever le blocus ; le canon des forts suffirait, en effet, pour empêcher l'entrée et la sortie des navires (non cuirassés) qui chercheraient à ravitailler la place.

fitant de la digue de l'Escaut, dont la direction est à peu près perpendiculaire à la passe navigable. Les planches XVIII et XIX indiquent le tracé et la disposition de cette batterie.

Reste à savoir comment seront tracés et constitués les forts 10, 11 et 12.

Ici deux opinions sont en présence.

La plupart de nos officiers du génie, fidèles aux traditions des ingénieurs espagnols, français et hollandais qui, à diverses époques, ont exécuté des travaux de défense sur l'Escaut, voudraient que l'on construisît des forts en terre, avec larges fossés d'eau et chemin couvert à glacis coupé, servant de batterie basse.

Nous préférons à ces forts des tours en maçonnerie, couvertes par des glacis ordinaires, et portant des coupoles armées chacune de deux canons du plus gros calibre.

Les raisons qui, selon nous, justifient cette préférence, seront exposées dans un autre chapitre.

Pour le moment, nous ne nous occuperons que du premier type de batteries de côte, dont le tracé est soumis à des principes qu'il importe de connaître.

Avant d'arrêter le tracé d'un fort, on doit déterminer l'emplacement du barrage.

A cet égard, nous poserons la règle suivante, qui n'admettra que de très-rares exceptions : *Le barrage sera établi à l'endroit du fleuve où les forts peuvent concentrer le plus de feux et à une distance telle des batteries les plus importantes, que l'on ait la certitude de percer, à cette distance, les plaques des plus forts navires.*

L'emplacement qui satisfait le mieux à cette condition est

déterminé par une ligne joignant le centre du fort 10 au milieu du côté qui réunit les forts 11 et 12. (Voir pl. XVIII.)

Sur cet emplacement, le barrage se trouvera à 700 mètres environ des batteries des forts, distance à laquelle les projectiles des canons de gros calibre conservent encore assez de vitesse pour percer les plaques.

Quelques ingénieurs, se fondant sur la nature du lit du fleuve (1), ont émis l'opinion que le barrage doit se trouver en amont des forts 10 et 12; mais comme ils raisonnent dans l'hypothèse d'un barrage échoué, nous sommes en droit de rejeter leur conclusion, l'expérience ayant prouvé que ces barrages sont inférieurs aux barrages flottants (voir le chapitre XIX.)

Le seul argument que l'on puisse invoquer en faveur du barrage établi en amont, suivant R S, c'est que là il ne serait pas en vue des navires ennemis et que ceux-ci ne le heurteraient qu'au moment de virer de bord, c'est-à-dire obliquement avec une vitesse réduite.

Nous ne contestons pas cet avantage; mais, selon nous, il a bien moins d'importance que l'inconvénient qui résulte de l'établissement du barrage dans un endroit du fleuve sur lequel l'artillerie n'exerce pas une action suffisante. Il faut que le navire, arrêté momentanément devant l'obstruction, soit en prise à des feux redoutables et qu'il ait encore des dangers à courir après avoir forcé le passage. Or, si le barrage se trouvait en amont, les navires passeraient à toute vitesse devant le fort 11, la batterie de Calloo et

---

(1) Le fond est vaseux en aval de Sainte-Marie et assez ferme pour supporter le poids d'un navire échoué en amont de ce fort, entre R et S.

les fronts des forts 10 et 12 qui battent l'aval et le travers du fleuve; arrivés en R S, ils ne seraient plus guère exposés, et, une fois le barrage forcé, ils échapperaient à tout danger jusque devant la citadelle du Nord.

TRACÉ DU FORT n° 12.

Ce fort a deux fronts importants : le front 1-2 et le front 2-3 (voir pl. IV).

Le premier est tenaillé ; une de ses branches bat l'aval, l'autre l'amont ; le deuxième est polygonal et bat tout entier l'aval. Les directions de l'un et de l'autre ont été choisies de manière à battre la passe dans les meilleures conditions possibles et à soustraire l'artillerie aux feux d'enfilade des navires. Les prolongements du front 2-3 et de la branche droite du front 1-2 tombent dans le polder de Calloo, et le prolongement de la branche gauche du front 1-2 tombe sur le fort 11.

Les fronts 3-4, 4-5 et 5-1 n'ont pour objet que de fermer la batterie et de donner des feux sur les terrains inondés. Le front 5-1 bat la digue et la route qui longent l'Escaut en amont ; son prolongement tombe sur le fort 10. Le front 4-5 flanque une partie de la digue défensive, et le front 3-4 bat la digue de Beveren, sur laquelle se trouve la route pavée qui conduit à Calloo. Ce dernier a une direction telle, que son prolongement tombe dans le polder, près du fort 11.

TRACÉ DU FORT N° 11.

Le front 2-3 bat la passe en aval, et son prolongement

coupe la digue près de l'ancien fort Liefkenshoek, à une distance trop grande pour que l'ennemi puisse établir sur cette digue une batterie à ricochet.

Le front 1-2 bat la passe en amont; on ne peut l'enfiler que de la digue de Noord-Dam, à 3,000 mètres du fort.

Les autres fronts ne servent qu'à fermer le fort et à battre les polders et les digues intérieures. On les trace de manière à éviter le ricochet et les angles trop aigus.

Le prolongement du front 3-4 tombe assez près du fort 10 pour que l'ennemi ne s'établisse pas sur ce prolongement, et le front 4-5 ne peut être ricoché qu'à la distance de 2,150 mètres (comme le montre la ligne pointillée).

TRACÉ DU FORT N° 10.

Le fort n° 10 a, comme les précédents, deux fronts importants : l'un battant l'aval du fleuve, l'autre le travers. Le premier (2-3) a été tracé de manière que la partie de la passe qui se trouve dans le champ de tir de ses pièces ait le maximum de longueur et que son prolongement tombe en arrière de la digue de Wilmarsdonck, sur laquelle l'ennemi pourrait établir des batteries après en avoir chassé nos troupes.

Le front 3-4 est tracé d'après le même principe; son prolongement ne tombe sur aucune digue éloignée de moins de 3,000 mètres; il n'a donc pas de feux de ricochet à craindre, l'instabilité des batteries rendant ce tir peu redoutable lorsqu'il est exécuté par des navires.

Le front 1-2 a une direction convenable pour enfiler la

digue de Wilmarsdonck; son prolongement tombe près du fort 11.

Le front 1-4 bat la passe en amont et donne des feux sur le revers de la digue et sur la route qui longe le fleuve.

Autant que possible, on doit déterminer les saillants de telle sorte que les secteurs privés de feux d'un fort embrassent le fort opposé. Ainsi, les forts 11 et 12 se trouvent dans les secteurs privés de feux des saillants 3 et 4 du fort 10, et ce dernier est dans le secteur privé de feux du saillant 2 du fort 12.

Toutefois, on commettrait une faute si, pour arriver à ce résultat, on altérait le tracé des batteries ou si on leur assignait un emplacement défavorable. En effet, le danger résultant de l'action de batteries en apparence opposées l'une à l'autre n'est pas aussi grand qu'on le suppose généralement. Nous le prouverons par un exemple (voir pl. XVIII). Le front 3-4 du fort 10 semble dirigé contre la batterie basse de Calloo, et cependant les pièces de ce front n'atteindront pas celles de la batterie :

1° Parce que les unes étant destinées à battre le travers du fleuve et les autres la passe en aval, leur action ne sera simultanée que dans le cas extrême où le barrage ayant été forcé, les navires ennemis se trouveront en aval et en amont en même temps;

2° Parce que la ligne de feu du front étant à la cote 14, les projectiles qui ricocheront sur l'eau passeront généralement au-dessus de la batterie basse dont la ligne de feu n'est qu'à la cote 7.50.

Il est à remarquer cependant qu'en tirant successivement de deux batteries opposées, on ne préserve que les servants, l'épaulement et les canons restant exposés aux coups dangereux. Sous ce rapport, il sera très-utile d'employer les affûts Moncrieff, dans toutes les batteries qui peuvent recevoir des projectiles.

Les batteries de côte doivent avoir des réduits au même titre que tous les ouvrages détachés (voir chapitre III).

L'entrée des forts et le réduit destiné à défendre cette entrée occupent le front le moins exposé aux feux de la flotte et le plus favorable sous le rapport de la sûreté des communications avec la place. Le front 1-4 du fort 10; le front 1-5 du fort 11 et le front 4-5 du fort 12 satisfont à cette condition.

V

DÉFENSE DES DIGUES ET DES INONDATIONS.

Toutes les inondations indiquées sur le plan IV sont produites au moyen de la marée haute ordinaire, qui s'élève à la cote 4.

Les écluses nécessaires pour tendre les inondations de la rive droite se trouvent près de la citadelle du Nord, au fort 10 et en avant du saillant 1 de la place.

Les inondations de la rive gauche sont tendues au moyen des écluses du Melkader, situées en arrière de la batterie de Calloo (voir pl. XIX). Ces écluses servent, en temps ordinaire, à l'évacuation des eaux provenant des canaux de drainage des polders (1).

---

(1) Ces canaux séparent les propriétés et les mettent à l'abri des inondations d'hiver.

Lorsque l'armée belge sera retirée tout entière sur la rive gauche, dans les forts de cette rive et dans le réduit défensif *r s t u v*, elle inondera le polder de Borgerweert et la partie du polder de Melsele située en arrière de la digue défensive, pour empêcher l'ennemi de la poursuivre par la route et le chemin de fer de Gand (lesquels sont sous le niveau de l'inondation).

Elle se servira, à cet effet, des écluses du fort de la Tête-de Flandre.

En barrant, dans l'intérieur du camp retranché, le Grand-Schyn et le Petit-Schyn, on pourrait étendre les inondations à droite et à gauche de Wyneghem, mais il n'en résulterait aucun avantage important, la gauche du camp étant suffisamment protégée par les inondations de la marée.

C'est pour la même raison que l'on n'a pas cherché à utiliser les eaux du *canal de jonction* (entre la Meuse et l'Escaut) qu'il serait facile de faire écouler (1) dans les vallons des deux Schyn, au moyen d'un barrage à déversoir.

Pour inonder le polder d'Austruweel, on fait entrer les eaux par l'une des écluses de la citadelle du Nord dans les avant-fossés de cette citadelle et dans ceux des fronts 12-11 et 11-10 de l'enceinte, d'où elles se déversent dans le polder en passant au-dessus de la diguette de contrescarpe qui sert de chemin d'exploitation en temps de paix.

Le canal étant séparé de l'avant-fossé par un batardeau éclusé, l'inondation s'arrête à la digue de gauche de ce canal.

---

(1) La marée basse ordinaire étant à la cote 0.00, les eaux du bief supérieur (près de la Meuse) sont à la cote 41-60. Il y a donc, depuis la Meuse jusqu'à l'Escaut, une très-forte pente.

Pour inonder les vallons des deux Schyn, on a mis en communication, par une écluse, les eaux du fossé capital avec celles de l'avant-fossé des fronts 8-9 et 9-10.

Le fossé capital est alimenté par l'Escaut, au moyen d'une écluse située vis-a-vis du saillant 6 de la citadelle du Nord et au moyen d'un siphon passant sous le *canal de jonction*.

Si l'on jugeait nécessaire de tendre les inondations dans l'espace d'un jour (ou de deux marées), il serait nécessaire de construire des déversoirs en fascines dans les digues de l'Escaut.

On pourrait également percer les digues, mais ce serait un moyen fâcheux, parce qu'il exigerait d'immenses travaux, après le siége, et qu'il soumettrait les inondations aux fluctuations de la marée.

Le niveau des polders se trouvant, près de l'Escaut, à 2 mètres et même à 3 mètres sous la marée haute ordinaire, les inondations sont navigables pour de petits bâtiments. L'histoire d'Anvers constate, en effet, que, dans plusieurs circonstances, et notamment pendant le fameux siége de 1583, les bateaux plats de la Zélande ont pu ravitailler la ville. C'est même dans le but d'arrêter ces bâtiments que le prince de Parme s'empara de la digue de Wilmarsdonck et qu'il s'y retrancha.

Il est de notoriété que la marine française avait fait construire, en 1859, pour naviguer sur le lac de Garda, de petites canonnières que l'on pouvait démonter et remonter avec une grande facilité. Les Anglais ont également de très-petites canonnières portant un gros canon ou un mortier et ne tirant que 5 ou 6 pieds d'eau.

Il y a donc lieu d'examiner quel rôle ces bâtiments légers

pourront jouer dans l'attaque d'Anvers et quelles mesures on devra prendre pour les combattre.

L'assiégeant n'aurait aucun intérêt à employer des canonnières et des bombardes sur la rive gauche du fleuve, pour lancer des projectiles contre les forts 11 et 12, dont les défenses seraient à l'abri de ce mode d'attaque.

Il n'en est pas de même sur la rive droite, où l'inondation s'étend jusqu'à l'avant-fossé de l'enceinte. De ce côté, les bâtiments légers pourraient faire beaucoup de mal en alarmant la population et en détruisant les ressources accumulées dans le quartier maritime de la ville.

Pour prévenir ce danger, il sera nécessaire de construire sur la digue de Wilmarsdonck les redoutes A, B et C armées de pièces à longue portée. La redoute C sera également fort utile pour soutenir le fort 10, plus isolé que les autres, et pour abriter les troupes de réserve destinées à soutenir ce fort, en cas d'attaque par des troupes de débarquement.

Nous verrons plus loin à quelles conditions doivent satisfaire ces redoutes (voir chapitre XIV).

L'inondation au nord de la place ne s'étend pas assez loin pour mettre de ce côté la ville à l'abri d'un bombardement. La langue de terre qui dépasse l'inondation en avant de Merxem offre un emplacement très-favorable aux batteries de mortiers. Le blocus de 1814 explique les appréhensions des habitants (1) et justifie la construction du fort n° 9.

Ce fort est nécessaire encore pour faciliter l'entrée des

---

(1) Le 3 février 1814, les Anglais bombardèrent les bassins d'Anvers avec 17 mortiers, 2 obusiers et 4 canons de 24, établis à 2,400 mètres des bassins, en avant de Merxem.

convois et des secours venant de la Hollande et pour assurer les communications du camp retranché avec la digue de Wilmarsdonck et le fort n° 10.

On l'établira dans l'angle que forment les routes de Berg-op-Zoom et de Bréda, à égale distance entre les villages d'Eeckeren et de Schooten.

Afin que l'ennemi ne se jette pas dans l'intervalle de 5,000 mètres qui sépare les forts 8 et 9, on construira, au moment de la guerre, des travaux de campagne autour du village de Schooten.

COMMUNICATIONS ET TRAVAUX ACCESSOIRES.

Pour assurer à la garnison l'avantage de l'initiative et de la mobilité, on construira, en arrière des forts de la rive droite, une voie militaire composée d'un pavé et d'un chemin de fer. Ce dernier s'embranchera sur les lignes d'Anvers à Bruxelles et d'Anvers à Rotterdam. On pourra donc arriver à la limite du camp retranché par trois débouchés : celui du front 1-2, à droite; celui du front 5-6, au centre, et celui du front 10-11, à gauche.

Les forts de l'autre rive seront reliés entre eux par une voie militaire de même espèce, qui s'embranchera sur le chemin de fer de Gand et dont les gares extrêmes se trouveront en amont de la place, derrière le fort 14, et en aval, derrière le fort 12.

En fait de routes pavées, il reste à construire :

1° Une route longeant la digue de la rive droite et mettant la citadelle du Nord en communication avec le fort 10. Cette route est surtout utile pour favoriser la retraite de l'armée après l'abandon de l'enceinte ;

2° Une route longeant la digue de Wilmarsdonck, nécessaire pour faciliter l'armement de cette digue et pour mettre les redoutes A, B et C en communication avec le chemin de fer de la Hollande et la route de Berg-op-Zoom ;

3° Une route partant de la chaussée de Gand et se dirigeant vers le fort 12 ;

4° Une route partant de la même chaussée et se raccordant avec la première.

Ces deux dernières routes sont indispensables pour assurer la retraite de l'armée, depuis les ponts de l'Escaut jusqu'au réduit de Zwyndrecht.

Les travaux à exécuter au moment de la mise en état de défense de la place sont les suivants :

1° Un glacis à double pente reliant les forts entre eux ;

2° Des batteries pour les pièces mobiles de la réserve, occupant les côtés et les intervalles des forts ;

3° Les retranchements avec traverses et parados, composant le réduit défensif de Zwyndrecht.

Ayant justifié l'utilité de ces travaux dans les chapitres III et X, nous nous bornerons à faire une seule observation sur le tracé des batteries à construire dans les intervalles des forts.

Ces batteries doivent être établies dans des conditions telles :

1° Qu'elles n'interceptent pas les feux des fronts latéraux sur les approches des forts voisins ;

2° Que l'ennemi n'y trouve pas un abri contre les projectiles tirés des réduits et des redans des fronts de gorge;

Et 3° que les pièces mobiles de la réserve y puissent arriver facilement et les évacuer de même.

Le tracé pointillé entre les forts 3 et 4 (pl. IV) indique comment les faces des batteries doivent être dirigées pour satisfaire à la première condition. On remplira les deux autres en ne donnant aux batteries ni flancs ni fossés de gorge. Pour les protéger en arrière et sur les côtés, il suffira d'une palissade qui les mette à l'abri de l'attaque de vive force, sans soustraire leur terre-plein aux feux des forts voisins.

On construira, dans les intervalles des forts menacés, à 800 mètres environ en arrière du glacis à double pente, des masques en terre pour abriter les réserves ou tout au moins la fraction de ces troupes qui devra, en cas d'attaque, engager le combat et le soutenir jusqu'à ce que le gros de l'armée soit formé en bataille.

Une partie de ces masques sera disposée pour recevoir de l'artillerie.

2° APPLICATION.

LIERRE.

La ville de Lierre se trouve au confluent de la Grande-Nèthe et de la Petite-Nèthe, qui, par leur réunion, forment la Nèthe-Inférieure.

Les vallées de ces trois cours d'eau peuvent être inondées par la marée.

La planche V indique les limites des inondations ordinaires. La zone comprise entre les routes de Hoogstraeten et de Berlaere, à l'est de la position, est formée de terrains inondables et de prairies humides dans lesquelles il serait impossible de pratiquer des cheminements. On pourrait augmenter de ce côté la sécurité de la place, en barrant la Grande-Nèthe et la Petite-Nèthe à leur entrée dans la place en *f*, mais alors il faudrait relever la route de Berlaere depuis le glacis jusqu'au chemin de fer de Diest, pour que le camp retranché ne fût pas submergé.

A l'ouest, la ville est couverte par l'inondation de la Nèthe-Inférieure.

La partie nord, située sur la rive droite, est sous la protection de la place d'Anvers, dont les forts sont seulement à 8,500 mètres de Lierre.

L'attaque pied à pied n'est possible qu'au sud, dans la zone comprise entre la Nèthe-Inférieure et la route de Berlaere.

Ces indications générales suffisent pour arrêter le tracé de l'enceinte et régler l'importance de chaque front.

La place de Lierre, formant tête de pont sur la Nèthe, doit être fortifiée de telle sorte que sa garde habituelle exige peu de troupes et que cependant elle puisse au besoin servir de refuge à un corps d'armée.

On atteindra ce but en réduisant l'enceinte au minimum et en la couvrant d'ouvrages avancés (1).

---

(1) Nous appelons *ouvrages avancés* ceux dont la gorge, se trouvant sous la protection du canon de l'enceinte, est ouverte, et *ouvrages détachés*, ceux dont la gorge, ne se trouvant pas dans ce cas, est fermée.

Le tracé du polygone sera donc déterminé par le périmètre de la ville ; on ne s'en écartera que pour donner aux fronts une direction convenable et pour créer en arrière des remparts l'espace nécessaire aux troupes chargées de re pousser l'assaut.

Les fronts 1-2 et 2-3 défendent la partie attaquable de la ville. Leurs prolongements tombent sur les inondations de la Grande-Nèthe et de la Nèthe-Inférieure.

Nous verrons, dans le chapitre suivant, comment doivent être constitués ces fronts, dont le côté extérieur a environ 550 mètres de longueur.

Les fronts 3-4, 4-5 et 7-1 battent efficacement les vallées de la Grande-Nèthe, de la Petite-Nèthe et de la Nèthe-Inférieure.

Les fronts 5-6 et 6-7 complètent le polygone et défendent les routes d'Anvers et de Malines.

Aucun de ces fronts n'est exposé à une attaque pied à pied. On pourra donc y appliquer le tracé le plus simple, pourvu qu'il offre des garanties suffisantes contre l'attaque de vive force. Nous donnerons la préférence à celui de la citadelle du Nord (voir pl. XII), qui se compose d'un rempart en ligne droite, d'une caponnière, d'un large fossé plein d'eau et d'un chemin couvert avec place d'armes centrale.

La caponnière occupera le centre du front, où elle sera mieux protégée qu'au saillant. On fera cependant une exception pour les fronts 3-4 et 7-1 :

1° Parce que ces fronts peuvent être flanqués par des demi-caponnières qui ont l'avantage de coûter moins, d'exiger moins de canons et d'être à l'abri des feux de l'assiégeant ;

2° Parce qu'une attaque sur les saillants des demi-caponnières est impossible aussi longtemps que l'ennemi n'a pas éteint les feux des caponnières 1-2 et 2-3 et des faces des lunettes 4 et 7, qui prennent des vues de revers sur le chemin couvert de ces saillants.

En établissant les batteries flanquantes des fronts 3-4 et 7-1 aux extrémités de ces fronts, on ne crée donc pas des points faibles, comme cela arriverait indubitablement si l'on employait des demi-caponnières pour le flanquement des fronts 4-5, 5-6 et 6-7.

Nous ne pensons pas qu'il soit nécessaire de construire une citadelle pour assurer la défense prolongée de l'enceinte. On atteindra le but, à moins de frais, par les moyens suivants :

1° Établir, en arrière du saillant 2, une redoute analogue à celles que préconisait Landsberg et dont la défense de Candie lui avait démontré l'utilité;

2° Construire, pendant le siége, quelques retranchements en avant des ponts de la Nèthe et principalement en g et h, où la rivière est traversée par la rue du rempart;

3° Interrompre le corps de place à l'entrée et à la sortie de la Nèthe, soit par des coupures, soit (au dernier moment) par la démolition des voûtes sur lesquelles porte le rempart.

Ces travaux auront pour résultat de transformer le nord de la place en une sorte de réduit, qui permettra d'opiniâtrer la défense de l'enceinte tout aussi bien que le ferait une citadelle.

Occupons-nous maintenant des ouvrages avancés.

Afin que l'armée puisse déboucher de l'enceinte, en présence de l'ennemi et y rentrer facilement en cas d'insuccès, on construira, au sud de la place, quelques ouvrages avancés.

C'est ici le cas d'employer de grands fortins ouverts à la gorge.

Les conditions auxquelles ces fortins doivent satisfaire sont les suivantes :

1° Il faut que leur terre-plein soit soumis au tir à mitraille (obus ou shrapnells), dont les effets sont redoutables jusqu'à 2,000 mètres, distance à laquelle on voit encore distinctement les objets à battre;

2° Il faut que les fortins se soutiennent mutuellement ou, en d'autres termes, que les feux de chaque ouvrage se croisent devant les ouvrages voisins. Leur intervalle d'axe en axe sera donc, au plus, de deux kilomètres;

3° Il faut que l'armée puisse se déployer en arrière des fortins, soit pour déboucher en ordre de combat, soit pour arrêter les poursuivants, en cas de retraite forcée.

Cette dernière condition exige qu'il y ait un certain rapport entre la force de l'armée, la distance des fortins à l'enceinte et l'étendue du front qu'ils occupent.

Eu égard à l'effectif probable de l'armée belge, nous croyons que les trois conditions indiquées ci-dessus sont remplies par les fortins 1, 2 et 3, dont les gorges se trouvent respectivement à 1,400, 1,100 et 1,500 mètres du corps de place et dont les intervalles d'axe en axe sont de 1,600 et de 1,700 mètres.

Une plus grande extension du camp retranché accroîtrait inutilement les frais de construction et l'effectif de la garnison, tout en diminuant la protection que les fortins recevraient de l'enceinte.

Les ouvrages 1, 2 et 3 doivent battre efficacement le terrain des attaques. Pour que ce but soit atteint, on les construira sur une ligne droite ou peu convexe et on tracera leur front principal tangentiellement à cette ligne. Les prolongements de ce front tomberont alors si près des ouvrages voisins, que le tir à ricochet deviendra impossible.

Il importe que les fortins puissent être repris aussitôt que l'ennemi s'en est emparé. A cet effet, on établira, au centre de leur front de gorge, une caponnière en forme de réduit, servant à flanquer le fossé, à tenir l'ennemi éloigné du mur de clôture ou de la palissade et à protéger le rétablissement du pont, dans le cas où l'assiégeant le ferait sauter. (Voir pl. XVI.)

La description détaillée de ces fortins sera donnée dans le chapitre XIII.

On reliera les fortins entre eux par un glacis à double pente, afin de soustraire à la vue de l'ennemi les mouvements de troupes qui se feront à l'intérieur du camp retranché.

Pour faciliter les communications, on construira une route en arrière de la ligne des fortins et on reliera cette route, d'une part, à la chaussée de Berlaere et, de l'autre, au chemin couvert du front 1-2 (par un embranchement longeant la Nèthe-Inférieure).

La défense de la partie nord de la place sera organisée d'après les indications suivantes :

1° Cette partie ne pourra pas être assiégée régulièrement, à cause du voisinage du camp retranché d'Anvers ;

2° L'armée belge ne devra jamais déboucher de ce côté pour attaquer l'ennemi sur la rive droite de la Nèthe, entre Anvers et Lierre.

Il suffira donc que les fortifications au nord de la place soient à l'abri d'une attaque de vive force.

Mais un corps belge, chargé d'opérer sur le flanc droit de l'ennemi, supposé devant Anvers, pourrait être repoussé, coupé de sa base et poursuivi dans la direction de Lierre.

Afin que ce corps ne soit pas acculé aux fossés de la place, on construira des lunettes en avant des fronts 4-5, 5-6 et 6-7.

Ces lunettes seront établies à portée de fusil du chemin couvert, palissadées à la gorge et pourvues d'un corps de garde et d'un magasin à poudre à l'épreuve de la bombe. La première (n° 5) battra la route de Hoogstraeten et le faubourg de Lisp; la deuxième (n° 6) la route d'Anvers, et la troisième (n° 7), les routes de Contich et de Malines.

Une des faces de cette dernière protégera la gorge du fort 1 et une autre prendra des revers sur le chemin couvert du demi-front de droite 1-2.

Les lunettes se flanqueront l'une l'autre et seront, en outre, soutenues par les batteries intermédiaires a et b, dont le tracé est indiqué et justifié par les lignes pointillées du plan.

La lunette 4, établie dans l'inondation de la Grande-Nèthe, battra la face droite de la lunette 5, la route de Herenthals, le terrain en avant du demi-front de gauche 2-3 et la gorge du fortin 3. Cette lunette sera mise en communication avec le chemin couvert de la place, au moyen d'une caponnière double à ciel ouvert.

La place de Lierre, ainsi fortifiée, pourra opposer une

grande résistance aux attaques de vive force comme aux attaques pied à pied.

L'ennemi dirigera probablement ses travaux d'approche contre les fortins 2 et 3. S'il attaquait le fortin 1, ses cheminements seraient pris en flanc par les batteries que l'armée belge construira, au moment de la guerre, sur la rive droite de la Nèthe.

Sous ce rapport, la gauche du camp retranché n'offre pas les mêmes garanties à la défense.

Si l'ennemi établissait des batteries à longue portée dans la zone comprise entre la Grande et la Petite-Nèthe (en arrière de Kessel), il pourrait non-seulement attaquer en flanc et à revers le camp retranché, mais encore prendre d'enfilade et à dos les défenseurs des fronts 1-2 et 2-3 de l'enceinte. Il est évident que ces batteries causeraient un préjudice réel à la défense et en abrégeraient la durée; mais, d'un autre côté, leur construction présenterait de très-grandes difficultés :

1° Parce que ces batteries et les retranchements qui les soutiendraient, n'auraient point de communications avec l'attaque principale, dirigée contre les fortins 2 et 3 ;

2° Parce que la zone comprise entre la Grande et la Petite-Nèthe étant en communication avec le camp retranché du sud, par la route de Herenthals, et avec le camp retranché du nord, par le chemin de fer de Turnhout (1), l'ennemi ne pourrait pas se maintenir dans cette zone, à moins qu'il ne mît son attaque secondaire en communication avec

---

(1) Le chemin de fer de même que la route de Herenthals s'élèvent au dessus du niveau de l'inondation.

l'attaque principale, par des digues et des ponts traversant la vallée de la Grande-Nèthe entre X et Y (où l'inondation a très-peu de largeur).

Comme il pourrait avoir intérêt à faire ces travaux et à soutenir ses batteries à longue portée par des réserves abritées dans des places d'armes, on construira, au moment de la guerre, les redoutes 8 et 9, dont l'une battra la droite du village de Kessel et le terrain en arrière de ce village, l'autre le chemin de fer de Tirlemont et le terrain à gauche de la route de Herenthals.

Entre ces redoutes et sur la rive droite de la Petite-Nèthe, en P, on élèvera, en temps de guerre, des épaulements, pour les pièces mobiles, que les défenseurs feront sortir de la place aussitôt qu'une attaque entre les deux Nèthes sera imminente. On pourra également occuper et retrancher le village de Kessel, soutenu en arrière par la redoute 8.

Cette redoute sera utile encore pour battre d'écharpe et à revers la droite des attaques dirigées contre le fortin 3.

Les deux redoutes et la lunette 4 forment un petit camp retranché qui rendra d'excellents services à l'armée quand elle devra déboucher sur la route de Herenthals ou battre en retraite par cette route.

3ᵉ APPLICATION.

TERMONDE.

La place de Termonde se compose actuellement d'une enceinte bastionnée occupant la rive droite de l'Escaut et d'une petite tête de pont (à tracé tenaillé) occupant l'autre rive (1).

L'enceinte ayant été améliorée depuis l'introduction des canons rayés, on peut la considérer comme suffisante. Si elle était à refaire, on la construirait d'après les indications générales que nous venons de donner au sujet de Lierre. Toutefois, comme elle n'occupe qu'une des rives du fleuve, il y aurait à tenir compte de la nécessité de mettre sa gorge à l'abri d'une surprise ou d'une attaque de vive force. Lorsqu'il s'agit d'une position de l'importance d'Anvers, couverte par une ligne de forts et défendue par une armée, on peut faire abstraction de ce danger, qui n'existe réellement que pour les places ordinaires, abandonnées à leurs propres forces.

Généralement, les villes situées sur un cours d'eau ont des quais bordés de maisons. Dans ces conditions, qui se présentent à Termonde, il est impossible de construire des fronts terrassés entre les rives et la ville. On doit alors se contenter d'un mur crénelé avec batteries flanquantes casematées, comme il en existe à Cologne et à Mayence. Cette fermeture offre une garantie suffisante contre les surprises et les attaques de vive force tentées par des troupes de débarquement, mais à la condition que l'ennemi soit tenu éloigné de l'autre rive et que toutes les précautions aient été prises pour empêcher les navires et les chaloupes de descendre ou de remonter le cours d'eau.

Si la place de Termonde devait être reconstruite, on établirait aux extrémités de l'enceinte, contre le fleuve,

---

(1) Elle se compose de six branches de 34 mètres de longueur.

deux redoutes destinées à battre le quai en avant et en arrière du mur crénelé et possédant l'artillerie nécessaire pour défendre le barrage d'amont et le barrage d'aval. En même temps, on construirait sur la rive gauche quelques ouvrages détachés pour empêcher l'ennemi de canonner la gorge de la place.

Sur cette rive il n'y a qu'une petite tête de pont, sans aucune valeur.

La situation n'est pas meilleure sur la rive droite, où il n'existe qu'une seule lunette, établie dans le but de couvrir la gare du chemin de fer et nullement pour protéger le débouché et la rentrée d'un corps de troupes.

Or le rôle que nous avons assigné à la place de Termonde (voir page 138) exige impérieusement que cette place ait les propriétés d'une double tête de pont. Il sera donc nécessaire de créer un petit camp retranché, analogue à celui de Lierre, dans la zone comprise entre la Dendre et l'Escaut. C'est, en effet, par cette zone que devra déboucher l'armée belge, soit seule, soit réunie à une armée de secours, lorsqu'il s'agira de tourner les lignes de la Nèthe et de la Dyle, pour forcer l'ennemi à repasser ces lignes, ou d'opérer dans la direction de Bruxelles, pour agir offensivement contre ses colonnes en retraite.

Les fortins 1, 2, 3, 4 et 5 (pl. III), situés à 1,500 mètres environ de la place, atteindront ce but et feront de Termonde une excellente tête de pont sur la rive droite de l'Escaut.

Reste à examiner ce qu'il conviendrait de faire sur la rive gauche.

Cette rive est couverte devant la place par une inondation d'environ 2,000 mètres de largeur; mais le chemin de fer et la route de Hamme s'élèvent au-dessus de l'inondation, laquelle a, d'ailleurs, très-peu de profondeur entre ces deux voies de communication (1). Il serait donc facile à l'ennemi, maître des débouchés de Lokeren et de Hamme, d'établir des batteries contre la gorge de la place pour appuyer l'attaque de la rive droite. Cette diversion présenterait d'autant plus de dangers que les remparts de Termonde sont interrompus devant le fleuve sur une longueur de 175 mètres environ.

Il faudra donc construire sur la rive gauche une citadelle pour tenir l'ennemi éloigné de la gorge Cette citadelle est indispensable encore à un autre point de vue.

Un corps d'armée belge ou allié, opérant sur la rive gauche de l'Escaut, pourrait être coupé d'Anvers et refoulé vers Termonde. S'il n'y avait pas de tête de pont sur la rive gauche de l'Escaut, ce corps, vivement poursuivi, serait acculé à l'inondation. Une partie seulement des troupes pourrait gagner l'autre rive et le reste devrait déposer les armes.

Une citadelle, en avant de laquelle on construirait, au moment de la guerre, trois lunettes, préviendrait cette catastrophe.

D'après les conseils de Napoléon (2), on laisserait, entre la citadelle et le fleuve, l'espace nécessaire pour y rassem-

---

(1) Le plan indique que l'inondation est arrêtée d'un côté à la route de Hamme, de l'autre au chemin de fer de Lokeren. Il serait, en effet, peu logique de tendre l'inondation sur la langue de terre par laquelle notre armée doit arriver pour déboucher de la rive gauche sur la rive droite de l'Escaut.

(2) Voir ses *Mémoires*, publiés par Gourgaud.

bler les troupes et les voitures qui ne pourraient pas passer immédiatement sur l'autre rive, soit parce que les ponts seraient insuffisants, soit parce que l'on craindrait de produire un encombrement fâcheux dans la ville ou dans le camp retranché.

La citadelle sera tracée de telle sorte qu'un de ses fronts batte l'intérieur de la place, un autre l'aval et un troisième l'amont du fleuve. Deux fronts sont nécessaires pour battre les routes de Zele et de Hamme. L'ouvrage aura donc la forme d'un pentagone. On y appliquera le tracé adopté pour la citadelle du Nord d'Anvers, tracé simple, peu coûteux et suffisant pour des fronts qu'il est impossible d'attaquer pied à pied (1).

4ᵉ APPLICATION.

MALINES.

Malines occupe une position importante en avant de notre ligne de défense de la Nèthe et du Rupel. Aussi longtemps que cette position sera au pouvoir de l'armée belge, l'ennemi ne pourra pas assiéger Anvers. Sous ce rapport, elle se trouve dans les mêmes conditions que Termonde et Lierre.

---

(1) Si l'inondation ne s'étendait pas aussi loin que l'indique le plan, ou s'il était prouvé qu'une attaque pied à pied est possible par les routes de Zele et de Hamme, on construirait les fronts dirigés de ce côté, d'après les indications que nous avons données pour les fronts attaquables de l'enceinte de Lierre.

On devrait donc la fortifier de la même manière, c'est-à-dire en vue d'une attaque pied à pied. Mais comme la lutte décisive doit avoir lieu sous les murs d'Anvers et que cette place exige de grandes ressources en hommes et en matériel, nous croyons que l'armée belge pourrait se contenter d'une défense de quelques jours.

La place de Malines atteindra, en effet, son but si elle résiste le temps nécessaire à la mise en état de défense d'Anvers et à la concentration de nos forces derrière la Nèthe.

Il suffira donc qu'elle ait les propriétés d'une bonne *place du moment*, et par ce mot nous entendons une place dont l'ennemi ne puisse s'emparer avant d'avoir détruit une partie de ses défenses et ses batteries les plus importantes.

La position de Malines prenant à revers les petits camps retranchés de Termonde et de Lierre, l'ennemi devra s'en rendre maître avant de rien entreprendre contre ces places. Toutefois, cet avantage n'existera que si l'armée belge peut déboucher facilement par Malines sur les deux rives de la Dyle et reprendre ensuite ses positions derrière la Nèthe, quand elle sera obligée de battre en retraite.

Il faut donc que la place de Malines forme double tête de pont sur la Dyle et que ses communications avec Anvers soient à l'abri de toute attaque de flanc.

La situation géographique offre sous ce rapport de grandes ressources.

Malines est traversé par la Dyle et situé en avant du confluent de la Senne. L'une de ces rivières permet d'inonder tout le terrain à gauche de la ville et l'autre une partie du terrain à droite. Grâce à ces inondations et aux prairies marécageuses que traversent la Senne et le canal de Louvain au nord du chemin de fer de Termonde, les deux flancs de la position sont inaccessibles depuis Hever et Sempst jusqu'à la Nèthe. (Voir pl. III.)

L'ennemi sera donc obligé d'attaquer la position de front par la zone comprise entre la Senne et le canal de Louvain ; or l'accès de ce côté sera très-difficile, à cause du Baerebeek, dont la vallée peut être inondée par les aqueducs M et N, sur lesquels passe le chemin de fer de Louvain et qui mettent les eaux du ruisseau en communication avec le bassin de la Dyle.

Si l'inondation de ce bassin et celle du Baerebeek ne pouvaient pas être saignées, le problème de la défense de Malines serait grandement simplifié ; mais cela n'étant pas, ainsi que nous le verrons plus loin, le front sud de la position doit être défendu comme s'il était accessible sur toute son étendue.

Une autre condition importante est de faciliter et de couvrir les communications de Malines avec le camp retranché d'Anvers.

On y satisfera en jetant de nombreux ponts sur la Nèthe et en limitant les inondations, d'une part, au chemin de fer d'Anvers et, d'autre part, à la route de Waelhem.

II

Ces indications générales suffisent pour arrêter les bases de la défense.

On voit tout d'abord que le périmètre de l'enceinte doit

s'étendre au delà des limites de la ville. Celle-ci, en effet, est entourée de faubourgs, de maisons de campagne, de châteaux et d'établissements d'une grande valeur, occupant une zone très-étendue, comme on peut s'en assurer par l'inspection du plan, où les agglomérations de maisons et de jardins sont indiquées par des hachures.

Si l'enceinte passait au milieu de ces agglomérations, l'État serait entraîné à des dépenses inutiles et il y aurait, en avant de la plupart des fronts, des couverts nuisibles à la défense. On devra donc l'étendre, dans la partie méridionale, au delà du couvent, du château de la Motte et du château le Struytje, et, dans la partie septentrionale, au delà du cimetière.

Ces limites assignent à l'enceinte un développement qui serait inadmissible, s'il fallait, pour assurer à la place les propriétés d'une double tête de pont, l'entourer d'une ceinture de forts ou d'ouvrages avancés. La Belgique, en effet, ne pourrait pas s'imposer les sacrifices d'argent et d'hommes nécessaires pour créer et défendre une position aussi vaste. Mais nous croyons pouvoir résoudre le problème sans tomber dans cet inconvénient, en composant l'enceinte de fortins et de retranchements. Les premiers seraient en saillie sur les seconds; ils assureraient donc à ceux-ci une protection assez efficace pour qu'on pût y pratiquer de larges passages sans exposer la ville à une attaque de vive force.

Cette combinaison obligerait l'ennemi à s'emparer des fortins avant de pénétrer dans la place; or, comme l'on pourrait donner à ces fortins une grande résistance en les établissant sur des points favorables et en y appliquant la majeure partie des crédits alloués, l'ennemi aurait à livrer plusieurs combats pour se rendre maître de toute la place. C'est un avantage pour la défense successive, dont les vieux ingénieurs faisaient grand cas et que les modernes ont eu le tort de négliger.

Si l'on admet qu'une enceinte composée de forts et de retranchements peut assurer le débouché et la rentrée d'un corps de troupes, on doit admettre également qu'il est nécessaire de donner à cette enceinte une étendue qui permette aux colonnes de se mouvoir facilement derrière les remparts.

A ce point de vue, le tracé adopté pour Malines n'a pas un développement exagéré.

Nous justifierons, d'ailleurs, ce tracé d'une manière plus complète en indiquant les motifs qui ont déterminé le choix des emplacements assignés aux fortins.

On reconnaîtra tout d'abord qu'il est indispensable d'établir un ouvrage fermé au centre de l'accès attaquable, en avant du château de la Motte.

Il faut également un fortin à chaque extrémité de cet accès, l'un en arrière du village de Muysen, à l'intersection de la route et du chemin de fer de Louvain, l'autre en arrière du village de Hombeek, à proximité de la route d'Alost et du chemin de fer de Termonde.

Le fortin 3, appuyé à la Dyle et à l'inondation de cette rivière, ne pourrait pas être avancé, à cause des villages de Muysen et de Venne, qui n'en sont déjà que trop rapprochés; il ne pourrait pas non plus être reculé, à cause du château *le Struytje* et surtout à cause de l'appui qu'il doit prêter au fortin 2, qui est la clef de la position.

C'est pour la même raison que le fortin 1 n'a pas été

reculé jusqu'à la limite des faubourgs. Il importait, du reste, de laisser entre ces faubourgs et l'enceinte un espace suffisant pour le rassemblement des troupes, en prévision d'un mouvement offensif de l'armée belge au delà du Baerebeek.

A ce point de vue, il eût été avantageux d'avancer le fortin 1 jusqu'à la limite de l'inondation de la Senne, dans le triangle PQR, si l'on n'avait eu un intérêt plus grand à réserver cet espace pour faciliter le débouché et la retraite de l'armée.

Le Baerebeek est un ruisseau bordé de prairies humides, infranchissable à l'artillerie et à la cavalerie. Le terrain de la rive gauche, se relevant en pente douce depuis la cote 6 jusqu'à la cote 13, forme une excellente position défensive, protégée en front par le ruisseau, sur le flanc gauche par l'inondation de la Dyle, et sur le flanc droit par l'inondation de la Senne. En arrière se trouvent quatre routes pavées et trois chemins de fer, aboutissant à la place. Il serait donc très-facile à une armée, battue dans cette position, de se replier en bon ordre sur la rive droite de la Nèthe et sur le camp retranché d'Anvers.

Le front de la position ayant 4,000 mètres d'étendue, on pourrait y déployer une armée de 60 à 80 mille hommes; mais sa profondeur, qui n'est que d'un kilomètre, ne permettrait pas de tirer de cette armée tout le parti possible. A ce point de vue, il eût été désirable qu'on reculât les fortins 1, 2 et 3 (1). Mais l'inconvénient qui résulte du

---

(1) Les forts I, II et III, marqués en traits pointillés, satisferaient à cette condition, mais ils entraîneraient à des frais d'expropriation considérables, sans améliorer sensiblement la position.

manque de profondeur de la position a été considérablement atténué par le nombre, l'ampleur et la facilité des communications qui traversent l'enceinte. Grâce à ces communications et aux larges espaces dépourvus de bâtisses ménagés en arrière du corps de place, on pourra masser les réserves dans la ville, à proximité des ponts, et laisser tout le terrain extérieur aux troupes de première ligne et à leurs soutiens.

Il résulte de l'ensemble de ces circonstances que l'attaque de Malines par le sud, présenterait de grandes difficultés, même pour une armée très-forte et qui serait parvenue à saigner l'inondation du Baerebeek.

Aucune autre position en avant, en arrière ou sur les flancs de Bruxelles ne possède, sous ce rapport, les mêmes avantages. Dans celle-là seule nous pourrions, le cas échéant, attendre l'ennemi et engager nos forces, sans compromettre leur retraite sur Anvers.

III

Les inondations de la Dyle, à l'est de la ville, les cours d'eau et les prairies humides, à l'ouest, empêchent toute attaque de côté ; mais la place pourrait être menacée, au nord, dans certaines circonstances favorables à un coup de main, par exemple, si l'armée belge était attirée à l'une des extrémités de sa ligne de défense par une démonstration du gros de l'armée ennemie, pendant qu'un corps détaché se porterait sur Malines.

En prévision de cette attaque, on construira deux fortins pour défendre l'accès du nord, plus étroit que l'accès du sud. L'un et l'autre se trouveront en arrière d'un gros ruisseau, appelé Vrouwenvliet; le premier entre la Dyle et la route d'Anvers, le second entre le chemin de fer et la route de Heyst-op-den-Berg. Celui-ci sera entièrement couvert par l'inondation de la Dyle.

Les emplacements des cinq fortins étant ainsi déterminés par des circonstances locales et des considérations tactiques, il reste à compléter la place par des retranchements intermédiaires.

Ces retranchements seront d'une très-grande simplicité dans les parties inattaquables.

Le front 3-4 se composera de deux branches, 3-A et A-4, de 1,200 mètres de longueur, flanquées par les fortins 3 et 4; on les brisera en f et en g pour assurer un flanquement complémentaire, plus rapproché au fossé des demi-branches gA et fA.

Le front 1-5 sera formé d'une branche 5-B, semblable aux précédentes, et d'une partie tenaillée, contournant le bas-fond CDE.

Les fronts 1-2 et 2-3 seront décrits dans le chapitre XV, traitant de la fortification improvisée. Ils doivent être à l'abri du ricochet et de l'attaque de vive force, et offrir à la garnison des débouchés larges et faciles.

Le front 4-5 est tracé de la même manière et doit satisfaire aux mêmes conditions. Toutefois, pour assurer la retraite de la garnison après l'assaut de la partie sud de la place et pour couvrir à dos ses défenseurs, on a jugé nécessaire de doubler ce front d'un front semblable, dirigé vers l'intérieur de la ville.

Ces deux fronts sont protégés contre les feux d'enfilade

par les forts 4 et 5. Ils établissent une communication couverte entre ces ouvrages, et forment avec ceux-ci une sorte de réduit dont la défense ne commencera qu'après l'abandon de la position de la rive gauche de la Dyle (1).

Nous aurons peu d'observations à faire au sujet du tracé des fortins ; pour les détails de construction, nous renverrons le lecteur au chapitre XIV et à la pl. XVII.

Les fortins 1, 2 et 3 doivent avoir :

1° Un front battant la campagne et tracé, autant que possible, de façon à échapper au ricochet ;

2° Deux fronts latéraux flanquant les retranchements intermédiaires et battant le terrain en avant des forts voisins ;

3° Un front de gorge dirigé vers l'intérieur de la ville et battant le terrain en arrière de l'enceinte.

Les trois premiers fronts seront flanqués par des caponnières en charpente ou en maçonnerie, et le dernier sera tenaillé comme les fronts de gorge des forts permanents du camp retranché d'Anvers. Toutefois, à cause de la moindre importance des fortins de Malines, on supprimera le réduit, excepté au fortin 2, situé au centre de la position.

Les fortins 4 et 5 ne peuvent pas avoir le même tracé que les fortins 1, 2 et 3, parce que les demi-caponnières seraient en prise aux batteries de l'assiégeant, supposé maître de la ville. Pour cette raison, nous avons adopté un

---

(1) Il va sans dire que, le long du front intérieur comme en arrière des fortins 1, 2 et 3, l'État devrait réserver une bande de terrain de 200 à 300 mètres de largeur, sur laquelle il serait défendu de bâtir.

autre tracé et placé les caponnières de telle sorte qu'il soit impossible de les contre-battre à grande distance.

Dans ce tracé modifié, le front de tête forme un angle beaucoup plus saillant que dans celui des fortins du sud. Cette dérogation au principe que nous avons constamment appliqué se justifie par la nécessité de battre d'écharpe le terrain et les routes au nord du front 4-5 et de flanquer la gauche de la lunette 8, dont il sera question plus loin.

Nous ferons connaître dans le chapitre XV le tracé détaillé et les propriétés des types adoptés pour les fortins 4 et 5 et pour les fortins 1, 2 et 3.

IV

INONDATIONS ET TRAVAUX ACCESSOIRES.

L'inondation de la Dyle est tendue jusqu'à la cote 6.50, au moyen d'une écluse établie dans le front 1-5, sous la protection rapprochée du fortin 3. Cette inondation est limitée au nord par le chemin de fer d'Anvers, dont le niveau s'élève à plusieurs mètres au-dessus du terrain naturel, et par une digue dont les extrémités s'appuient aux redoutes 10 et 11. Au sud, elle ne s'étend pas au delà du chemin de fer de Louvain, sauf dans la vallée du Baerebeek, avec laquelle elle communique par les aqueducs M et N.

Si ces aqueducs étaient fermés par des vannes, l'inondation de la vallée du Baerebeek serait produite par les eaux mêmes de ce ruisseau; elle pourrait alors atteindre une cote plus élevée, mais qui ne dépasserait cependant pas la cote 7.00 ou 7.20, au delà de laquelle les eaux du bassin du Baerebeek se jetteraient, par la langue de terre Z, dans le bassin de la Senne, dont la cote d'inondation est 7.

On remplit ce dernier bassin au moyen d'un barrage à déversoir, construit au point T, où la Senne traverse le chemin de fer de Termonde.

Il suffirait donc que l'ennemi détruisît ce barrage ou qu'il fît une coupure dans le chemin de fer, en arrière de Hombeek, pour saigner non-seulement l'inondation de la Senne, mais encore celle de la Dyle qui, par la vallée du Baerebeek, pourrait être déversée dans celle de la Senne, au moyen d'un canal de 200 mètres de longueur, à construire en S.

Pour ce motif, il est de la plus haute importance que le village de Hombeek soit occupé et protégé extérieurement par quelques lunettes.

Ces lunettes sont nécessaires encore pour favoriser le débouché et la retraite d'un corps de troupes par le chemin de fer de Termonde ou par la route d'Alost.

On construira également une petite tête de pont en avant de Pasbrug, pour empêcher l'ennemi de se jeter dans ce faubourg, qui est en partie au-dessus de l'inondation et pour faciliter la sortie et la rentrée des troupes par la route de Heyst-op-den-Berg.

L'inondation de la Dyle pourrait être saignée partiellement, soit par une coupure faite dans le chemin de fer d'Anvers, entre la place et la redoute 11, soit par la rupture de la digue qui réunit les redoutes 10 et 11. En effet, l'inspection des courbes de niveau prouve que les eaux dépassant la cote 5 s'écouleraient dans le bassin de la Nèthe, dont l'inondation n'atteint que la cote 4.

Mais aucune de ces deux opérations ne sera possible aussi longtemps que nous occuperons les redoutes 10 et 11, et que le voisinage de nos forces concentrées sur la rive droite de la Nèthe empêchera l'ennemi de tourner ces redoutes.

Pour que l'armée en retraite ne soit pas acculée aux passages de la Nèthe, on retranchera le village de Waelhem et le château de Rosendael et l'on construira, au débouché du pont permanent du chemin de fer, l'ouvrage n° 12; en même temps, on établira sur l'autre rive les redoutes 13, 14 et 15, pour battre les ponts et appuyer l'arrière-garde chargée de défendre ces ponts.

V

L'ensemble des travaux que nous venons de décrire constitue une forteresse d'un caractère particulier. Pour apprécier l'importance stratégique et la valeur intrinsèque de cette forteresse, il faut se rendre compte de la situation dans laquelle se trouvera l'armée belge au moment de l'attaque. Dès que l'ennemi sera signalé, cette armée se concentrera en avant du camp retranché d'Anvers, dans une position centrale par rapport à Lierre et à Malines (par exemple, le plateau de Contich). En même temps sa division d'avant-garde se portera au delà des ponts de la Nèthe, dans le triangle formé par cette rivière, la route d'Anvers et le chemin de fer. La place ne sera occupée que par les artilleurs, les servants et les postes d'infanterie nécessaires à la garde des ouvrages.

Si l'ennemi se dispose à attaquer la partie sud de la position, l'avant-garde établira une partie de ses troupes en arrière des forts 1, 2 et 3 et tiendra les autres massées dans la ville.

Cette disposition des troupes correspond à une défensive absolue.

Dans le cas où le commandant chef de l'armée belge se déciderait à livrer bataille, la division tout entière traverserait l'enceinte et s'établirait en arrière du Baerebeek, sur le chemin de fer de Bruxelles et dans le village de Hofstraete. Là elle serait en mesure d'arrêter l'ennemi jusqu'à l'arrivée du gros de l'armée.

Si l'ennemi, au lieu d'attaquer la position de front, essayait de la tourner ou faisait mine de se porter vers les ponts du chemin de fer et de Duffel (1), la division d'avant-garde se jetterait sur son flanc gauche ou sur ses derrières, en débouchant soit par l'intervalle qui existe entre la redoute 11 et la Nèthe, soit par la tête de pont de Pasbrug et la route de Heyst-op-den-Berg.

Toutes ces combinaisons et d'autres que les circonstances feraient surgir, pourraient être exécutées sans compromettre la retraite de l'armée ni, par conséquent, la défense d'Anvers. Il n'en faut pas davantage pour justifier le choix de Malines comme pivot temporaire de manœuvre et pour faire ressortir les propriétés du système de fortification que nous proposons d'appliquer à cette place.

---

(1) Ce dernier passage sera défendu par une tête de pont construite au moment de la guerre.

CHAPITRE VI.

Tracé polygonal appliqué à des fronts de 360 mètres de côté.

SOMMAIRE :

Premier type de front polygonal : Tracé. — Organisation intérieure de la caponnière. — Id. du ravelin. — Id. du chemin couvert. — Discussion de ce front. — Conditions auxquelles doivent satisfaire les réduits de places d'armes rentrantes et saillantes. — Traverses. — Profil du chemin couvert. — Rampes pour favoriser les grandes sorties. — Palissades. — Barbettes. — Emploi des mitrailleuses dans la défense du chemin couvert. — Moyens proposés pour rendre plus difficiles les cheminements sur le glacis. — Propositions tendant à augmenter la valeur défensive du front. — Manœuvres d'eau. — Inconvénients que présentent les réduits de places d'armes saillantes, employés pour réduire l'emplacement de la contre-batterie. — Formes et profils divers que l'on peut donner à ces réduits. — Pour soustraire complétement les batteries basses flanquant le ravelin aux feux du couronnement, on emploiera des *couvre-batteries*. — Tracé et propriétés de ces masses couvrantes. — Avantages résultant de l'augmentation de la saillie des ravelins. — Coupoles à établir sur les saillants de ces dehors. — Tracé et propriétés des couvre-faces. — La caponnière ne peut être prise que par la mine. — Nécessité de restreindre dans certaines limites la largeur du fossé aux saillants du corps de place. — Cette largeur doit être approximativement égale à la longueur de la batterie casematée qui flanque le fossé. — On peut réduire à volonté l'emplacement des contre-batteries de la caponnière au moyen de *couvre-batteries*, ou bien en rétrécissant le fossé au saillant et en construisant d'épaisses traverses dans les places d'armes rentrantes et dans le chemin couvert à l'arrondissement de la contrescarpe. — Les couvre-batteries triangulaires sont les meilleures. — Description des communications du front : Elles l'emportent à tous les points de vue, sur celles des meilleurs fronts bastionnés a fossés d'eau. — *Deuxième type de front polygonal :* Tracé, description et examen des propriétés de ce type. — *Troisième type de front polygonal :* Tracé, description et examen de ce type. — Comparaison entre les trois types décrits plus haut. — Infériorité des fronts bastionnés. — Conclusion.

Quelques ingénieurs ont prétendu que le système polygonal d'Anvers et les tracés proposés dans nos *Études sur la défense des États* ne conviennent qu'aux très-grandes places dont les côtés extérieurs peuvent avoir de 900 à 1,100 mètres de longueur.

Il nous sera facile de prouver que cette appréciation est inexacte.

Le tracé d'Anvers possède encore toutes ses propriétés lorsqu'on l'applique à des fronts de 300 à 400 mètres.

Dans les cas exceptionnels où le tracé d'une place exige des fronts d'une longueur moindre, il y a lieu d'appliquer à ces fronts l'un des tracés que nous indiquerons dans les chapitres X, XI et XII, traitant de la construction des forts détachés.

1er TYPE DE FRONT POLYGONAL DE 360 MÈTRES DE CÔTÉ.

(Fig. 1, pl. IX.)

Le côté AB a la même longueur que le côté extérieur du *front moderne* de l'école française (360 mètres).

Il correspond à la ligne de feu du front.

Sur le milieu O, on élève une perpendiculaire OF, égale à 180 mètres (ou 1/2 AB).

Du point F on tire une ligne FN, faisant un angle de 30 degrés avec la capitale du front. Cette ligne forme l'arête extérieure de la berme du ravelin.

L'arête extérieure LL' de la berme du corps de place est tracée parallèlement au côté extérieur, à une distance de celui-ci indiquée par le profil, dont les principales données sont les suivantes :

Cote du terrain naturel	10	
Cote de la nappe d'eau	8	
Cote de la berme	9	
Largeur de la berme	5	mètres.
Talus extérieur, incliné, suivant la nature des terres, depuis 2 de base pour 1 de hauteur jusqu'à 5 de base pour 4 de hauteur.		
Épaisseur de la plongée	8	mètres.
Cote de la ligne de feu du corps de place	20	
Largeur du terre-plein	16	mètres.

On fera bien de diviser le talus extérieur en deux ou trois parties, au moyen de bermes de 2 mètres de largeur. Ces bermes, en effet, permettront de réparer facilement et promptement les dégâts produits par les projectiles qui éclatent dans le talus extérieur. Sur la berme la plus haute on peut planter des arbrisseaux pour dérober aux vues de l'ennemi l'emplacement des bouches à feu tirant à barbette.

Lorsque la ligne LL' sera déterminée, on tracera les lignes RS et XK parallèlement à FN, l'une à 34 mètres de celle-ci, et l'autre à 50 mètres.

L'intersection de la ligne RS avec le côté extérieur AB marque l'extrémité de la *face gauche* du corps de place, et l'intersection de XK avec la capitale marque le saillant de la caponnière.

Les dimensions horizontales de ce dernier ouvrage sont déterminées par le profil QR et par les données suivantes :

L'axe du pied-droit de la première cave à canon se trouve dans l'alignement du pied du talus extérieur, afin que la première pièce batte bien la berme. (Voir fig. 2.)

Les caves à canon ont $4^m,30$ de largeur, et les pieds-droits $1^m,20$ d'épaisseur.

Ces dimensions permettent d'établir sept casemates sous chaque flanc de caponnière.

En ne débouchant qu'une embrasure sur deux et en réservant les caves intermédiaires pour le logement des canonniers et des servants, on aura sur chaque flanc de caponnière 4 bouches à feu casematées. La dernière (voir fig. 2) n'a point de masque en terre; mais, en revanche, elle est, mieux que toutes les autres, soustraite aux coups des batteries éloignées et à ceux des batteries du couronnement.

Sur la plate-forme de la caponnière se trouvent 6 bouches à feu, séparées par d'épais merlons.

Le fossé du corps de place sera donc flanqué de chaque côté de la caponnière par 4 bouches à feu casematées et par 3 bouches à feu à ciel ouvert. Si l'on débouchait toutes les embrasures et si l'on réduisait l'épaisseur des merlons de la plate-forme, chaque face de caponnière pourrait riposter à la contre-batterie par 12 bouches à feu, dont 7 casematées.

La caponnière est pourvue de deux *ailes*, dont la ligne de

feu a le même commandement que celle de la plate-forme. Pour le tracé de ces ailes, on se conformera aux indications suivantes :

1° Le pied du talus extérieur se trouvera sur l'alignement du talus extérieur du corps de place (voir fig. 1);

2° L'inclinaison du talus extérieur dépendra de la nature des terres;

3° L'épaisseur du parapet sera de 6 mètres;

4° La largeur du terre-plein sera de 9 mètres;

5° La largeur des escaliers conduisant à ce terre-plein sera de $1^m,20$;

6° La longueur des ailes sera limitée par le prolongement XK du revêtement de la tête de la caponnière.

On déterminera le bord de la contrescarpe du fossé capital, en traçant du point L, comme centre, une circonférence de 45 mètres de rayon et en menant du point K, *épaule de la caponnière*, une tangente MK à cette circonférence.

Pour déterminer le bord de la contrescarpe du fossé du ravelin, on tracera autour du point N (intersection de MK et de FN) une circonférence de 30 mètres de rayon, et autour du point F une circonférence de 45 mètres de rayon. La tangente à ces deux circonférences sera la ligne demandée.

Les batteries basses de ravelin se tracent comme suit : Sur NF on porte une longueur NP égale à 35 mètres. Du point P on tire une parallèle à MK, que l'on arrête au point P', où elle coupe le prolongement du bord de la contrescarpe du ravelin. On fait P'Q égal à 14 mètres et QQ' (tracé perpendiculairement à cette ligne) égal à 16 mètres.

Du point Q' on abaisse une perpendiculaire sur MK et à 10 mètres de cette perpendiculaire, on trace la parallèle N'M'. Ces deux lignes déterminent la largeur de la *coupure* en arrière de la batterie basse. La ligne N'O', tracée parallèlement à MK et à 7 mètres de cette ligne, marque le pied du talus du ravelin à l'extrémité de chaque *branche*. Du point N' on tire une parallèle à QQ', que l'on raccorde par des arcs de cercle avec deux lignes tracées à 10 mètres de QP' et P'P. Ces diverses lignes complètent le tracé des batteries basses du ravelin.

On consultera pour les détails la figure 1, et le profil *gh* de la figure 2.

Le parapet du ravelin a 6 mètres de commandement au saillant de l'ouvrage et 5^m,50 à la gorge. Le tracé de ses branches ne suit que partiellement la direction de la berme. Au saillant se trouve une *batterie de revers*, pouvant être blindée ou casematée. Elle porte au minimum cinq pièces et au maximum sept. Une pièce tire en capitale du front et les autres prennent des revers sur le couronnement du chemin couvert des ravelins collatéraux. A droite et à gauche de la *batterie de revers*, le parapet des *branches* forme un pan coupé dont les faces, inclinées de 100 à 110 degrés sur la capitale, portent chacune deux pièces. La destination de ces faces est de battre le terrain en capitale du front et le chemin couvert à l'arrondissement de la contrescarpe. Une forte traverse casematée met à l'abri du ricochet la partie des branches qui suit le tracé de la berme.

La *gorge* du ravelin est revêtue. Près de la capitale, son revêtement est composé de voûtes en décharge, pourvues d'amorces de galeries de mines. Le mur de masque de l'une de ces voûtes a une porte s'ouvrant sur le fossé et à laquelle on arrive au moyen de chaloupes ou de radeaux; c'est par là que l'on introduit les mineurs, les matériaux les poudres, etc., et que l'on évacue les terres provenant des fouilles.

Pour achever le tracé du corps de place, on élève en E une perpendiculaire sur AB. A 18 mètres de cette perpendiculaire, on trace une ligne parallèle TT', qui s'arrête, d'une part, au prolongement de l'escarpe XK, de la tête de la caponnière et, d'autre part, au prolongement du mur de soutenement T'G des ailes de la caponnière.

A la gorge de la caponnière règne un terre-plein bas que l'on délimite en traçant une parallèle à GT' (à 9 mètres en arrière de cette ligne) et deux parallèles à TT' (à 7 mètres en dehors des points T' et G).

Ce *terre-plein bas* est séparé du corps de place par un fossé ayant 8 mètres de largeur, parallèlement à la capitale, et 7 mètres, perpendiculairement.

La courtine du corps de place a un commandement de $4^m,50$ sur la caponnière et de 5 mètres sur le ravelin. Elle est précédée d'une berme de 2 mètres de largeur. Son talus extérieur a l'inclinaison naturelle des terres; il est divisé en deux par une berme haute (voir le profil CD). L'épaisseur de son parapet est de 7 mètres.

Les extrémités de la courtine servent à flanquer le fossé de la caponnière et à battre l'arrondissement de la contrescarpe à la gorge du ravelin. A cet effet, elles sont pourvues d'une batterie basse, casematée de 4 pièces, et d'une batterie haute, à ciel ouvert, de 3 pièces. (Voir fig. 4.)

Les figures 2 et 4 font connaître le plan, et le profil CD, les dimensions verticales des *batteries basses de la courtine*.

La ligne RS prolongée doit correspondre à l'axe du pied-droit de la dernière cave à canons de ces batteries. (Fig. 1 et 2.) A côté de cette cave (voir fig. 2 et 4) se trouve une poterne conduisant à la *place de rassemblement*, en arrière de l'*orillon* (extrémité de la face).

La ligne DC (fig. 1), tracée parallèlement à la capitale, forme le *flanc gauche de la courtine*. Sous ce flanc se trouvent trois caves à canon dont le sol s'élève à $2^m,50$ au-dessus de celui des *batteries basses de la courtine*. Si l'on donne aux caves $4^m,30$ de largeur, et aux pieds-droits $1^m,20$ d'épaisseur, CD aura une longueur de $17^m,70$.

Les *flancs de la courtine* servent à battre le terre-plein haut des ailes de la caponnière, le terre-plein bas en arrière de la caponnière, le fossé de la courtine et la berme qui règne le long de ce fossé.

Les parapets des flancs hauts de la courtine ne pouvant être contre-battus, on ne leur a donné que 4 mètres d'épaisseur.

Le chemin couvert du ravelin se compose d'une série de crochets dont les rentrants sont à 8 mètres et les saillants à 15 mètres de la crête de la contrescarpe.

Les branches 3-4, 5-6, 7-8, 9-10 et 11-12 sont parallèles à la contrescarpe MK du corps de place; la branche 10-11 est alignée sur le point Z, à 30 mètres du saillant A; les branches 4-5, 6-7 et 8-9 sont d'égale longueur et parallèles l'une à l'autre; la branche 2-3 est parallèle au bord de la contrescarpe du ravelin, et la branche 1-2 fait un angle de 100 degrés avec la capitale.

Au saillant du chemin couvert se trouve un blockhaus en charpente ou en maçonnerie, avec blindage en rails; sa partie antérieure est protégée contre les feux directs par un masque en terre. Sa partie postérieure communique avec le fossé au moyen d'une porte par laquelle les défenseurs peuvent gagner une barque *y*, amarrée à la palissade qui sert de *tambour* au réduit.

Les places d'armes rentrantes sont également pourvues d'un blockhaus en maçonnerie, avec blindage en rails. (Fig. 1.)

On peut, toutefois, supprimer ces réduits, quand les batteries basses du ravelin sont casematées, parce qu'alors ces batteries en tiennent lieu. (Fig. 2.)

Les traverses du chemin couvert sont tracées et espacées de manière que toutes les parties du terre-plein, y compris les passages entre les traverses et le glacis, soient soumises aux feux du ravelin et du corps de place.

DISCUSSION DU TRACÉ.

L'examen du front que nous venons de décrire mettra en évidence les propriétés de ce front et sa supériorité sur les fronts bastionnés les mieux conçus.

A. En donnant à la courtine du corps de place un commandement de 5 mètres sur le ravelin, on fait disparaître le grand défaut que présentent tous les tracés bastionnés proposés jusqu'à ce jour, à savoir : l'impossibilité de battre le terrain des attaques par-dessus la demi-lune.

La figure 1 montre, en effet, qu'une pièce établie en barbette, au milieu de la courtine, atteindra le terrain naturel à 25 mètres du pied du glacis. Ce résultat important ne peut être obtenu dans le tracé bastionné, à cause de la relation étroite et *nécessaire* qui existe entre les dimensions horizontales du front et le commandement absolu ou réciproque de ses diverses parties.

B. Le corps de place du front polygonal représenté par la figure 1 offre, sous le rapport du tracé, le maximum de garanties contre le ricochet, puisque ses faces se confondent avec le côté extérieur, tandis que celles des bastions forment avec ce côté un angle de 18 degrés et demi.

Pour neutraliser l'effet du tir d'enfilade, il suffit, dans la plupart des cas, d'établir, sur chaque face du front polygonal, deux traverses ayant un commandement de 1^m,50 sur la plongée. Une de ces traverses, pour le moins, doit être casematée. Il est indispensable, en effet, qu'il y ait, à proximité des batteries, quelques locaux voûtés ou blindés pour abriter les servants et les pièces mobiles de l'armement, pendant les heures où le tir doit être suspendu ou ralenti.

Dans le même but, on établit des traverses casematées sur la courtine.

Les partisans de la fortification bastionnée feront, sans doute, observer que cette ligne étant parallèle au côté extérieur dans les fronts polygonaux, il suffira, pour ricocher son terre-plein, de connaître la distance qui sépare sa ligne de feu de celle des faces (1).

---

(1) La même objection s'applique aux courtines du tracé bastionné, lesquelles sont parallèles à la ligne qui joint les saillants des bastions. Aussi Vauban admettait-il la

L'objection est fondée, mais elle n'a pas d'importance.

Pour que le tir à ricochet soit redoutable, il faut que l'on puisse juger de l'effet des coups et rectifier le pointage, circonstance qui ne se présente pas lorsqu'on ricoche une ligne de feu dont le prolongement échappe à la vue (1). Du reste, pour mettre la courtine d'une manière plus complète à l'abri du ricochet, nous conseillerons de briser sa ligne de feu en faisant rentrer les extrémités. (Voir le demi-front de droite de la fig. 5.)

Les flancs de la courtine n'ont besoin ni de traverses ni de parados, par la raison qu'ils n'entrent en action qu'après la chute de la caponnière. Ils ne doivent, par conséquent, être armés qu'à une époque du siége où l'ennemi cesse de tirer de ses batteries éloignées, pour épargner ses travailleurs et ses logements.

C. La caponnière a des batteries basses casematées, flanquant le fossé et battant le chemin couvert aux saillants du corps de place; elle a des batteries hautes à ciel ouvert ayant la même destination et servant, en outre, à diriger des feux de revers sur le couronnement du glacis des ravelins collatéraux.

Dans la fortification bastionnée, les flancs hauts ne peuvent prendre des revers sur le couronnement des demi-lunes collatérales, que dans le cas exceptionnel où les

---

possibilité du ricochet, dans les polygones d'un petit nombre de côtés, puisqu'il établissait sur les courtines deux et même trois hautes traverses. (Voir sa *Défense des places.*) Sur les faces des bastions, il en plaçait deux.

(1) C'est pour la même raison que les partisans de la fortification bastionnée considèrent la courtine comme n'étant pas ricochable ou ne l'étant que difficilement.

fronts d'attaque appartiennent à un polygone d'au moins 18 côtés.

Le profil QR de la caponnière montre que, dans la construction des batteries basses, on a cherché à diminuer autant que possible la partie vulnérable du mur de masque, et à prévenir les effets des projectiles qui pénètrent dans les casemates par les embrasures. Pour atteindre le premier but, on a donné le maximum de hauteur à la genouillère, et, pour atteindre le second, on a établi un masque en terre ou en sacs à terre contre les pieds-droits du passage central.

Ce masque servira de parados aux batteries et empêchera que la caponnière ne soit rendue inhabitable par les ricochets des projectiles.

Pour soustraire les servants et les pièces aux éclats des obus qui feront explosion dans les terres du masque, on établira entre ce masque et le passage un écran en madriers recouvert d'une plaque de tôle. (Voir le côté gauche du profil QR.)

Cet écran sera percé par les projectiles, mais il arrêtera les éclats qui se reproduiront derrière.

Lorsqu'on voudra augmenter la puissance de la caponnière, on construira, sur sa plate-forme, une batterie casematée à la Haxo. (Voir les fig. 2 et 3 et le profil NO.)

D. Le ravelin offre peu de prise au tir d'enfilade, et son artillerie bat efficacement le terrain en capitale du front et au saillant du chemin couvert des ravelins collatéraux.

Pour augmenter la puissance de ces feux de revers collatéraux, on construira au saillant du ravelin une batterie casematée analogue à celle de la fig. 2. Il sera nécessaire de cuirasser la pièce qui porte des feux dans la direction de la capitale, cette pièce devant entrer en action dès le début du siége et pouvant être contre-battue de loin.

Si le front a une grande importance, on établira au saillant du ravelin une coupole tournante, pour battre les travaux d'attaque directement, d'enfilade et de revers dans un champ de tir d'environ 260 degrés.

Cette coupole remplacera avantageusement la pièce cuirassée du saillant et la batterie de revers casematée. A ce point de vue, l'excédant de dépense qu'elle exigera ne sera pas très-considérable.

E. Les batteries basses du ravelin doivent avoir assez de hauteur pour que l'ennemi ne puisse pas contre-battre la caponnière, de ses logements sur le glacis de la place d'armes rentrante. D'un autre côté, il ne faut pas qu'elles soient assez élevées pour intercepter les feux du corps de place sur le passage du fossé. (Voir fig. 1.)

Les crochets du chemin couvert du ravelin permettent de soustraire les hommes de garde à l'action des batteries d'enfilade, de diriger des feux à bout portant sur les têtes de sape du couronnement et de faire à propos de petites sorties sur le glacis.

L'utilité de ces crochets a été constatée à Wittemberg, pendant le siége de 1813 (1).

---

(1) Noizet : Mémoire en réponse à l'ouvrage du général Prévost de Vernois, p. 130.

F. Pour assurer la garde du chemin couvert, quand l'ennemi est proche du glacis, et pour faciliter les sorties qui, à cette époque du siége, acquièrent une grande importance, il convient d'établir des réduits dans les places d'armes saillantes. On en construit également dans les places d'armes rentrantes, excepté lorsque les batteries basses du ravelin sont casematées, auquel cas ces batteries en tiennent lieu.

C'est dans les réduits des places d'armes et dans les batteries basses que les défenseurs du chemin couvert se retirent en cas d'attaque brusque, pour laisser agir le canon de l'enceinte et des ravelins.

Les réduits de places d'armes doivent être à l'abri des attaques de vive force et protégés contre les feux directs par le glacis ou par des masques en terre. Ceux du front fig. 1 remplissent ces conditions. Ils se composent de murs épais et de blindages en rails.

Les réduits de places d'armes saillantes doivent avoir une communication sûre avec le fossé, afin que les défenseurs puissent les occuper jusqu'au dernier moment et rentrer ensuite dans la place à l'aide d'une barque (lorsque leur retraite par le chemin couvert est coupée) (1).

G. Le chemin couvert doit-il être traversé?

Les ingénieurs de l'école française sont d'accord sur cette question avec Vauban, qui disait, dans son *Agenda » pour la défense des places* (2) : « Il ne saurait y avoir

---

(1) Il est évident que cette retraite ne pourra se faire avec quelque chance de succès que pendant la nuit.

(2) Publié pour la première fois en 1829, par le général Valazé.

» trop de traverses dans un chemin couvert, parce que,
» outre les coups d'enfilade dont elles vous garantissent,
» il ne faut jamais abandonner que pied à pied et toujours
» revenir tant qu'on sera à portée de le pouvoir faire. »

Voyons si cette opinion est encore admissible aujourd'hui.

Les traverses dans le chemin couvert du ravelin ont l'inconvénient d'intercepter une partie des feux du corps de place et des batteries basses du ravelin; de servir d'épaulements à certains établissements de l'ennemi; de faciliter la descente dans le chemin couvert et les premiers travaux du passage du fossé; de rendre difficile, quelquefois même impossible, la circulation de l'artillerie dans le chemin couvert et de protéger en flanc les batteries de brèche que l'ennemi doit établir sur le bord de la contrescarpe :

1° Lorsque la demi-lune est revêtue et qu'on ne peut pas y faire brèche de la crête du glacis;

2° Lorsque les ouvrages collatéraux prennent des revers trop prononcés sur cette crête.

Le chemin couvert traversé de Vauban (3° tracé), de Cormontaingne, de Noizet et de Haxo est une véritable sape debout, qui permet d'arriver sans difficulté aux places d'armes rentrantes, quand la demi-lune est évacuée ou réduite au silence. Cette sape, en effet, est couverte en flanc contre les feux des demi-lunes collatérales, d'un côté par le glacis, de l'autre par les branches de la demi-lune, occupée ou rendue inoffensive par l'assiégeant.

Nous ferons remarquer que ce grave inconvénient des traverses n'existe pas dans le tracé polygonal des figures 1 et 2 :

1° Parce que les portions de terre-plein comprises entre les traverses sont battues complétement par le ravelin et partiellement par le corps de place (voir fig. 1);

2° Parce que la batterie casematée de revers, les traverses casematées et les faciles communications du ravelin avec le corps de place ne permettent pas à l'assiégeant de longer cet ouvrage avant de l'avoir pris d'assaut et de s'y être retranché.

Quant à l'inconvénient qu'ont les traverses de protéger en flanc les batteries de brèche établies dans le chemin couvert, il disparaît dans le cas des fossés d'eau, les ravelins n'étant pas revêtus ou ne l'étant que jusqu'à la hauteur de la berme.

Les autres inconvénients des traverses disparaissent également lorsqu'on les trace de façon qu'elles n'interceptent pas les feux du ravelin ni ceux du corps de place, et lorsqu'on réduit leur épaisseur de telle sorte que les canons de gros calibre de l'enceinte puissent les raser ou les bouleverser facilement. Mais alors on doit supprimer les banquettes qu'il est d'usage de donner aux traverses du chemin couvert, pour favoriser la défense pied à pied de ce dehors. Les fusiliers, en effet, ne pourraient pas occuper des parapets dont les prolongements seraient interceptés par la dernière parallèle (1). Faut-il le regretter? Nous ne le croyons pas. Le feu des traverses n'est guère

---

(1) Afin de mieux protéger les défenseurs des traverses, l'école française tient les crêtes de ces masses couvrantes à 15 ou 20 centimètres sous le niveau des crêtes du chemin couvert qui se trouvent dans leur prolongement ; mais ce n'est qu'un palliatif suffisant tout au plus pour mettre les fusiliers d'*une partie* de la traverse à l'abri des feux de la dernière parallèle.

redoutable pour les travaux d'approche, et il a le grave inconvénient d'entraver l'action de l'artillerie, bien autrement efficace pour combattre les attaques pied à pied (1). Nous ne parlons pas des attaques de vive force, parce qu'il est admis que le seul moyen de repousser ces attaques est d'abandonner le chemin couvert au plus vite pour laisser le champ libre au canon du ravelin, des réduits de places d'armes et du corps de place.

Lorsque l'artillerie a produit son effet, les troupes retirées momentanément dans les réduits de places d'armes, dans les batteries basses des ravelins et dans les locaux de la gorge de ce dernier ouvrage, font une grande sortie contre les assaillants.

Pour combattre l'attaque pied à pied, il est indispensable de diriger fréquemment de petites sorties contre les têtes de sape. Ces sorties ne produiraient pas d'effet si les troupes avaient un grand trajet à faire, parce que l'ennemi les apercevrait alors à temps pour prendre ses mesures et les arrêter en chemin. Il faut donc qu'elles débouchent du chemin couvert même. Lorsque les fronts ont 360 mètres de côté extérieur, les branches du chemin couvert ne sont pas tellement longues qu'on ne puisse réunir les troupes dans un blockhaus de la place d'armes rentrante (fig. 1). Mais, dans les grands fronts de 600 à 1,000 mètres, il est indispensable de construire, à l'extrémité des branches du chemin couvert du ravelin (près de la place d'armes ren-

---

(1) On objectera que, la nuit, le feu rapproché des tirailleurs produit plus d'effet que le feu éloigné de l'artillerie. Cela pouvait être vrai du temps de Vauban ; mais depuis lors on a trouvé le moyen d'éclairer les travaux d'attaque pendant la nuit et de les désigner aux coups de l'assiégé aussi sûrement qu'en plein jour.

trante), deux ou trois traverses en forme de crochet. Ces traverses, dont la figure 4 offre un spécimen et la planche XI une application étendue, auront un faible commandement sur le glacis et seront pourvues d'une banquette pour fusiliers. Leur gorge et le pied de leur talus extérieur seront palissadés. A l'intérieur se trouvera un petit blockhaus, destiné à servir d'abri au poste chargé de leur défense. Ainsi constituées, les traverses du chemin couvert seront de véritables réduits, d'autant plus utiles qu'elles n'entraveront pas le jeu de l'artillerie du corps de place ni de celle du ravelin. Il suffira, en effet, d'avertir par un signal les défenseurs de ces traverses pour qu'ils se retirent dans les blockhaus, dont les murs auront assez d'épaisseur pour les mettre à l'abri des éclats de projectiles, des shrapnels et de la mitraille.

Les passages entre les traverses et le glacis doivent avoir assez de largeur pour ne pas entraver la circulation des troupes et des pièces. Il est impossible de remplir cette condition sans produire des trouées par lesquelles l'ennemi, logé sur la crête du glacis, peut atteindre les batteries basses du ravelin. Cet inconvénient, toutefois, n'a de gravité que dans deux cas :

1° Lorsque l'emplacement des contre-batteries au saillant du chemin couvert a été supprimé ou réduit considérablement, par l'un des moyens qui seront indiqués plus loin ;

Et 2° lorsque les petites branches des crochets sont assez longues pour que l'assiégeant puisse établir une ou plusieurs pièces derrière ces branches. (Voir le front fig. 2.)

Il suffit donc, pour rendre inoffensives les trouées entre

les traverses et le glacis, que les petites branches des crochets aient de 5 à 7 mètres de longueur, comme dans le front figure 1.

Lorsqu'on jugera utile d'augmenter cette longueur pour avoir plus de feux dans la direction de la capitale, on établira le passage le long de la contrescarpe et on disposera les traverses comme l'indique la figure 3 (demi-front de droite).

Dans ce cas spécial, les traverses intercepteront les feux des contre-batteries ; on devra donc les déblayer en partie, à la mine ou à la pelle, avant de masquer ces batteries.

Il est vrai que si elles n'étaient utiles qu'à ce point de vue, on pourrait les supprimer sans inconvénient, en réduisant la longueur des petites branches des crochets à 5 ou à 7 mètres, dimension suffisante dans la plupart des cas. Mais elles servent, en outre, à rendre moins dangereuse la circulation dans le chemin couvert, lorsque ce dehors est ricoché, et à faciliter ainsi le débouché des petites sorties contre les têtes de sape rapprochées, les premiers travaux de couronnement et les descentes dans le chemin couvert. Dans les places à fossés secs, elles sont nécessaires pour couvrir le débouché des rampes. Enfin, lorsqu'elles sont revêtues, on peut y ménager de petits logements x (voir les demi-fronts de droite des figures 2 et 3), destinés à servir d'abris aux tireurs qui occupent les crochets.

Toutes les fois que la largeur du chemin couvert le permettra, on créera en arrière des traverses un couloir pour favoriser la retraite en cas d'attaque de vive force, sinon les défenseurs seraient obligés de défiler par des passages longeant la crête sur laquelle l'ennemi se présente.

Il nous reste à déterminer le profil du chemin couvert.

« L'expérience du siége de Sébastopol nous a démontré, dit le général Tripier, qu'avec notre fusil que l'on tire d'écharpe en bombe, la banquette n'est plus possible. Dans les tranchées, les hommes étaient obligés de faire une niche dans l'épaisseur du parapet, de bien se couvrir et de ne tirer que par un petit créneau en planches, noyé dans les terres. »

S'appuyant sur ce fait, il propose de supprimer la banquette du chemin couvert, de prolonger le talus intérieur et d'établir une palissade à 1 mètre du pied de ce talus.

Des gradins de franchissement sur le talus serviraient à faciliter les sorties.

On obtiendrait ainsi un obstacle plus sérieux et mieux abrité surtout que ne l'est la palissade ordinaire établie sur la banquette à 1 1/2 pieds de la crête et dont la pointe ne dépasse cette crête que de 9 pouces (1).

La critique du général Tripier n'est pas applicable aux chemins couverts, qui sont à l'abri des feux d'écharpe et des feux d'enfilade. On ne devra donc en tenir compte que pour les autres.

La largeur du chemin couvert doit être réglée de manière que les parties ricochées aient l'espace nécessaire à la circulation des pièces (8 à 10 mètres), et les parties non ricochées, l'espace nécessaire au rassemblement des troupes de sortie.

---

(1) Prescription de Vauban : *Défense des places*, p. 196.

Pour favoriser les retours offensifs, on établira dans le chemin quelques rampes (inclinées du quart au sixième) par lesquelles la cavalerie et les pièces attelées puissent se porter en avant.

Une partie des longues branches de chaque crochet sera disposée de manière à permettre aux défenseurs de monter facilement sur le glacis. Dans ces conditions, le chemin couvert rendra à la défense les mêmes services que rend la dernière parallèle à l'assiégeant.

Nous n'avons rien à ajouter aux considérations que nous avons fait valoir t. II, p. 298 et 299 de nos *Études*, pour condamner le palissadement du chemin couvert. Ce moyen accessoire de défense n'est admissible que dans le cas où la nappe d'eau se trouve à un niveau tel, que l'on puisse donner au chemin couvert deux terre-pleins ou *terrasses*, dont l'un très-rapproché de la surface de l'eau. Alors le terre-plein inférieur sera séparé de l'autre par un talus à 45 degrés, au pied duquel on établira une forte palissade bien abritée contre les coups directs de l'assiégeant. Grâce à cet obstacle, les communications de la place avec le réduit de la place d'armes saillante seront assurées jusqu'au moment où l'ennemi aura couronné le glacis. (Voir fig. 3, demi-front de gauche.)

Le terre-plein inférieur palissadé sera également fort utile pour favoriser la retraite des défenseurs du chemin couvert, en cas d'attaque brusque.

Le demi-front de droite de la figure 4 représente une autre disposition applicable à un chemin couvert pourvu d'une seule *terrasse* ou terre-plein. Elle consiste en une ligne de palissades plantée au pied du talus de la banquette (1). Employée de cette manière, la palissade a pour objet de rendre plus faciles les communications avec la place d'armes rentrante et plus difficile l'attaque de vive force du chemin couvert; mais, comme elle masque en même temps le feu des ouvrages en arrière et qu'elle entrave les sorties (ce qui n'a pas lieu dans le cas du demi-front de gauche de la fig. 3), on la supprimera, dans la plupart des cas, sauf à donner aux défenseurs du réduit de la place d'armes une barque ou un radeau, pour se retirer par les fossés, à la faveur de l'obscurité.

Les fronts représentés par les fig. 1, 2 et 3 ont des barbettes établies au saillant du chemin couvert du ravelin. On armera ces barbettes de pièces de 4 très-mobiles, ou mieux encore de *mitrailleuses* dont le tir rapide et en quelque sorte à jet continu sera très-redoutable pour les têtes de sape et pour les colonnes de troupes, en cas d'attaque de vive force. Les *mitrailleuses* n'ayant point de recul, pourront être établies sur des barbettes de peu de largeur. Les réduits de places d'armes saillantes serviront d'abri et de refuge à ces pièces, lorsqu'elles seront sur le point de tomber au pouvoir de l'ennemi. La sécurité qu'ils donneront aux servants, permettra de continuer le tir jusqu'à ce que l'assiégeant soit arrivé près de la crête du glacis.

Quand les petites branches des crochets n'ont que 5, 6 ou

---

(1) Une palissade de cette espèce rendit de grands services aux défenseurs de Grave, en 1674, parce qu'elle suppléait à de mauvaises communications.

Le tir à ricochet étant fort à craindre pour les palissades, on emploiera ces obstacles de préférence dans les parties qui ne sont pas exposées à ce tir (exemple : le demi-front de droite de la fig. 4).

7 mètres de longueur, on se contente d'établir une mitrailleuse dans les crochets les plus éloignés de la place (voir le demi-front de gauche de la fig. 3). Mais si le saillant du chemin couvert est occupé par un blockhaus en maçonnerie (voir fig. 1), il sera préférable de créer une seule grande barbette en capitale du front.

Le glacis opposant un masque indestructible à l'artillerie de l'attaque, les batteries à barbette du chemin couvert n'auront à redouter que les coups dirigés contre les servants et les parties visibles du matériel. On diminuera ce danger, en employant les masques de broussailles que nous avons recommandés dans le chapitre XII de nos *Études sur la défense des États*.

Pour rendre les cheminements plus difficiles, on plantera sur les glacis des arbres à racines traçantes. Dans la défense de Grave, en 1674, on obtint le même résultat au moyen de fascines maintenues par de forts piquets. On peut également empierrer les glacis jusqu'à une profondeur de 30 à 40 centimètres.

MOYENS PROPRES A AUGMENTER LA VALEUR DÉFENSIVE DU FRONT REPRÉSENTÉ FIG. 1, PL. IX.

1° La grande largeur du fossé du ravelin favorise l'établissement de la contre-batterie et empêche les manœuvres d'eau, qui sont d'un effet si puissant contre les travaux du passage.

On peut remédier à ces inconvénients (voir fig. 2) en réduisant la largeur du fossé à 25 mètres et en remplaçant les talus d'eau par des murs de revêtement continués jusqu'à la berme.

Par le premier moyen on restreint l'espace que doit occuper la contre-batterie, mais en même temps on diminue la longueur du passage. Cet inconvénient, toutefois, a perdu de son importance depuis que l'artillerie possède des canons qui rendront impossible la construction des ponts flottants préconisés par Vauban et par Cormontaingne.

Déjà du temps de l'artillerie lisse, il suffisait d'une seule pièce intacte pour empêcher l'établissement de ces sortes de passages. Les défenses des places hollandaises en offrent de nombreux exemples. On peut citer également les places françaises de Gravelines et de Hesdin. A Gravelines, en 1644, l'opération du passage n'eut aucun succès, parce que la contre-batterie ne parvint pas à détruire un canon protégé par un épais orillon. Au siége de Hesdin, en 1639, on essaya vainement de construire un pont fait de paquets de jonc. Il fallut d'abord éteindre le feu d'une pièce flanquante, abritée par un orillon en briques. Ce travail prit deux jours. On tenta ensuite de passer le fossé (qui avait 40 à 45 mètres de largeur), au moyen d'un pont de caisses, d'un pont de chevalets, d'un pont de cordages, d'un pont de radeaux en balles de liége, et d'une plate-forme en bois fixée sur des mâts de navire. Tous ces moyens, essayés successivement, échouèrent, et il fallut en revenir au comblement par des fascines mêlées de terre et de pierres. L'assiégeant fut retenu plus d'un mois entre la contrescarpe et la brèche.

Désormais, on sera obligé de recourir au procédé qui a été constamment employé dans l'attaque des places hollandaises, et qui consiste à traverser le fossé sur une épaisse digue en terre ou en fascines bourrées de pierres. Or l'emploi de ce moyen ne sera point facilité par la réduction de largeur du fossé, si en même temps on augmente la profondeur de manière à égaliser les sections d'eau.

Une objection plus sérieuse est celle que l'on peut tirer de l'accroissement de dépense résultant de la construction du revêtement du fossé; mais comme ce revêtement est indispensable pour produire des manœuvres d'eau, la question se réduit à savoir si l'avantage résultant des chasses est assez important pour justifier un surcroît de dépense aussi considérable.

Nous n'hésitons pas à dire que cette question doit être résolue négativement dans la plupart des cas.

En traçant le front à manœuvres d'eau de la fig. 2, nous n'avons eu d'autre but que de prouver combien dans le système polygonal il est facile d'organiser ces manœuvres et de soustraire à l'artillerie ennemie les aqueducs et les batardeaux qu'elles exigent (1).

Le bief supérieur comprend le fossé capital du demi-front de droite, et le brief inférieur, le fossé capital du demi-front de gauche et le fossé du ravelin. La séparation entre les deux biefs est assurée par le batardeau X au saillant de la caponnière, et par le batardeau Y en arrière de l'aile droite de cet ouvrage. L'un et l'autre sont parfaitement à l'abri des feux éloignés et des feux rapprochés de l'attaque.

La coupure, dans le passage à la gorge de la batterie

---

(1) Sous ce rapport, le tracé polygonal est supérieur au tracé bastionné.

basse du ravelin, sur le demi-front de droite, ne communique pas avec le fossé du ravelin.

Les chasses sont données au moyen d'un large aqueduc à vannes, débouchant, d'une part, dans la coupure et, de l'autre, dans le fossé de la branche droite du ravelin. La manœuvre des vannes est abritée sous l'un des locaux de la batterie basse.

Si l'on établissait une coupure et un aqueduc semblables sur le demi-front de gauche, on pourrait tenir les eaux du fossé du ravelin au niveau du bief supérieur et augmenter, par conséquent, la puissance des manœuvres d'eau dans le fossé du bief inférieur.

2° Pour diminuer encore davantage l'espace que doit occuper la contre-batterie, au saillant du chemin couvert du ravelin (voir fig. 2), on construira, en capitale du front, un réduit de place d'armes casematé, dont les fossés seront en communication avec ceux du ravelin et auquel on arrivera par deux ponts mobiles; ces ponts seront retirés à l'intérieur, au moment où les défenseurs voudront interrompre toute communication du réduit avec le chemin couvert.

Une propriété commune à tous les réduits de places d'armes saillantes est d'intercepter le feu des contre-batteries et de soustraire le chemin couvert (ainsi que les fossés du ravelin, quand ils sont secs) aux corps d'enfilade de l'assiégeant, établi sur la crête du chemin couvert. En revanche, ces réduits forment un couvert qui met à l'abri des batteries flanquantes le couronnement du glacis, au saillant du ravelin, défaut qui serait très-grave s'il n'était plus que compensé par la perte de temps et par les sacrifices en hommes que l'ennemi sera obligé de faire pour déblayer à la mine ou à coups de canon la partie des réduits qui masque le feu de ses contre-batteries.

Le demi-front de gauche (fig. 3) a un réduit de forme circulaire, analogue à celui de Chasseloup, mais son escarpe est mieux protégée contre le tir plongeant, ainsi que le montre le profil ST.

Cette forme a l'inconvénient de soustraire le fossé du réduit aux feux du corps de place, inconvénient auquel on ne pourrait remédier qu'en crénelant l'escarpe et en donnant, par conséquent, à cette escarpe une hauteur qui l'exposerait aux coups plongeants des batteries éloignées de l'attaque.

Pour ce motif, nous préférons le réduit en forme de fer de lance que représentent la figure 2 et le demi-front de droite de la figure 3.

On peut soustraire complétement les batteries flanquantes du ravelin aux feux de couronnement, par l'un des deux moyens indiqués fig. 4.

Le premier consiste à élever, au milieu du fossé, une espèce de redan à longues branches, que nous appellerons *couvre-batteries*. Ce redan doit être assez élevé pour que les bouches à feu établies dans le couronnement, depuis le point O jusqu'au point M, ne puissent pas atteindre les batteries flanquantes, et il doit être assez bas pour que l'artillerie du ravelin ne soit pas empêchée de battre la crête du glacis LM et le chemin couvert en deçà de la branche OL.

Il faut, en outre, que le couvre-batteries soit assez épais pour que l'on ne puisse pas disperser à coups de canon les terres qui masquent les feux de la contre-batterie.

Pour abriter une partie de la garde du chemin couvert, ainsi que les servants et les pièces légères de la batterie à barbette OL, on construira une traverse casematée dans le deuxième crochet de chaque branche du chemin couvert. Cette traverse interceptera en même temps le feu de la contre-batterie que l'assiégeant pourrait établir dans le couronnement de la branche PQ.

Le demi-front de droite de la fig. 4 offre un dispositif de couvre-batteries qui diffère du précédent en ce que les branches sont moins longues et plus épaisses. La coupure laissée entre les extrémités G de ces branches et les réduits de places d'armes saillantes Z, est tracée de telle sorte que l'assiégeant, tirant par la trouée, ne puisse pas atteindre les batteries flanquantes. Cette condition sera remplie lorsque le coup de feu T, rasant les deux massifs, touche le talus extérieur de la branche du ravelin en avant de la batterie basse.

La place d'armes saillante Z est séparée du chemin couvert par un fossé revêtu, de 6 mètres de largeur.

Pour empêcher que les pièces du couronnement, établies entre R et S, n'atteignent les batteries basses du ravelin, on construira une traverse avec banquette à l'extrémité de chaque branche du chemin couvert. Cette traverse servira en même temps à couvrir l'entrée du réduit Z.

La grande épaisseur du couvre-batteries GH permet de disposer cet ouvrage de manière à recevoir un poste avancé dont la mission sera de tirer, avec des pièces légères ou mieux encore avec des mitrailleuses, sur les têtes de sape et sur les troupes qui s'avanceront à découvert. Ce poste, entièrement isolé, ne pourra être relevé qu'au moyen de barques ou de radeaux. Un blockhaus en maçonnerie le mettra à l'abri des feux verticaux, pendant les heures où il devra suspendre son tir.

Le corps de place ayant assez de commandement sur le couvre-batteries pour qu'une pièce tirant à barbette au-dessus de sa ligne de feu atteigne le bord de la contrescarpe du fossé, on pourra généralement se dispenser de construire un glacis au delà de cet ouvrage. La situation des contre-batteries n'en sera que plus difficile, tout glacis ayant l'inconvénient de diminuer l'effet des feux plongeants de l'enceinte.

Il est incontestable que la grande largeur du fossé au saillant du ravelin, la difficulté de construire des batteries sur le bord de ce fossé, et l'impossibilité d'ouvrir le feu de ces batteries avant d'avoir rasé une partie du couvre-batteries (1) et des réduits de places d'armes saillantes, ne soient de nature à prolonger de beaucoup la durée de la résistance du ravelin.

3° La saillie du ravelin sur le côté extérieur (fixée à la moitié de la longueur de ce front) peut être augmentée sans inconvénient de 20 à 30 mètres, lorsque le fossé du ravelin est réduit à une largeur de 25 mètres (voir le front fig. 4 et le demi-front de droite de la fig. 3). Cet accroissement de longueur a pour résultat de faire intercepter par les ravelins les prolongements des faces de l'enceinte, aussitôt que le polygone extérieur a plus de huit côtés, circonstance qui, dans le tracé bastionné et avec la saillie des demi-lunes

---

(1) D'après Vauban, le moyen le plus sûr de faire une trouée dans un couvre-face est de combler en partie le fossé et de déblayer ensuite les terres à la pelle et à la pioche.

du front moderne, ne se présente que lorsque ce polygone a plus de dix-huit côtés (1).

L'accroissement de la saillie du ravelin a un autre avantage : celui d'éloigner le saillant de la caponnière et d'augmenter ainsi la puissance des batteries flanquantes. Cet avantage, qui provient de ce qu'il n'y a pas de relation obligée entre la longueur des flancs de la caponnière et celle du côté extérieur, constitue une des propriétés les plus remarquables du tracé polygonal. Il permet, en effet, de régler la puissance du flanquement d'après le degré d'importance de chaque front.

Lorsqu'il s'agira d'un front d'attaque, on donnera non-seulement à la caponnière le maximum de saillie, mais on établira encore sur sa plate-forme un deuxième étage de casemates (voir fig. 2 et 3) et on cuirassera quelques-unes de ses embrasures.

L'accroissement de la saillie du ravelin a également pour résultat d'augmenter la puissance de la batterie de revers du ravelin et de la batterie directe, destinée à porter des feux sur la capitale du front (voir le demi-front de droite de la fig. 3).

4° Rien ne sera plus utile, pour renforcer les ravelins du front d'attaque et des fronts collatéraux, que d'établir une coupole sur le saillant de ces ouvrages. Cette coupole, en effet, grâce à son champ de tir étendu et à ses feux plon-

---

(1) Cette propriété, toutefois, est peu importante quand le corps de place a un grand commandement sur les dehors. Elle se réduit alors à ceci : que l'assiégeant a plus de peine à déterminer le prolongement exact des faces, et que les batteries à ricochet doivent être établies sous le feu direct des ouvrages que rencontre la crête prolongée.

geants, battra tout le terrain des attaques, et fera disparaître l'inconvénient qu'ont les places d'armes saillantes et les couvre-batteries, de soustraire certaines parties du glacis ou du chemin couvert aux feux des dehors et du corps de place.

5° On a prétendu que le tracé polygonal ne se prête pas aussi bien que le tracé bastionné à la construction des couvre-faces.

La figure 3 prouve que cette objection n'est pas fondée.

Le fossé d'eau du couvre-face du ravelin est flanqué par le prolongement de la batterie basse du ravelin, et le fossé sec du corps de place est flanqué par le prolongement de la caponnière en deçà des ailes de cet ouvrage.

Toutefois, pour que le flanquement de ce dernier fossé ne cesse pas au moment où la caponnière sera occupée par l'ennemi, il conviendra d'isoler, par une coupure de 6 à 8 mètres de largeur, les 2 pièces casematées et les 2 pièces hautes à ciel ouvert, qui doivent assurer ce flanquement. Cette coupure sera battue par les flancs de la courtine, dont l'artillerie casematée restera intacte jusqu'au dernier moment du siége.

On peut voir, par les profils LM et IK, que les couvre-faces du front fig. 3 diffèrent des couvre-faces ordinaires, en ce qu'ils n'ont ni terre-plein ni même une simple banquette pour fusiliers.

Dans le cas spécial dont il s'agit, ces couvre-faces ne servent qu'à protéger les escarpes contre les feux plongeants des batteries éloignées et contre les feux directs des batteries rapprochées. C'est ce qui justifie le profil qu'on leur a donné.

Les contre-gardes avec terre-pleins disposés pour l'artillerie ne sont utiles qu'aux places à grand développement. Elles ont été employées avec succès à Anvers, pour augmenter la puissance des fronts d'attaque principaux de l'enceinte.

6° L'examen des fronts polygonaux, représentés planche IX, prouve que la prise de la caponnière, après l'enlèvement du ravelin, présentera d'immenses difficultés, à cause du peu d'espace qu'on a laissé aux contre-batteries, à l'arrondissement du fossé, et à cause surtout du grand nombre de pièces que la défense peut diriger sur cet espace, enveloppé et dominé de toute part.

Si la défense est bien conduite et si l'artillerie tient en réserve les pièces nécessaires à l'armement des parapets d'où l'on découvre le terre-plein du ravelin au saillant de la caponnière, on peut affirmer que l'ennemi ne parviendra pas à construire sa contre-batterie et que, en tout état de cause, son feu sera promptement éteint, en vertu de l'axiome que toujours six pièces feront la loi à une seule.

Il faudra donc que l'assiégeant, dans la plupart des cas, se fraie un passage vers la caponnière, en comblant le fossé de cet ouvrage, ou renversant la contrescarpe, opération que la grande profondeur du fossé, le voisinage du corps de place, les dispositions prises pour favoriser les sorties et le jeu des contre-mines rendront aussi difficile que précaire.

Ce n'est pas tout : Lorsque la caponnière sera prise, il faudra que l'ennemi pénètre dans la place par la courtine, ce qui ne sera pas moins difficile, à cause du rôle que jouera l'artillerie des flancs de courtine, complétement intacte à cette époque du siége. Il est même probable que, pour éviter cette opération, l'assiégeant essaiera de construire un passage au travers du fossé capital, dès que la caponnière sera tombée en son pouvoir.

Lorsque l'assiégeant pourra prendre le prolongement du fossé, le mode d'attaque le plus simple sera de chercher à désorganiser par un tir plongeant l'un des flancs de la caponnière du front d'attaque, et de contre-battre ensuite ce flanc à l'aide d'une batterie élevée sur la crête du glacis, au saillant du chemin couvert du corps de place (batterie dont la construction pourra être entamée aussitôt que l'attaque se sera emparée du ravelin).

Mais il suffira de masquer les embrasures de la batterie casematée de la caponnière et de retirer l'artillerie de la plate-forme derrière les merlons, pour que le feu plongeant des batteries éloignées produise peu d'effet contre les flancs de la caponnière (1). Dans ce cas, le seul moyen de réduire au silence l'artillerie de ces flancs sera de construire, dans le couronnement du chemin couvert, une batterie d'une puissance supérieure. A ce point de vue, la grande largeur donnée au fossé capital du front figure 1 est un avantage pour l'attaque. L'intérêt qu'a la défense à restreindre l'emplacement de la contre-batterie exige, en effet, qu'on donne au fossé des saillants A et B le moins de largeur possible; mais on tombe alors dans l'inconvénient de diminuer les difficultés du passage.

---

(1) Ce feu produira moins d'effet encore lorsque les casemates flanquantes seront précédées de masques d'embrasures analogues à ceux de la fig. 5, pl. VIII.

Quand le fossé a plus de 45 mètres de largeur (nous supposons que l'enceinte ait un commandement de 12 mètres sur la nappe d'eau) et que l'artillerie tire par embrasure sous la dépression maximum de 1/6, l'extrémité du passage peut être battue directement du corps de place. (Voir l'échelle de pente du demi-front de droite de la figure 1.) Mais cette circonstance ne se présente que dans des fronts d'une grande longueur. Lorsque le côté extérieur n'a que 360 mètres, on ne pourrait pas donner plus de 45 mètres de largeur à la partie saillante du fossé, sans augmenter dans des proportions menaçantes l'emplacement de la contre-batterie. En effet, supposons que l'on porte à 60 ou 70 mètres la largeur du fossé au saillant A du demi-front de gauche, figure 1 (voir le trait bordé de hachures) et traçons la crête du chemin couvert de façon qu'elle rencontre le réduit de place d'armes saillante au même point que la branche 12-14 correspondant au fossé de 45 mètres de largeur; l'ennemi pourra, dans ce cas, établir sa contre-batterie d'un bout à l'autre de la branche u,u', dont la longueur dépasse de 56 mètres celle de la branche 12-14. Il est évident que ce que l'on perd de ce côté n'est pas compensé par la plus grande largeur du fossé. Au surplus, en avançant vers la campagne le saillant 12 du glacis, on diminue la sécurité que procure aux défenseurs du chemin couvert du corps de place la position rentrante de ce chemin couvert.

On arriverait à une conclusion toute différente si l'on réduisait la largeur du fossé capital de 45 à 25 mètres (voir le trait pointillé, fig. 1). Alors la longueur de la contre-batterie serait réduite d'une quantité égale à la différence qui existe entre la branche 12-14, correspondant au fossé de 45 mètres, et la branche 15-16 correspondant au fossé de 25 mètres, c'est-à-dire de 9 ou 10 mètres. L'avantage que l'on obtiendrait ainsi ne compenserait pas la diminution de 20 mètres que subirait la largeur du fossé.

La dimension moyenne de 45 mètres semble donc la plus avantageuse. Elle correspond à peu près à la longueur de la batterie basse de la caponnière. De là découle cette règle (que nous donnerons simplement à titre d'approximation) : *la largeur du fossé aux saillants du corps de place doit être égale à la longueur de la batterie casematée qui flanque ce fossé.*

Ayant reconnu, par un plan d'attaque fictive, que l'assiégeant aura le plus grand intérêt à éviter la prise de la caponnière et qu'il atteindra plus facilement son but (dans les petites places surtout) en détruisant les flancs de cet ouvrage, au moyen des batteries du couronnement, nous nous sommes demandé si l'on ne pourrait pas enlever à l'attaque les emplacements où ces batteries doivent être construites. Voici les résultats auxquels nous a conduit l'examen de cette question :

Dans l'hypothèse d'un fossé moyen de 45 mètres de largeur (voir le demi-front de gauche de la figure 3), on peut réduire la longueur de la contre-batterie de HG à HI, c'est-à-dire de moitié environ, en construisant au milieu du fossé un *couvre-batteries* de 12 à 13 mètres d'épaisseur. Ce masque doit avoir une hauteur telle qu'il empêche les pièces du couronnement GI de battre l'étage casematé de la caponnière et que, cependant, il n'intercepte pas l'action du corps de place sur le chemin couvert, ni celle de la batterie haute de la caponnière sur la crête du glacis.

A l'aide de ce couvre-batteries, on assure la prépondérance de l'artillerie de la caponnière sur celle du couronnement; mais, en revanche, on diminue de 12 à 13 mètres la largeur du fossé, à l'endroit où l'ennemi doit faire son passage. Pour remédier à ce dernier inconvénient et gagner en profondeur ce que l'on perd en largeur, on remplacera les talus d'escarpe et de contrescarpe du fossé au saillant du corps de place par des murs de revêtement s'élevant à 50 centimètres au-dessus de la nappe d'eau.

Le demi-front de droite de la figure 4 indique un autre moyen de réduire l'emplacement de la contre-batterie devant les saillants du corps de place. Il consiste à rétrécir le fossé, à revêtir la contrescarpe et à construire d'épaisses traverses G et H dans les places d'armes rentrantes et dans le chemin couvert de l'enceinte.

Ces traverses remplissent un double but: elles protègent les passages longeant les batteries basses du ravelin contre les feux éloignés et les feux rapprochés de l'attaque, et elles empêchent que, du couronnement des branches NO et OP, on ne contre-batte l'étage casematé de la caponnière.

Dans ces conditions, l'emplacement des contre-batteries est limité à la branche NM, sur laquelle on ne peut établir que trois pièces. Force sera donc à l'assiégeant de raser à coups de canon, par la mine ou à la pelle, une partie des traverses G et H, opération qui lui fera perdre du temps et des hommes (1).

---

(1) Les traverses I et K du demi-front de gauche de la fig. 4 jouent le même rôle que les traverses G et H du demi-front de droite.

Le front fig. 2 indique une position plus efficace que les deux précédentes, et à l'aide de laquelle on prive l'ennemi de tout le terrain nécessaire à l'établissement de ses contre-batteries. Elle consiste à établir, devant les saillants B et C, des couvre-batteries triangulaires, dont les fossés sont flanqués par les faces de l'enceinte (1).

A droite et à gauche de ces couvre-batteries se trouvent les traverses G,G' et F,F' (ces dernières servant à intercepter les feux du couronnement des branches OP et O'P').

L'assiégeant éprouvera de grandes difficultés à déblayer ces masses couvrantes qui s'opposeront au jeu des contre-batteries et, d'un autre côté, celles-ci se trouveront dans les plus mauvaises conditions, étant prises en flanc par les faces du corps de place.

On emploiera donc ce troisième moyen toutes les fois qu'un front aura assez d'importance pour justifier l'excédant de dépense qu'exige la construction d'un couvre-batteries, d'une contrescarpe et d'une partie d'escarpe revêtues.

7° Il nous reste à décrire brièvement le système de communication que nous avons adopté pour les fronts polygonaux de 360 mètres de côté extérieur.

Une large poterne, établie en capitale du front (voir fig. 2), donne accès sur le terre-plein bas de la caponnière.

Au débouché de cette poterne se trouvent un passage

---

(1) Ce flanquement ne présente pas de difficultés dans un front polygonal. Il n'en serait pas de même, si l'on voulait appliquer les couvre-batteries triangulaires à un front bastionné.

voûté conduisant à l'étage casematé de la caponnière, et deux escaliers conduisant à la plate-forme.

A droite et à gauche de la sortie principale du corps de place, on a construit deux poternes a' donnant accès dans les batteries basses de la courtine et débouchant, par la sortie b', sur les places de rassemblement et sur la berme.

Les communications avec les dehors sont assurées au moyen de deux digues, interrompues par des ponts, auxquels on arrive en longeant les ailes de la caponnière. Ces digues conduisent au ravelin par les rampes c, aux batteries basses, par les portes r (ou par une poterne qui, partant de u, déboucherait en i), et aux places d'armes rentrantes, par les ponts des coupures. On aura soin d'établir ces ponts en arrière des batteries basses, afin qu'ils ne puissent pas être détruits de loin ou par les pièces du couronnement au saillant du ravelin.

Pour assurer les communications avec le ravelin, dans le cas où les passages principaux seraient détruits ou rendus trop dangereux par les batteries de l'attaque, on établira, sur l'un des côtés de la caponnière, un passage st, dont le pont sur palées sera démonté ou détruit aussitôt que l'ennemi aura donné l'assaut au ravelin.

On augmentera la sûreté de la caponnière et celle de la gorge du ravelin, en construisant une coupure m, en deçà du débouché t; mais, dans la plupart des cas, on pourra s'en passer. Elle sera même complétement inutile quand, par mesure d'économie, on aura supprimé les revêtements aux extrémités des ailes du ravelin.

Lorsqu'un front est traversé par une route, on ne peut pas obliger les voitures à déboucher derrière la caponnière et à longer les ailes de cet ouvrage, pour arriver aux ponts sur le fossé capital. On doit alors construire la porte de ville dans le prolongement de l'un de ces ponts. (Voir le tracé pointillé VW de la fig. 2.) L'inconvénient de ce tracé est d'exposer le débouché de la porte aux coups plongeants des batteries éloignées et aux coups directs de l'ennemi, logé sur le ravelin.

L'établissement des communications présente de si grandes difficultés dans les fronts bastionnés, que la plupart des ingénieurs, depuis le chevalier de Ville, ont invoqué ces difficultés pour soutenir que les places à fossés secs sont d'une défense plus facile et offrent plus de résistance que les places à fossés d'eau.

Il est certain que les communications des meilleurs fronts bastionnés sont extrêmement défectueuses. Pour s'en convaincre, il suffit de jeter les yeux sur les deux derniers tracés de Vauban et sur le nouveau front d'étude de l'école de Metz.

Sous ce rapport, aucune comparaison ne peut être faite entre ces fronts et les nôtres, qui ont des communications nombreuses, faciles et sûres jusqu'à la dernière période du siége.

2ᵉ TYPE DE FRONT POLYGONAL DE 360 MÈTRES DE CÔTÉ EXTÉRIEUR.

(Pl. IX, fig. 5.)

Le tracé général de ce front s'écarte peu du tracé des fronts décrits plus haut. Il en diffère par les points suivants :

1° Les flancs de la caponnière, au lieu d'être parallèles à la capitale, sont situés dans le prolongement des faces de la caponnière. L'ouvrage entier prend ainsi la forme d'un triangle, au sommet duquel se trouve une batterie à deux étages, dont le profil IK fait connaître les principaux détails.

Les flancs OP de cette batterie flanquent le fossé capital, sans être vus du couronnement. Ils acquièrent cette propriété importante par la construction des couvre-batteries LMN, dont le tracé diffère sensiblement de celui des couvre-batteries que représentent les fig. 2 et 3.

Au lieu d'être simplement des masses inertes, destinées à intercepter le feu des batteries du couronnement, ce sont de véritables *dehors* portant 8 canons (dont 2 à ciel ouvert et 6 abrités dans un blockhaus avec blindage en rails). Les faces MN de ces ouvrages prennent de revers sur le couronnement du chemin couvert et sur le passage du fossé du ravelin.

Le fossé en avant des couvre-batteries est flanqué par les faces GH de la caponnière. Ces faces battent également la partie du fossé capital qui se trouve en arrière des couvre-batteries. Le défaut de ce mode de flanquement est d'exposer les extrémités des faces de la caponnière aux feux des batteries éloignées de l'attaque; mais l'inconvénient qui en résulte est largement compensé par la situation éminemment avantageuse des flancs OP, lesquels ne peuvent être contre-battus d'aucun point du terrain extérieur ni du couronnement du glacis.

Les communications du corps de place avec les couvre-batteries de la caponnière sont assurées au moyen d'un pont en charpente, de bacs ou de radeaux abrités dans un havre voûté auquel on arrive par la poterne inclinée *f-g*.

L'inspection du plan démontre que l'assiégeant ne pourrait établir contre chaque face de caponnière qu'une batterie de 6 pièces, insuffisante pour lutter contre 7 pièces casematées et 4 ou 5 pièces à ciel ouvert. L'assiégeant devra donc s'emparer de l'ouvrage LMN et construire sur son terre-plein une deuxième contre-batterie. Alors seulement il pourra attaquer avec quelques chances de succès l'artillerie des faces de la caponnière, que l'assiégeant aura soin de ne démasquer qu'au moment où les travaux d'attaque approcheront du glacis.

On peut conclure de là que si les couvre-batteries ont l'inconvénient d'exiger un surcroît de dépense assez considérable et de diminuer le rentrant du chemin couvert du corps de place, cet inconvénient est compensé par les difficultés que les couvre-batteries opposeront à l'établissement des contre-batteries et à la construction des derniers travaux de l'attaque.

3ᵉ TYPE DE FRONT POLYGONAL DE 360 MÈTRES DE CÔTÉ EXTÉRIEUR.

(Planche IX, figure 6.)

La figure 6 représente un front polygonal dont le tracé diffère sensiblement de celui des fronts précédents.

Le côté extérieur AB est égal à 360 mètres. Sur le milieu de ce côté, on abaisse une perpendiculaire CD = à 1/40 ou à 9 mètres, et sur cette perpendiculaire on construit un tracé bastionné dont le flanc EF (que nous appellerons *deuxième flanc*) n'a que la longueur nécessaire à une batterie casematée de 2 pièces (environ 11 mètres).

Le sommet H de la caponnière est à 80 mètres du côté extérieur. En joignant H à F, on détermine le tracé des faces de la caponnière et du mur de profil du couvre-face.

Le mur de soutenement du terre-plein bas de la caponnière se trouve dans le prolongement des faces AE du corps de place.

Le sommet O de la contrescarpe du fossé de la caponnière est à 112 mètres du côté extérieur. De ce point et avec OF comme rayon, on trace un arc de cercle; la corde FG qui forme le *premier flanc* doit avoir la longueur nécessaire à une batterie casematée de 3 pièces (environ 16 mètres).

GI tracé parallèlement au côté extérieur indique l'escarpe de la courtine.

La ligne de feu des faces ne suit pas la direction du revêtement AE; elle est tracée parallèlement au côté extérieur; c'est ce qui fait que le corps de place appartient au système polygonal, bien que son escarpe soit bastionnée.

La caponnière et les batteries flanquantes ont le même profil que les ouvrages correspondants des tracés décrits plus haut et représentés par les fig. 1, 2, 3, 4 et 5.

Les murs de profil des ailes sont tracés de la manière suivante :

A 3 mètres du mur de profil du couvre-face, on tire parallèlement à ce mur la droite tt'. Du point t', avec un rayon de 10 mètres, on trace un arc de cercle $t'v$. La tangente à cet arc passant par le point K, épaule de la caponnière, marque la limite de l'aile.

Aux extrémités G de la courtine, se trouvent des batteries casematées pour 5 pièces. Ces batteries concourent avec celles des *premiers flancs* à la défense du fossé de la caponnière. Elles ne peuvent être contre-battues que des logements de l'ennemi à l'arrondissement mOn de la contrescarpe. Or cet emplacement, très-limité et peu favorable à l'établissement d'une batterie, est dominé et enveloppé de toute part.

L'attaque par la tête de la caponnière présentera donc de très-grandes difficultés.

L'ennemi cherchera sans doute à la faciliter en essayant de détruire les casemates de la courtine et des *premiers flancs*, par les feux plongeants de ses batteries éloignées; mais il est à remarquer que ces feux seront peu redoutables :

1° Parce que l'assiégeant, se trouvant dans l'impossibilité de juger de l'effet de ses coups, ne pourra pas rectifier son tir;

2° Parce que les murs de masque des batteries casematées de la courtine et des *premiers flancs* sont protégés par un épaulement, et que les embrasures peuvent être bouchées au moyen de sacs à terre, pendant les premières périodes du siége (les fossés d'eau rendant l'attaque de vive force impossible);

3° Parce qu'il n'existe aucune ligne dont le prolongement puisse indiquer avec précision l'emplacement des casemates. Si les batteries de l'attaque tiraient suivant le prolongement de la ligne de feu de la contre-garde de la caponnière, la plupart des projectiles seraient arrêtés par les extrémités du couvre-face de l'enceinte, et si elles tiraient suivant le prolongement (plus difficile à prendre) des faces de la caponnière, le même fait se présenterait.

Pour atteindre les batteries casematées des rentrants, les projectiles devraient passer par l'étroite coupure de 10 mètres de largeur qui existe entre les ailes de la caponnière et les extrémités du couvre-face.

La difficulté de diriger les coups à travers cette coupure, qui n'est pas vue de la campagne, constitue la principale propriété du tracé de l'enceinte.

Une autre propriété de ce tracé, qu'il partage du reste avec ceux des fronts, figure 1, 2, 3, 4 et 5, c'est que les *seconds flancs* EF ne peuvent être contre-battus qu'après la prise de la caponnière et du couvre-face.

Le tracé du chemin couvert et celui des couvre-batteries ne présentent aucune particularité digne de remarque.

Il n'en est pas de même de la contre-garde de la caponnière.

Pour augmenter les difficultés de l'établissement d'une contre-batterie sur cet ouvrage, on a donné au terre-plein la largeur strictement nécessaire à une défense de mousqueterie.

Et pour soustraire une partie des flancs de la caponnière aux batteries du couronnement, on a allongé autant que possible les branches de la contre-garde.

Les traits pointillés partant de la première et de la dernière embrasure de la contre-batterie (voir le demi-front de droite), montrent que les deux caves à canon les plus rapprochées du saillant de caponnière, ne peuvent pas être atteintes. Le flanquement du fossé capital en arrière des couvre-batteries reste donc assuré jusqu'au moment de l'assaut. C'est assez dire que la construction du passage et l'attaque de la brèche présenteront de très-grandes difficultés et causeront à l'ennemi des pertes sensibles.

Les communications peuvent être organisées comme celles des fronts décrits plus haut (voir le demi-front de droite de la figure 6), ou d'après les indications suivantes (voir le demi-front de gauche) :

Traverser la caponnière, gagner le pont ef suivre le terre-plein de la contre-garde, contourner le profil de cet ouvrage et déboucher sur le pont gh, qui conduit à la place d'armes rentrante.

Toutefois, ce dernier mode de communication est inférieur à l'autre, parce qu'il diminue la sécurité à la caponnière, qui est l'ouvrage le plus important du front. Autant que possible, on doit éviter de faire passer à travers cet ouvrage les communications principales.

Il nous reste à indiquer de quelle manière les défenseurs peuvent gagner le fossé sec des faces et la berme du couvre-face.

Par la poterne q, qui conduit aux batteries casematées et à la petite place de rassemblement x, qu'un pont roulant met en communication avec le fossé sec des faces et avec la berme.

Si des raisons majeures empêchaient de faire passer une route publique par le milieu du corps de place, on la ferait déboucher d'un saillant, comme l'indique la figure 6 (demi-front de gauche).

Nous ne discuterons pas la valeur relative des fronts que nous venons de décrire et d'apprécier sommairement ; nous

nous bornerons à constater que les tracés des fronts, figures 3 et 6, sont ceux qui offrent le plus de garanties contre les attaques de vive force, parce que, indépendamment des fossés d'eau, ils ont un fossé sec et un corps de place revêtu.

Le type de la figure 3 (demi-front de gauche) convient donc pour les fronts d'attaque d'une place importante, et le type de la figure 6 (simplifié au besoin par la suppression des couvre-batteries et des réduits de places d'armes rentrantes), pour le front de tête d'un grand fort détaché.

Les divers types de la planche IX prouvent que le tracé polygonal se prête à toutes les nécessités que les circonstances, les lieux et les ressources financières imposent à l'ingénieur.

Sous ce rapport, l'infériorité du tracé bastionné est manifeste.

Si quelques-uns de nos lecteurs en doutaient, nous les inviterions à produire des types comparables à ceux que nous venons d'exposer. C'est seulement ainsi que les convictions pourront se former. Trop longtemps on a discuté sur des types arriérés ou mal définis. Le moment est venu de sortir des généralités et de créer des types complets, rationnels.

APPENDICE A L'INTRODUCTION.

RÉFUTATION DU MÉMOIRE DE M. LE CAPITAINE MANGIN, SUR LA FORTIFICATION POLYGONALE. (PARIS, 1851.)

M. Mangin est un grand admirateur du tracé bastionné « dont les propriétés, dit-il, se révèlent partout et qu'on » est tenté de regarder avec d'Arçon comme la seule solu- » tion possible du problème de la fortification. »

Son mémoire sur la fortification polygonale n'est que le développement de cette phrase admirative. Le plus grand tort qu'il ait à nos yeux est de conclure du particulier au général et de juger la fortification polygonale d'après ses types les plus médiocres. Ainsi, après avoir analysé les fronts de Coblence et de Germersheim, il s'écrie : « Nous » avons, dans ce qui précède, signalé les défauts que nous » avons cru reconnaître dans la fortification polygonale » (p. 138). »

Que dirait M. Mangin si, après avoir analysé les fronts de Freitag et d'Errard de Bar-le-Duc, un partisan de la fortification polygonale s'écriait : « Voilà les défauts que nous avons cru reconnaître à la *fortification bastionnée?* » Il dirait que, pour juger un tracé, il faut prendre, non les plus mauvais, mais les meilleurs types de ce tracé, qu'ils aient été exécutés ou non, peu importe.

Or c'est ce que n'a pas fait M. Mangin.

Coblence et Germersheim sont les premières applications de la fortification polygonale. Depuis on a fait mieux à Ulm, à Posen, à Cracovie et dans d'autres places, en partie achevées, à l'époque où parut le mémoire de M. Mangin.

Nous avons signalé les défauts que présentent ces divers types de fronts polygonaux ; sous certains rapports même, notre critique a été plus sévère que celle de M. Mangin ; mais, en revanche, nous avons reconnu à la fortification allemande les avantages que cet auteur passe sous silence, conformément à une pratique déjà ancienne dans le corps du génie français. Il y a un siècle, le général Fourcroy et le major du génie Grenier, voulant démontrer, de parti pris, que l'application des idées de Montalembert aurait pour effet de diminuer et non d'augmenter la durée de la défense des places, admettaient que, malgré l'immense quantité d'artillerie que cet ingénieur établissait sur ses fronts, l'attaque marcherait aussi sûrement et aussi rapidement que devant les fronts des places à la Vauban. Ils admettaient, en outre, que, dans la dernière période du siége, on pourrait établir des batteries de brèche de 6 à 7 pièces, sous le feu d'un nombre décuple de pièces casematées.

M. Mangin, usant du même procédé pour condamner les systèmes de Coblence et de Germersheim, suppose :

1° Que les travaux de l'attaque ne subiront qu'un retard de 2 ou 3 jours (p. 94), par suite des contre-mines qui défendent l'approche du fossé et la possession des couvre-faces, de sorte que l'assaut d'une place, dans le système du fort Alexandre, se donnera du 19ᵉ au 20ᵉ jour ;

2° Que malgré les fourneaux de mines, les fougasses, les obus, les grenades et les pierres, l'agresseur pourra masser dans les fossés, « ses réserves destinées à soutenir » les colonnes d'attaque ou à protéger les travaux qui lui » assureront la possession de l'ouvrage (1), » (c'est-à-dire les travaux des mineurs chargés de tourner les retranchements en perçant les escarpes ou en pénétrant dans les poternes qui conduisent aux caponnières et aux batteries basses) ;

3° Qu'il serait facile, pour contre-battre la caponnière du fort Alexandre, d'amener 14 et même 20 bouches à feu sur le saillant du couvre-face de ce fort (p. 89) ;

4° Que les travaux du couronnement ne peuvent être retardés par le feu de pièces casematées, établies à un niveau plus bas (p. 55) ;

5° Que l'étage casematé des réduits circulaires des forts de Cologne, « sera presque sans effet » (p. 118) contre des batteries établies sur l'enveloppe et dont on règlera la plongée de manière à battre seulement l'étage supérieur à ciel ouvert (2) ;

---

(1) P. 140.
(2) M. Mangin fait, à ce propos, une réflexion qui n'est pas fondée. Il prétend que lorsqu'un fort est bastionné, « il faut que l'ennemi, de toute nécessité, se loge dans l'intérieur même du fort et construise une bonne communication pour y arriver, » p. 117 ; tandis que le tracé des forts polygonaux permet de se loger et de s'étendre sur les remparts même de ces forts « la brèche n'étant pas vue de revers par les faces collatérales. » — Eh qu'importe, dirons-nous, que les faces d'un bastion voient à revers la brèche du bastion voisin, si tous les bastions sont évacués dès qu'un seul est pris d'assaut. — La vérité est que lorsque l'assiégeant sera logé au sommet de la brèche d'un fort bastionné, il pourra s'étendre à droite et à gauche, sur le terre-plein du rempart,

6° Qu'une caponnière établie à 300 mètres du couronnement n'empêchera jamais la construction des batteries de brèche, parce que jamais le canon de l'assiégé n'a empêché l'établissement des batteries de la 2ᵉ parallèle (1);

7° Qu'on peut faire sauter sans difficulté la contre-garde du fort Alexandre et battre le corps de place par la trouée ;

8° Qu'en 30 ou 40 heures, on peut faire sauter par la mine une partie du rempart du fort Alexandre et des forts de Cologne et battre les réduits en brèche, par la trouée, avec les pièces du couronnement.

Il n'est pas une de ces suppositions que l'on ne puisse écarter comme exagérée ou fausse, en invoquant le témoignage de Vauban. Cet illustre ingénieur soutient, en effet (voir les passages cités textuellement dans nos *Études sur la défense des États*), que la marche des attaques est ralentie quand la puissance de l'artillerie augmente; que sous le feu rapproché d'un nombre supérieur de canons, une batterie de siége peut être rasée ou sa construction rendue impossible; que l'établissement de bouches à feu au sommet d'une contre-garde présente des difficultés presque insurmontables (en vue desquelles il conseille de faire une trouée dans ce dehors pour battre le corps de place avec les batteries du couronnement); enfin, que le déblai d'une partie de contre-garde par la mine offre plus de difficultés et exige plus de temps que le déblai à la pelle, mode

---

tout aussi bien que dans un fort polygonal, même mieux, puisque le tracé tourmenté des petits fronts bastionnés lui fournira le moyen de se couvrir contre les feux du réduit.

(1) M. Mangin n'a pas pris garde que les batteries du couronnement établies à 40 ou 50 mètres du corps de place, sont dans des conditions bien plus défavorables que les batteries de la 2ᵉ parallèle, situées à 300 mètres.

cependant bien dangereux et bien précaire, lorsque les flanquements sont énergiques et les ouvrages disposés de manière à favoriser les retours offensifs.

Pour juger de l'esprit qui anime M. Mangin, il suffit de faire observer qu'après avoir exagéré les défauts de la fortification allemande, il fait toute espèce de restrictions au sujet des propriétés *incontestables* de cette fortification. Ainsi, à propos des escarpes détachées et crénelées, « on
» allègue, dit-il, comme compensation aux nombreux
» défauts de ces escarpes, qu'elles favorisent la surveil-
» lance du fossé; que par leur élévation au-dessus du che-
» min de ronde, elles rendent l'escalade plus difficile; que,
» dans une défense régulière, elles protégent les mouve-
» ments des sorties; qu'elles n'entraînent pas la chute du
» parapet lorsqu'elles sont mises en brèche; enfin, qu'elles
» coûtent moins cher que les revêtements terrassés. Mais
» ces avantages de *détail* qui, d'ailleurs, ne sont pas tous
» *incontestables,* paraissent loin de balancer les inconvé-
» nients essentiels que nous avons reconnus d'abord. »
» (P. 146.)

M. Mangin aurait bien dû nous dire, pour justifier ces restrictions, pourquoi il n'est pas incontestable que les revêtements détachés facilitent la surveillance, préviennent la chute du parapet, coûtent moins cher, favorisent les sorties, etc.

Il va sans dire que M. Mangin admet, d'après les expériences de Woolwich, la possibilité de battre en brèche, de loin, les revêtements détachés; mais il se refuse à croire que ces mêmes expériences prouvent la possibilité de ruiner, aux grandes distances, les revêtements terrassés; et, pour

justifier cette incrédulité, il prétend « que c'est surtout par
» le choc des projectiles *tombant sur le sommet de la maçon-*
» *nerie* et par l'explosion des obus, qu'on a pu opérer la
» destruction des murs de Woolwich. Or, dit-il, si les
» résultats ainsi obtenus sont dus en grande partie aux
» projectiles qui *tombent sur le sommet du mur ou éclatent*
» *en arrière*, il est clair qu'un revêtement terrassé, dont
» la surface supérieure se trouve de prime abord recou-
» verte par les terres, aura de très-grands avantages sur
» une escarpe détachée. » (P. 175.)

Cette explication semble presque ridicule lorsqu'on se représente la distance à laquelle furent placés les 8 caronades et les 6 obusiers de Woolwich (457 mètres) et l'angle d'élévation sous lequel on pointa ces bouches à feu (7 à 11 degrés.)

M. Mangin a épousé toutes les préventions du corps du génie français contre les casemates; il nous semble même qu'il a été plus loin que la plupart de ses camarades. « De
» Ville, dit-il, annonce que de son temps *déjà* la cause des
» casemates était perdue. »

Déjà est précieux ! c'est comme si l'on disait : tel auteur annonce que *déjà* au xve siècle on faisait de mauvais canons.

Le tort de M. Mangin est de n'avoir pas jugé les casemates d'après les meilleurs types et d'avoir suivi les errements de Fourcroy, dans l'appréciation des types qu'il a examinés. De même que cet ingénieur, il admet :

1° Qu'on peut, devant une artillerie supérieure *casematée*, établir à petite distance une batterie *découverte;*

Et 2° que cette batterie réduira promptement au silence la batterie plus forte et mieux protégée.

Rien de plus commode que cette manière de raisonner, mais aussi rien de moins concluant !

Que les casemates de Coblence et de Germersheim présentent trop de maçonnerie découverte, cela est incontestable; mais M. Mangin sait fort bien que ce défaut ne tient pas au système et qu'on peut couvrir les parties vulnérables d'une casemate avec de la terre, comme le fit le général Haxo, ou avec des masques en bois ou en fer, comme l'avaient proposé Mandar, Paixhans, Merkes et d'autres ingénieurs, avant l'époque où parut le mémoire que nous réfutons.

M. Mangin est un partisan absolu des escarpes en maçonnerie.

Selon lui, les escarpes en terre n'offrent aucune garantie contre les attaques de vive force. Il admet que sur tous les points d'un front à escarpe détachée, l'assaut est possible; et, par une contradiction singulière, il n'admet pas que la contrescarpe en terre, inclinée à 45° devant les faces des bastions de Vérone, « soit un chemin par lequel on puisse » faire déboucher les troupes. » (P. 101.)

Enfin il n'est pas de moyen hasardeux que M. Mangin ne juge praticable et même facile pour venir à bout de la résistance des places polygonales. Il propose entre autres de faire brèche au corps de place du fort Alexandre, en établissant une batterie sous les voûtes des casemates qui ferment la trouée de la demi-lune, comme s'il était admissible que l'assiégeant aventurât jamais ses pièces à une si grande distance du couronnement et sous des voûtes que l'assiégé peut faire sauter par la mine.

En résumé, le mémoire de M. Mangin, invoqué par le

général Noizet comme l'exposé des griefs du corps du génie français contre la *fortification polygonale,* n'est tout au plus qu'un réquisitoire partial dirigé contre les tracés de Coblence et de Germersheim, qui constituent une des premières et des moins remarquables applications de cette fortification.

Ce mémoire n'autorise donc en aucune façon à proclamer la supériorité du tracé bastionné « dont les propriétés se
» révèlent partout et qu'on est tenté de regarder, avec
» d'Arçon, comme la seule solution possible du problème
» de la fortification. »

Lorsqu'on est engoué à ce point d'un système de fortification, on ne se trouve pas dans de bonnes conditions pour discuter le mérite des autres systèmes.

FIN DU TOME PREMIER.

TABLE DES MATIÈRES

DU PREMIER VOLUME.

	Pages.
INTRODUCTION	1
CHAPITRE I. — Principes généraux de la défense des États	99
— II. — Application des principes généraux de la défense des États à un cas particulier	131
— III. — Principes généraux de la construction des places ordinaires et des places à camps retranchés	157
— IV. — Principes généraux de la fortification	207
— V. — Application de la fortification au terrain	303
— VI. — Tracé polygonal appliqué à des fronts de 360 mètres de côté.	361

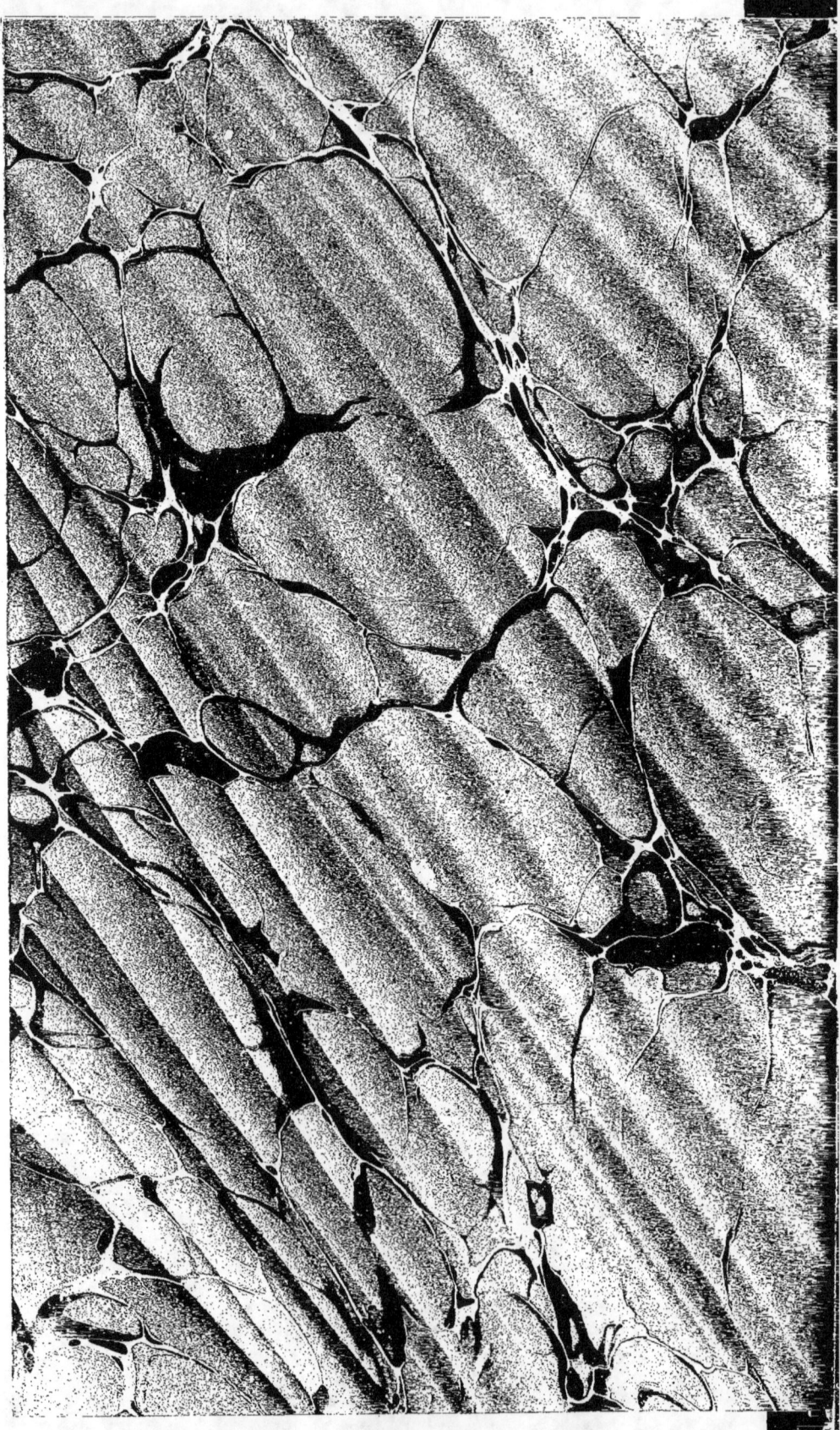